I0123732

Dr. John Coleman

AS GUERRADAS DO PETRÓLEO

A HISTÓRIA DAS GUERRAS PETROLÍFERAS DOS EUA

O imperialismo americano é um produto fatal da evolução económica. Não vale a pena tentar convencer os nossos vizinhos do Norte a não serem imperialistas, não podem deixar de o ser, por muito bem-intencionados que sejam...

El Universal, Cidade do México, Outubro de 1927

ℰMNIA VERITAS®

John Coleman

John Coleman é um autor britânico e antigo membro dos Serviços Secretos de Inteligência. Coleman produziu várias análises do Clube de Roma, da Fundação Giorgio Cini, da Forbes Global 2000, do Colóquio Interreligioso para a Paz, do Instituto Tavistock, da Nobreza Negra e outras organizações que se aproximam do tema da Nova Ordem Mundial.

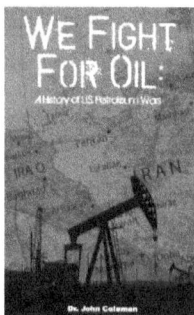

AS GUERRAS DO PETRÓLEO
A história das Guerras Petrolíferas dos EUA

WE FIGHT FOR OIL
A history of US Petroleum Wars

Traduzido do inglês e publicado pela Omnia Veritas Limited

© Omnia Veritas Ltd - 2023

⊘MNIA VERITAS.

www.omnia-veritas.com

Todos os direitos reservados. Nenhuma parte desta publicação pode ser reproduzida por qualquer meio sem a autorização prévia da editora. O Código da Propriedade Intelectual proíbe as cópias ou reproduções para uso colectivo. Qualquer representação ou reprodução, no todo ou em parte, por qualquer meio, sem o consentimento do editor, do autor ou dos seus sucessores, é ilegal e constitui uma infracção punível ao abrigo dos artigos do Código da Propriedade Intelectual.

A história das guerras petrolíferas dos EUA é uma obra em curso que começou quando o Presidente Wilson desembarcou tropas americanas em Tampico. Os futuros historiadores podem muito bem ter de preencher as lacunas. A história do envolvimento dos EUA na Pérsia (agora Irão) e na Mesopotâmia (agora Iraque) está centrada na busca e controlo do petróleo como um recurso natural indispensável. Com isto em mente, o leitor pode muito bem chegar à conclusão de que a informação de fontes americanas (e britânicas) deve ser tomada com um grande grão de sal.

A diplomacia do petróleo é governada por considerações comerciais e possivelmente militares. Assim, desde Woodrow Wilson, todos os presidentes dos EUA têm formulado a política externa dos EUA para ter em conta os interesses petrolíferos. O Presidente McKinley declarou que "o isolamento já não é possível", e o Presidente Wilson fez eco deste sentimento ao afirmar: "Somos participantes, quer queiramos quer não, na vida do mundo. Os interesses de todas as nações são também os nossos interesses. Somos parceiros de outros".

Portanto, este livro toca ou deve tocar todos os americanos, pois o poder internacional moderno é económico, tal como todas as guerras são de origem económica. Lembre-se disto na próxima vez que os seus filhos e filhas forem chamados a lutar pelo país. Se o Iraque não contivesse enormes recursos petrolíferos, será que os EUA estariam hoje atolados nesse país? O medo de uma escassez doméstica de petróleo parece ser a força motriz em jogo. A luta americana pelos recursos estrangeiros tornou-se o principal factor nos assuntos internacionais. Estas são as questões examinadas neste livro, que devem ser lidas por todos os americanos interessados no futuro do seu país.

JOHN COLEMAN

CAPÍTULO 1

A procura de petróleo por parte da indústria petrolífera

Precisamos certamente de um guia claro, conciso e fácil de compreender para o "conflito" de longa data com as nações produtoras de petróleo bruto. A 16 de Abril de 1855, Benjamin Stillman da Universidade de Yale e George Bissell ofereceram "petróleo de rocha" aos investidores após receberem relatórios de uma lama espessa, negra e viscosa em certas áreas de Titusville, Pennsylvania. A Rússia tinha mencionado anteriormente descobertas semelhantes em Baku. Bissell ordenou imediatamente ao Edwin ("Coronel") Drake que perfurasse para petróleo em Titusville.

Ninguém tinha qualquer uso para "lama" excepto John D. Rockefeller, que era o único proprietário da empresa comercial de Cleveland que vendia o produto. Mais tarde, juntou-se-lhe um sócio, Henry Flagler, numa empresa de produtos, que o vendeu como óleo de lâmpada, e o embalou de outra forma, como cura para o cancro. A empresa cresceu rapidamente para um valor de 450.000 dólares, uma soma astronómica na altura. De facto, foi John D. Rockefeller e o seu Standard Oil, em todas as suas inúmeras variações, que se tornaram uma ameaça, não só nos Estados Unidos, mas em todo o mundo. O Standard Oil absorveu ou destruiu simplesmente grande parte da sua concorrência em Cleveland, Ohio, e depois no resto do nordeste dos Estados Unidos.

Rockefeller ganhou o apelido de "mercador da luz" em parte porque o seu produto chamado "Brite" acendeu lâmpadas em todas as casas americanas, mas também como uma referência manhosa à sua pertença à sociedade mais secreta do mundo, os Illuminati, que incluía a chamada "elite" do mundo.

A 27 de Agosto de 1859, Drake encontrou petróleo no seu local de perfuração. Apoiado pelo financiamento de Kuhn Loeb e do gigante bancário francês Paribas controlado por Rothschild, Standard Oil (1870-1911) possuía ou controlava 95% de todas as refinarias de petróleo na América em 1870, ano em que a Standard Oil foi fundada, e em 1879 a Standard Oil possuía e controlava 90% da capacidade das refinarias americanas.

Em 1863, John D. Rockefeller conheceu um químico chamado Samuel Andrews que tinha inventado um atalho para refinar a parafina. Andrews assinou como parceiro e mais tarde a Flagler juntou-se a ela numa parceria chamada Rockefeller, Andrews & Flagler.

Em 1906, o governo dos EUA tentou dissolver o Standard Oil Trust da Rockefeller porque detinha o monopólio do produto estratégico do petróleo. O público viu-o como uma empresa nefasta e houve ataques legais de um estado e uma revelação de Ida Tarbell em 1904 (*The History of Standard Oil*). O Senado procurou a assistência do Departamento de Justiça dos EUA e em 1909 foi instaurado um processo no tribunal federal alegando que a Standard se tinha envolvido nos seguintes métodos, que equivaliam a práticas monopolistas:

> Descontos, preferências e outras práticas discriminatórias a favor da associação ferroviária, restrição e monopolização através do controlo dos oleodutos, práticas desleais contra oleodutos concorrentes, contratos com concorrentes em restrição do comércio, métodos de concorrência, tais como redução dos preços locais em pontos, quando necessário para suprimir a concorrência, funcionamento de falsas empresas independentes e pagamento de descontos de petróleo com o mesmo objectivo.

A 5 de Maio de 1911, o Supremo Tribunal ordenou a dissolução do monopólio do Standard Oil Trust. Os juízes disseram:

Sete homens e uma máquina corporativa conspiraram contra os seus concidadãos. Para a segurança da República, decretamos agora que esta perigosa conspiração deve terminar antes de 15 de Novembro.

A exposição do polvo no seu meio pelo relato de Ida Tarbell sobre John D., publicado em 1904 em 24 números da *McClures Magazine*, tinha alarmado demasiadas pessoas e parecia finalmente que uma acção resoluta contra o Rockefeller Trust estava prestes a ter lugar. Mas, infelizmente, isto foi apenas uma ilusão. Destemido por uma coisa tão trivial como um decreto do Supremo Tribunal contra ele, Rockefeller simplesmente dividiu o gigante em empresas separadas, mantendo uma maioria de 25% em cada uma. Esta divisão enriqueceu realmente a Rockefeller, especialmente depois de William Burton of Standard ter desenvolvido um processo de rachadura térmica que aumentou o rendimento da gasolina a partir do petróleo bruto.

O Estado empresarial tinha chegado ao ponto em que o fascismo empresarial seria agora o órgão controlador de todas as grandes decisões de política externa, mesmo a mais importante de todas, a guerra e a paz. O México foi o primeiro a sentir o chicote do imperialismo americano logo após a descoberta em 1910 de grandes depósitos de petróleo ao longo da costa do Golfo, centrados em Vera Cruz e Tampico.

Tudo começou quando o Presidente Wilson, agindo em nome dos interesses da Standard Oil, enviou tropas para Vera Cruz sob o mais frágil dos pretextos. Os EUA não pretendiam adquirir o México, mas assegurar que o petróleo mexicano permanecesse sob o controlo de empresas americanas.

Fomentando uma revolução atrás da outra, os Estados Unidos mantêm o México num estado de tumulto enquanto o Standard e os interesses britânicos pilham o seu petróleo com impunidade. John D. tinha, mais uma vez, apontado o seu nariz àqueles que temiam a sua "perigosa conspiração".

Os interesses britânicos foram assumidos por Lord Cowdrey (Weetman Pearson), cuja fortuita paragem tardia em Laredo, em 1901, lhe permitiu obter petróleo mexicano através da Mexican

Eagle Petroleum Ltd, que fundou em 1910. Após a primeira "revolução" mexicana, Weetman Pearson vendeu todas as suas explorações petrolíferas no México à Royal Dutch Shell, uma empresa multinacional de origem anglo-holandesa. A Shell estava destinada a tornar-se uma "super-major" companhia petrolífera.

A guerra na Europa deu ao México uma pausa e permitiu ao Presidente Carranza, devidamente eleito, redigir uma constituição nacional aprovada em 1917. Ao contrário das afirmações dos chacais nos meios de comunicação social americanos, o General Venustiano Carranza não era um revolucionário selvagem, mas um homem culto e bem educado de uma família rica. Foi legislador e vice-governador do Estado e foi, por todos os relatos, um verdadeiro patriota do México. A mancha negra para o Standard e os barões do petróleo é o parágrafo 27, que dá à nação "propriedade directa de todos os minerais, petróleo e todos os hidrocarbonetos, sólidos, líquidos ou gasosos". Agora a única forma de os estrangeiros fazerem negócios no México era assinarem um acordo para respeitarem e obedecerem inteiramente à lei mexicana. Por desafiar os EUA (Rockefeller), Carranza foi assassinada em 1920.

Seguiu-se uma campanha caluniosa de desinformação que atingiu o mais alto nível de depravação, a fim de obter o controlo do petróleo mexicano dos seus legítimos proprietários. Mas quando isso falhou, todas as principais companhias petrolíferas ocidentais boicotaram o petróleo mexicano durante os 40 anos seguintes.

O Comité de 300[1] entrou em jogo quando os Rothschilds franceses (Alphonse e Edmond) e a companhia sueca Nobel voltaram a sua atenção para a Rússia em 1870, criando uma companhia petrolífera chamada The Far East Trading Company. Mas os irmãos Nobel tinham vencido todos os concorrentes por petróleo em Baku, onde se tinham estabelecido. Ludwig Nobel

---

[1] *A hierarquia dos conspiradores - História do Comité de 300*, John Coleman, Omnia Veritas Ltd, www.omnia-veritas.com.

foi apelidado de "o rei do petróleo de Baku".

A Casa Britânica de Windsor e a Casa Holandesa de Huis Oranje (House of Orange) juntaram forças para entrar no negócio e em 1903 celebraram um acordo com a Shell Oil para formar a Asiatic Petroleum Company. Os esforços para aliviar as tensões nos campos petrolíferos de Baku entre Standard Oil, Rothschild-Nobel e algumas pequenas empresas russas foram infrutíferos.

A Royal Dutch Shell Petroleum Company foi criada para explorar petróleo em Sumatra, Indonésia e noutros lugares do Extremo Oriente. A sua adesão aos "300" abriu todas as portas.

O "Comité dos 300" colocou o negócio diário nas mãos de Marcus Samuel de Hill Samuel, e em 1897-1898 o prospector e perfurador Mark Abrahams, contratado por Marcus Samuel, encontrou petróleo no Bornéu. O banco comercial londrino e a sua empresa comercial associada, Samuel Montague, uniram forças com Edmond e Alphonse Rothschild e fundaram a Asiatic Petroleum Company. Os Rothschilds não ficaram e venderam as suas acções à Royal Dutch Shell. Em 1892, a Shell enviou petróleo bruto dos Mares do Sul para refinarias europeias através do Canal de Suez.

Não há dúvida de que a Royal Dutch Shell do "Comité dos 300" é uma das mais antigas e maiores de todas as companhias petrolíferas a operar no mundo de hoje. O seu volume de negócios em 2005 foi de 306,73 mil milhões de dólares. A falecida Rainha Juliana dos Países Baixos, Lord Victor Rothschild, o Príncipe Nasi de África Sir Ernest Oppenheimer, os Samuels de Londres e a Casa de Windsor são os maiores accionistas da Royal Dutch Shell. Com a morte de Juliana, as suas acções foram transferidas para a Casa de Orange (Holanda).

O relato histórico da indústria petrolífera leva-nos através das reviravoltas da "diplomacia" (mentiras, falsas promessas, chantagem, trapaça, pressão política, intimidação e roubo injusto) da terra e do petróleo iraquianos, cobiçada por todas as nações, mas especialmente por uma Grã-Bretanha imperialista, industrializada e desprovida de petróleo, a Grã-Bretanha, que interfere nos assuntos internos do Iraque e do Irão há quase um século, seduzindo, cajolando e extraindo concessões, uma após outra, com base em promessas nunca cumpridas e sob a ameaça de um punho de ferro escondido numa luva de veludo.

Com a descoberta de ricos depósitos de petróleo bruto no Iraque e no Irão, um prolongado estado de conflito com os Estados Unidos e os dois países tem continuado nos últimos 95 anos.

CAPÍTULO 2

Uma visão de navios de guerra movidos a petróleo Sir Edward Grey fomenta a Primeira Guerra Mundial

Pouco antes da Primeira Guerra Mundial, uma reacção em cadeia que despertou o interesse pelo petróleo foi causada pelo relatório de um oficial naval britânico, o Capitão Fisher, que afirmou que o futuro da marinha estava nos navios de guerra movidos a petróleo. Mais tarde tornou-se Lorde Fisher, o primeiro Senhor do Almirantado, suficientemente astuto para ver as possibilidades oferecidas pelo espesso líquido negro descoberto em 1882 em Titusville, Pensilvânia, e Baku, Rússia. John D. Rockefeller viu o seu potencial como um novo combustível para lâmpadas de petróleo e chamou-lhe "Brite".[2] Formou então a Standard Oil Company para explorar esta nova descoberta.

Em 1904, o Capitão Fisher queria que a Marinha Britânica mudasse dos navios de guerra galeses que queimavam carvão para os que queimavam petróleo. A sua ideia não era nova, muito provavelmente inspirada pelo facto de desde 1870 os navios russos no Mar Cáspio terem queimado "lama de petróleo" chamada "fuel oil". Este desenvolvimento também tinha sido notado pelo Barão Julius de Reuter (o patriarca do Serviço de Notícias de Reuter)[3]. Em 1872, de Reuter obteve uma concessão de cinquenta anos para a exploração e perfuração de petróleo no

---

[2] "Brilhante", Ndt.

[3] A famosa agência noticiosa Reuters.

Irão. Chamou à sua companhia a Anglo-Persian Company e em 1914, a conselho do Almirante Fisher, foi rebaptizada British Petroleum Company (BP).

O controlo dos mares era vital para a Grã-Bretanha assegurar as suas longas rotas comerciais e o Almirante Fisher apelou aos Senhores do Almirantado para que os navios de guerra britânicos fossem equipados com motores de petróleo, o que ele acreditava que lhes daria uma vantagem considerável sobre o poder naval alemão. Em 1870, a Alemanha ameaçou suplantar a supremacia comercial britânica. Os líderes britânicos, como Sir Edward Grey, viram isto como um "crime" que acabaria por conduzir à guerra. O Capitão Fisher salientou que levaria muito menos tempo do que as 4-9 horas que os navios alimentados a carvão levaram para atingir a potência máxima; os navios alimentados a petróleo poderiam alcançar a mesma disponibilidade em 30 minutos e atingir a potência máxima em apenas 5 minutos. O grande problema é que a Grã-Bretanha não tem reservas conhecidas de petróleo bruto. Teria de importar o seu petróleo dos EUA e da Rússia, o que não é um problema em tempo de paz, mas em tempo de guerra poderia ser mais perigoso.

Mais tarde (1912), Churchill, que sucedeu a Fisher como primeiro-ministro, disse:

"...se precisássemos dele (petróleo), teríamos de o transportar por mar em tempos de paz e guerra a partir de países distantes".

No entanto, Fisher prosseguiu o seu sonho, salientando que enquanto que seriam necessários 500 homens cinco dias para "carbonizar" um navio de guerra, a utilização do petróleo levaria apenas 12 horas para 12 homens realizarem a tarefa. Além disso, o alcance de um navio de guerra alimentado a petróleo seria até cinco vezes maior do que o de um navio alimentado a carvão. Mas os senhores do Almirantado consideravam Fisher como um mero sonhador - até que em 1904 Fisher foi reconhecido e promovido a Primeiro Senhor do Almirantado depois de os Serviços Secretos Britânicos (MI6) terem enviado notas ao governo sublinhando a importância do novo petróleo bruto.

Fisher foi autorizado a formar e dirigir uma Comissão Real em 1912 e a formar uma comissão para estudar e fazer recomendações sobre a melhor forma de a Grã-Bretanha assegurar as suas necessidades petrolíferas futuras.

Lord Palmerston deu a conhecer a sua opinião: as intenções de longa data da Grã-Bretanha em relação a países com recursos de petróleo bruto basear-se-iam num novo credo: já não tínhamos princípios permanentes, mas interesses permanentes que perseguíamos com exclusão de todos os outros. Esta é uma atitude que será totalmente apoiada por Winston Churchill, que acrescenta:

> "Temos de nos tornar os proprietários, ou pelo menos os controladores na origem de pelo menos parte do petróleo de que precisamos. "

"Jackie" Fisher, que presidiu à Comissão Real, tinha-se erguido desde o início humilde para se tornar o Primeiro Senhor do Almirantado. Nasceu em 1841 no Ceilão e baptizou John Arbuthnot Fisher. Entrou para a Marinha Real em 1854 e concentrou-se em desenvolvimentos técnicos. É geralmente considerado como um dos maiores almirantes da Marinha Real, suficientemente astuto para supervisionar a construção do super navio de guerra "Dreadnaught". Fisher é visto como um homem de grande estatura, com uma atitude superior que não agrada aos seus colegas. O Comité das Pescas recomenda que o MI6 assuma um papel de liderança na Rússia e nos Balcãs, pelo que Sydney Riley (Sigmund Georgjevich Rosenblum), um dos seus principais agentes, é enviado para Baku para assegurar importantes contratos petrolíferos para a Grã-Bretanha. Riley foi também encarregado de negociar com um australiano pouco conhecido de origem britânica chamado William D'Arcy Cox, que parecia ter uma parte significativa dos recursos minerais da Pérsia sob contrato. William Knox D'Arcy (11 de Dezembro de 1849 - 1 de Maio de 1917) nasceu em Newton Abbott, uma pequena cidade inglesa. O seu pai era advogado e em 1866 a família imigrou para a Austrália, estabelecendo-se em Rockhampton, Queensland. A família D'Arcy estava directamente relacionada com Lord D'Arcy of Knayth, o Presidente do Supremo Tribunal e Governador-Chefe da Irlanda no século XIV.

William começou a sua carreira ingressando na firma de advogados do seu pai, mas virou-se para a especulação fundiária. Associou-se a uma empresa que teve a sorte de encontrar ouro. A parceria financiou a descoberta de ouro ao abrir uma mina chamada Mount Morgan Gold Mining Company. William Cox fez uma fortuna substancial antes de regressar a Inglaterra em 1889. Em 1900, decidiu juntar-se a Wolff, Kitabgi e Cotte e viajar para a Pérsia à procura de petróleo. Começou as negociações com o Xá do Irão, Reza Khan Pahlavi, em 1901.

D'Arcy obteve um "firman" (contrato) do Xá dando-lhe

"plenos poderes para sondar, perfurar e perfurar à vontade em solo persa, em resultado dos quais todos os produtos sub-petróleo procurados, sem excepção, continuarão a ser sua propriedade".

Uma equipa de perfuração liderada por George B. Reynolds foi enviado para a Pérsia e a D'Arcy começou a sua investigação. Foi formada uma empresa, com D'Arcy a contribuir com 500.000 dólares do seu próprio dinheiro.

Em troca, a D'Arcy pagou anualmente a soma de $20.000 mais 16% de royalties ao Shah Reza Khan Pahlevi. Mas as coisas não correram bem e, em 1904, a D'Arcy foi forçada a apelar à Companhia Petrolífera da Birmânia que disponibilizou 100.000 dólares para permitir que a perfuração continuasse. Em 1907, sem sucesso, a perfuração foi transferida para Masjid-I-Sulaiman, onde a perfuração começou em 1908. Em Abril, quando o empreendimento estava prestes a ruir, o petróleo foi descoberto a 11.800 pés, a primeira descoberta que faria da Pérsia (Irão) o maior país produtor de petróleo do mundo. Em 1909, um oleoduto ligou o campo petrolífero a uma refinaria construída em Abadan. William Knox D'Arcy conseguiu um golpe que sacudiu a Standard Oil para as suas fundações.

Com grande persistência, Reilly encontrou e conheceu D'Arcy, precisamente quando estava prestes a assinar um contrato com o governo francês arranjado pelos Rothschilds de Paris. Por qualquer meio (e eles foram consideráveis), Reilly de alguma forma persuadiu a D'Arcy a assinar um contrato com o governo britânico (em nome da Casa de Windsor) no momento em que a D'Arcy estava prestes a assinar com os franceses.

Em 1909, foi formada uma empresa, a Anglo-Persian Oil Company, cujos principais accionistas eram a Casa de Windsor, a Casa de Orange e o Barão de Reuter, com D'Arcy como director. O contrato britânico foi um golpe de mestre de Reilly, e ganhou-lhe uma posição de autoridade especial quando a revolução bolchevique foi lançada. Foi encarregado de obter contratos do governo bolchevique para minerais e metais estratégicos. Antes deste importante acontecimento (1902), o geólogo da Rainha Vitória tinha certificado a existência de vastos depósitos de petróleo na Mesopotâmia (rebaptizado Iraque pelo mandato britânico), que fazia parte do Império Turco Otomano desde 1534.

A rainha Vitória jogou a sua carta de "diplomacia de canhoneiras" ao estacionar navios de guerra britânicos no fundo da via navegável Shaat al Arab durante o reinado do corrupto Mubarak al-Sabah, que tinha chegado ao poder ao assassinar os seus dois meios-irmãos em 1896, e informou a Turquia de que o território (mais tarde chamado Kuwait) era agora um protectorado britânico.

O passo seguinte para assegurar a área para o governo britânico foi a assinatura pelo Xeque al Sabah de um acordo com o "Governo Inglês Imperial" para a concessão petrolífera. O acordo foi consolidado por um "leasing in perpetuity". Seguiu-se um segundo acordo assinado com o Sheikh al-Sabah, segundo o qual "nenhuma pessoa a não ser as nomeadas pelo Governo britânico" receberia uma concessão. Parece que o fornecimento de petróleo à Marinha Britânica está agora garantido. Esquecido em tudo isto estava o facto indiscutível de que a terra chamada "Kuwait" pertencia ao Iraque, tal como nos últimos quatrocentos anos, e que a "fronteira" norte do Kuwait corria através dos campos petrolíferos mais ricos do mundo na altura, o campo petrolífero de Rumaila que pertencia ao Iraque.

Assim, uma quantidade muito grande de petróleo foi pirateada da antiga nação da Mesopotâmia, que se tornou Iraque quando os britânicos cunharam o nome para o seu novo mandato após a Primeira Guerra Mundial. A Marinha alemã não tinha, portanto, qualquer forma conhecida de abastecimento de petróleo para alimentar os seus navios de guerra, cuja conversão tinha começado em 1909 antes dos navios de guerra britânicos "Dreadnaught", movidos a petróleo. Os planos do Almirante Fisher para a conversão da Marinha Britânica já não eram os sonhos de um sonhador e os primeiros navios da nova classe 'Dreadnaught' foram encomendados por Winston Churchill, que sucedeu a Fisher como Primeiro Senhor.

Em 1911, Churchill instou o seu governo a reconhecer que uma presença forte no Golfo Pérsico era essencial para que a Marinha britânica continuasse a "dominar os mares". Em 1912, o Parlamento britânico criou uma Comissão Real sobre Petróleo e o Motor Petrolífero, presidida por Lord Fisher. Foi reconhecido que o petróleo iria desempenhar um papel decisivo na próxima guerra. Este foi o início de uma conduta pérfida, também conhecida como "diplomacia do petróleo", que continuaria até aos dias de hoje. Ao mesmo tempo, a Grã-Bretanha propôs-se a obter petróleo para a sua marinha e entrou nos campos petrolíferos do México e do Médio Oriente para alcançar este objectivo. A política petrolífera imperial britânica foi descrita num memorando secreto escrito por Sir Arthur Hirtzel:

> "O que queremos pôr em prática, o que deveríamos ter criado nessa altura, é uma administração com instituições árabes que possamos deixar em segurança enquanto puxamos os cordelinhos; algo que não custará muito e que o governo trabalhista possa engolir de acordo com os seus princípios, mas sob o qual os nossos interesses económicos e políticos serão assegurados.
>
> Se os franceses permanecerem na Síria, devemos evitar dar-lhes a desculpa de criar um protectorado. Se eles partem, ou

se parecemos reaccionários na Mesopotâmia, há sempre o risco de que o Rei Faisal encoraje os americanos a apoderarem-se de ambos os países..."

Esta política imperial desleal tem vindo a afectar os Estados Unidos, que se apoderaram dela com grande alacridade. Não pode haver muitas pessoas com qualquer conhecimento real do imbróglio no Afeganistão e Iraque que não saibam que a única e única razão para a presença das forças armadas dos EUA nestes dois países é o Santo Graal do petróleo e de outros hidrocarbonetos. Em condições ultra-secretas, o governo britânico comprou uma participação maioritária na Anglo-Persian Oil Company, embora na altura estivesse perto da falência devido à falta de sucesso em encontrar petróleo no Irão. Actualmente, a empresa chama-se British Petroleum (BP) e é uma das principais empresas do Comité dos 300.

Alarmado com a crescente proeza industrial e a expansão do comércio internacional de que gozava a Alemanha, o Rei Jorge, que sucedeu à Rainha Vitória, fez uma visita altamente invulgar a Paris a 14 de Abril de 1914, acompanhado pelo seu Ministro dos Negócios Estrangeiros, Sir Edward Grey. O filho do Tenente-Coronel George Grey, Sir Edward tinha sido educado no Balliol College, Oxford, e tinha sido nomeado Secretário dos Negócios Estrangeiros por William Gladstone em 1892. O objectivo da missão era persuadir a França a juntar-se à Inglaterra numa aliança militar secreta contra a Alemanha e a Áustria.

O Rei não disse ao governo francês que o seu país estava falido, caso contrário, nenhuma aliança teria sido concluída em resultado desta visita. De facto, o estado de falência foi registado num memorando do Tesouro britânico ao chanceler Lloyd George, datado de 12 de Maio de 1914, que expõe o facto em termos claros.

(O mesmo subterfúgio foi utilizado em 1939.) A Grey fez da defesa da França contra a expansão comercial alemã a principal tónica da política externa britânica. O facto de as promessas feitas à França estarem a ser negociadas em segredo causou muita preocupação entre os membros da oposição no Parlamento, incluindo Charles Trevelyn, que se demitiu com raiva, George Cadbury, E.D. Morel e Ramsay McDonald. As suas dúvidas revelaram-se fundadas quando, na véspera da Primeira Guerra Mundial, Grey disse ao Parlamento que não tinha "outra escolha senão cumprir as obrigações da Grã-Bretanha para com a França", participando na guerra da França contra a Alemanha. Isto foi "diplomacia por engano"[4] na sua forma mais hedionda e a causa directa da Primeira Guerra Mundial, com os seus hediondos massacres, enorme perda de vidas e destruição irresponsável de bens. A história pode um dia mostrar que sem Edward Grey a Primeira Guerra Mundial não teria acontecido. O pecado imperdoável da expansão comercial alemã e o seu desejo de criar o seu próprio sistema comercial e mecanismo de troca tiveram de ser refreados, pelo menos na opinião de Lord Grey.

O pacto franco-britânico, baseado apenas na política externa de Sir Edward Grey, concluído em segredo, preparou o palco para a Primeira Guerra Mundial, a guerra mais sangrenta jamais conhecida. A 28 de Julho de 1914, apenas três meses após a assinatura do acordo militar franco-britânico, o Arquiduque Franz Ferdinand da Áustria foi assassinado em Sarajevo. A política da Grey exigia que a Alemanha fosse virtualmente dizimada e que a Grã-Bretanha obtivesse os recursos naturais de que necessitava para atingir o objectivo de uma nova ordem mundial. A necessidade de assegurar o abastecimento de petróleo desde o início foi uma parte essencial do plano, o único detalhe que se destaca em todos os papéis de Sir Edward.

Em Agosto de 1914, a Europa incendiou-se nas chamas da Primeira Guerra Mundial, a guerra mais brutal e horrenda do nosso tempo, com dezenas de milhões de baixas que desafiam a compreensão humana. O assassinato do Arquiduque Ferdinando enquanto visitava Sarajevo na Sérvia foi o segundo uso flagrante

---

[4] Ver *Diplomacia por engano - Um relato da conduta de traição dos governos da Grã-Bretanha e dos Estados Unidos*, John Coleman, Omnia Veritas Ltd, www.omnia-veritas.com.

de muitas "situações inventadas" que seriam criadas para provocar guerras, e não foi a Alemanha "incivilizada", mas a Grã-Bretanha "civilizada", e mais tarde os Estados Unidos, que foram os perpetradores e planeadores desta terrível estratégia. Ao longo da Primeira Guerra Mundial, o petróleo deveria desempenhar o papel chave na perseguição do imperialismo britânico que tinha começado com as guerras do ópio na China e continuado com a Guerra Anglo-Boer (1899-1903). Em 1917, quase não havia uma nação industrializada que não estivesse totalmente consciente da importância do petróleo, e recorda-se o apelo urgente do Presidente Clemenceau a Wilson para que enviasse "petróleo" para França:

A segurança dos Aliados paira na balança. Se os Aliados não querem perder a guerra, então na altura da grande ofensiva alemã, não devem deixar a França ficar sem o combustível que é tão necessário como o sangue nas batalhas de amanhã.

A 6 de Setembro de 1914, os jornais londrinos estavam cheios de notícias de que a armada de táxis parisienses do General francês Joseph Gallieni estava a ser colocada em serviço para transportar tropas para as linhas da frente. Sem "gasolina" para a armada motorizada de táxis e autocarros que ele requisitou, a França teria sido derrotada dentro de meses após o início das hostilidades. Neste ponto da história, começamos a compreender porque é que o Rei George e Edward Grey assinaram um pacto com a França.

Isto foi para dar à Grã-Bretanha a desculpa indirecta de "vir em auxílio da França" para atacar a Alemanha. John D. foi rápido a responder ao apelo de Clemenceau por 'petróleo' e enviou amplos fornecimentos americanos às forças francesas numa altura em que a Alemanha foi cortada da sua antiga fonte romena, que tinha sido completamente destruída em 1916 pelo Coronel 'Império' Jack Norton para evitar que Baku caísse em mãos alemãs. Como disse Lord Curzon, o Ministro britânico dos Negócios Estrangeiros, num discurso no jantar da vitória a 21 de Novembro de 1918, dez dias após o armistício ter sido assinado:

Os Aliados foram levados à vitória por uma inundação de

petróleo. Sem petróleo, como poderiam ter assegurado a mobilidade da frota, o transporte das suas tropas, ou o fabrico de explosivos?

Como as nações que detinham petróleo sob a superfície do seu solo depressa descobririam, o petróleo deixaria de ser um bem, mas uma maldição graças às potências imperiais vorazes. Desconhecida em todo o mundo, a Liga das Nações era um veículo pouco disfarçado para a apropriação massiva de terras, sendo uma das suas primeiras vítimas a Palestina. A Rússia não seria um parceiro, facto que foi descoberto em Novembro de 1917, quando os bolcheviques encontraram uma cache de documentos secretos mostrando que a Grã-Bretanha e os Estados Unidos tinham formalizado um plano para esculpir o Império Otomano e dividi-lo entre si e algumas potências 'aliadas' seleccionadas. O acordo secreto tinha sido feito em Fevereiro de 1916, no meio da guerra, da qual o exército russo foi a principal vítima.

A conduta traiçoeira da Grã-Bretanha imperial e dos Estados Unidos continuou até 2006, quando os Estados Unidos, liderados por um presidente do chamado Partido Republicano conservador, G.W. Bush, alegou que ele, e só ele, podia ordenar um "primeiro ataque" contra uma nação que não tinha feito mal aos Estados Unidos, em total e deliberada desobediência às leis americanas, à Constituição e à "lei das nações" de Vattel, bem como a todas as Convenções de Genebra e aos Protocolos de Nuremberga. Este livro é um relato da agressão imperial disfarçada de duas das nações mais poderosas, os Estados Unidos e a Grã-Bretanha, ajudada e incentivada por cúmplices, que mergulharam as profundezas da depravação e do engano para alcançar o rico prémio do petróleo. "A verdade é mais estranha que a ficção" e o imperialismo petrolífero americano, que se enraizou na política oficial em 1917, viveu à altura deste truísmo. Harold Ickes era o coordenador do petróleo para a defesa nacional em Dezembro de 1942, quando o Departamento de Estado afixou o seguinte:

> "Acreditamos firmemente que o desenvolvimento dos recursos petrolíferos da Arábia Saudita deve ser considerado

à luz do interesse nacional global. "

Foi a primeira vez que a segurança nacional dos EUA foi ligada a uma nação estrangeira distante das suas costas. Marcou um grande passo em frente nas acções imperialistas dos EUA, passando de um estado passivo para um estado activo. O Iraque confirma a validade desta premissa. Os EUA começaram a desempenhar o mesmo papel no petróleo iraquiano que a Grã-Bretanha desempenhou no século passado. Durante os últimos noventa e cinco anos vimos a Grã-Bretanha e os seus aliados imperialistas nunca hesitarem em inclinar-se para a depravação mais básica, a fim de obterem o cobiçado e desejado primeiro prémio do petróleo.

A história britânica é um conto de uma nação rica e poderosa que conspira para roubar nações mais pequenas, mais pobres e mais fracas, e é uma leitura muito dolorosa. Parece cada vez mais uma repetição da guerra britânica contra os bôeres em 1899. Na altura, o conflito era sobre a recusa da nação bôer em entregar o seu ouro. Hoje, o "conflito" é sobre a recusa do Iraque em entregar o seu "ouro negro".

O desenvolvimento petrolífero do Iraque evoluiu num cenário de situações fabricadas, acordos secretos, enganos, interferência política e depois a última "diplomacia" de todas, o barril de pólvora. Escrito da minha perspectiva como economista e historiador qualificado, um agente no terreno, e apoiado por 25 anos de pesquisa, este livro confunde os propagandistas grosseiros que têm apoiado os barões do petróleo. Asseguro-vos que o "conflito" com o Iraque terá um aspecto bastante diferente quando lerem este livro informativo, baseado em arquivos históricos secretos não acessíveis ao público, os documentos privados e pessoais dos ricos e o infame relato das guerras imperialistas de agressão dos EUA para assegurar o abastecimento de petróleo bruto.

Uma coisa que aprenderemos rapidamente é que nos últimos 100 anos, os Estados Unidos têm seguido uma política de agressão contra todas as nações que têm o petróleo como recurso natural, com intensos esforços para os minar através da instabilidade e de actos de interferência directa nos seus assuntos internos, como aconteceu no caso do México, em total contradição com o direito internacional e a Constituição dos Estados Unidos. A indústria petrolífera tem ditado a política externa americana a um custo para o povo americano de milhares e milhares de milhões de dólares, desde que os fuzileiros norte-americanos intervieram em Tampico sob as ordens do Presidente Wilson.

Esta política recebeu recentemente uma confirmação espantosa de que o mundo passou muito além de uma "conspiração" para uma "conspiração aberta". Em meados de 2006, o autor John Perkins publicou um livro espantoso intitulado *Confessions of an Economic Hit man,*[5] que confirma muito do que já tinha escrito com algum pormenor desde 1971, sobre como os EUA agem para derrubar governos de que não gostam e que não cumprem as suas exigências. Passo a citar o livro de Perkins:

> Nos últimos 30-40 anos, nós, os assassinos económicos, criámos o primeiro império mundial real (os Estados Unidos), e fizemo-lo principalmente através da economia, tendo os militares como último recurso.

Por isso, foi feito de uma forma bastante secreta. A maioria dos americanos não faz ideia de que criámos este império e, de facto, em todo o mundo, foi feito muito silenciosamente, ao contrário dos antigos impérios, onde os militares entraram com uma vingança; era óbvio. Assim, penso que o significado disto, o facto de mais de 80% da população da América do Sul ter votado recentemente num presidente anti-americano e o que está a acontecer na Organização Mundial do Comércio, e também o facto de mais de 80% da população da América do Sul ter votado recentemente num presidente anti-americano. De facto, a greve de trânsito aqui em Nova Iorque é que as pessoas começam a compreender que a classe média e as classes baixas em todo o mundo estão a ser terrivelmente exploradas, terrivelmente exploradas pelo que eu chamo a aristocracia corporativa, que realmente dirige este império, os Estados Unidos.

---

[5] *Confessions of a Financial Assassin*, John Perkins, ARIANE, 2016.

Perkins continua a explicar o que significa ser um assassino económico:

> O que fizemos... usamos muitas técnicas, mas provavelmente a mais comum é que vamos a um país que tem recursos que as nossas empresas cobiçam, como o petróleo, e arranjaremos um enorme empréstimo a esse país através de uma organização como o Banco Mundial ou uma das suas irmãs, mas quase todo o dinheiro vai para empresas americanas, não para o país em si. Empresas como a Bechtel e Haliburton, General Motors, General Electric, esse tipo de organizações, e constroem enormes projectos de infra-estruturas neste país; centrais eléctricas, auto-estradas, portos, parques industriais e coisas que servem os muito ricos e nunca chegam aos pobres. De facto, os pobres sofrem porque os empréstimos têm de ser reembolsados, e são empréstimos enormes, e o reembolso destes empréstimos significa que os pobres não terão acesso à educação, saúde e outros serviços sociais, e o país fica com uma dívida enorme, tudo de propósito.

> Voltamos, nós hitmen económicos, para aquele país, e dizemos-lhes: "Olhem, vocês devem-nos muito dinheiro. Não pode pagar as suas dívidas, por isso, dê-nos uma libra de carne. Venda às nossas companhias petrolíferas o seu petróleo a baixo preço ou vote connosco na próxima votação da ONU ou envie tropas para apoiar as nossas tropas em algum lugar do mundo, como o Iraque". E desta forma conseguimos construir um império global com muito poucas pessoas a saberem o que fizemos.

Ao explicar como o sistema funciona e como foi utilizado, Perkins revelou que foi recrutado pela Agência Nacional de Segurança (NSA).

Mas Perkins foi rejeitado por ter "uma série de fraquezas no meu carácter" e por isso foi enviado para trabalhar numa firma privada, a começar por Charles T. Main, uma grande empresa de consultoria em Boston, onde começou como economista com vinte pessoas. Main, uma grande empresa de consultoria em Boston, onde começou como economista com cerca de 20 pessoas.

A minha tarefa era convencer estes países a contrair empréstimos tão grandes, fazer com que os bancos concedessem os empréstimos, estabelecer as transacções de modo a que o dinheiro fosse para as empresas americanas. O país acabaria com uma enorme dívida, e então eu entraria com um dos meus homens e diria: "Olha, tu sabes que nos deves este dinheiro. Não pode pagar as suas dívidas. Dá-nos esta libra de carne".

A outra coisa que fazemos, e o que está a acontecer na América do Sul neste momento, é que assim que um destes presidentes anti-americanos é eleito, como Evo Morales (da Bolívia), um de nós vai e diz: "Ei, parabéns, Sr. Presidente. Agora que é presidente, quero apenas dizer-lhe que posso torná-lo a si e à sua família muito ricos. Temos várias centenas de milhões de dólares neste bolso, se jogarmos à nossa maneira. Se decidir não o fazer, neste bolso tenho uma arma com uma bala com o seu nome, no caso de decidir cumprir as suas promessas de campanha e de nos expulsar".

Eu posso fazer este homem ganhar muito dinheiro, ele e a sua família, através de contratos, por vários meios quase legais. Se ele não aceitar isso, acontecer-lhe-á o mesmo que a Jamie Roldos no Equador, ou Omar Torrijos no Panamá e Allende no Chile, e nós tentámos fazê-lo a Chávez na Venezuela e continuamos a tentar. Vamos enviar pessoas para o derrubar, como fizemos recentemente com o Presidente do Equador.

Na década de 1970, Torrijos fez muito barulho e manchetes em todo o mundo porque exigiu que o Canal do Panamá fosse devolvido aos panamenhos. Fui enviado para o Panamá para o convencer de que deveria jogar o jogo à nossa maneira. E convidou-me para um pequeno bungalow fora da Cidade do Panamá e disse: "Olha, sabes, eu conheço este jogo e se o jogar à tua maneira ficarei muito rico, mas isso não é importante para mim. O que é importante é que eu ajude os meus pobres". Torrijos não era um anjo, mas estava muito empenhado nos seus pobres. Então ele disse: "Podem jogar o jogo à minha maneira ou podem sair deste país".

Falei com os meus chefes e todos nós decidimos que eu deveria ficar. Mas eu sabia que o mundo inteiro estava a ver Torrijos por causa da questão do Canal do Panamá e que se ele não mudasse de ideias, os chacais iriam provavelmente entrar. Não só perderíamos o Panamá, como daria um exemplo que outros poderiam seguir. Por isso, fiquei muito preocupado. Eu gostava de Torrijos, e uma das razões pelas quais eu queria que ele entrasse a bordo não era apenas porque era o meu trabalho, mas porque queria vê-lo sobreviver, e porque ele não jogava à bola, foi assassinado.

O avião despenhou-se num incêndio e não havia dúvida de que lhe tinha sido dado um gravador quando entrou no avião e que este continha uma bomba. Conheço as pessoas que conduziram a investigação posteriormente, e está bastante bem documentada em muitos locais, e eu estava pessoalmente ciente do que aconteceu. A nossa linha oficial era que, claro, não foi isso que aconteceu. O avião bateu simplesmente numa montanha. Mas não havia dúvidas e esperávamos que isso acontecesse.

Tentámos também fazer isto a Saddam Hussein. Quando ele não cooperou, os assassinos económicos tentaram trazê-lo à razão. Tentámos assassiná-lo. Mas isso era o interessante, porque ele tinha uma segurança bastante leal, e além disso tinha muitos sósia, e o que não quer ser é o guarda-costas de um sósia, e pensa que é o presidente e que é preciso muito dinheiro para o assassinar e assassinar o sósia, porque se fizer isso, então a sua vida e a da sua família não vale muito, por isso não conseguimos chegar a Saddam Hussein, e foi por isso que enviámos os militares.

Saddam Hussein esteve no bolso dos Estados Unidos durante muitos anos - mas nós queríamos um acordo final, semelhante ao que fizemos com a Arábia Saudita. Queríamos que Saddam se alinhasse realmente com o nosso sistema, e ele recusou-se a fazê-lo. Aceitou os nossos aviões de combate, os nossos tanques e as nossas fábricas de produtos químicos que usava para produzir armas químicas... Aceitou tudo isso, mas não se alinhou com o nosso sistema para que pudéssemos trazer enormes organizações de desenvolvimento para reconstruir o seu país, como os sauditas fizeram à imagem do Ocidente. E foi isso que tentámos convencê-lo a fazer e também a garantir que trocaria sempre o petróleo por dólares americanos, em vez de euros, e que manteria o preço do petróleo dentro de limites aceitáveis para nós. Ele não cumpriu estas exigências. Se o tivesse feito, continuaria a ser presidente.

Perkins explica muito sobre como funciona o "império", mas penso que já lhe dei, o leitor, o suficiente para o convencer de como aqueles que prosseguem a política imperialista dos EUA tratam os países estrangeiros. Um outro exemplo principal revelado por Perkins é o Plano Marshall. Após o fim da Segunda Guerra Mundial, o Plano Marshall foi implementado, aparentemente para acelerar a recuperação da Europa, especialmente da Alemanha. O que é menos conhecido é que a maior parte do financiamento do Plano Marshall, biliões de dólares, foi para empresas americanas para comprar e assegurar o abastecimento de petróleo para os Estados Unidos que nada tinham a ver com a recuperação alemã. Os registos do Departamento de Estado mostram que até 10% dos fundos do Plano Marshall foram para a Standard Oil of New Jersey (EXXON) Soon-Vacuum (Mobil), Standard Oil of California, (Chevron) Texaco e Gulf Oil.

Foi-lhes dito para se deslocarem ao Equador, Venezuela, Baku, Peru, Iraque, Irão e Filipinas, todos países que tinham sido assaltados pelos EUA imperialistas. No rescaldo da Segunda Guerra Mundial, um movimento anti-colonial começou na Índia e espalhou-se pelo mundo à medida que as nações decidiram que não tolerariam mais a apropriação dos seus recursos naturais, pelos quais receberam uma ninharia. Mas este movimento não conseguiu parar a marcha do fascismo corporativo, que continuou quase inalterado.

Agora, em 2008, estamos a assistir ao ataque ao Iraque, Irão e região do Mar Cáspio - parte de uma guerra imperial para obter o controlo total dos recursos de petróleo bruto. Ouvimos os falsos apelos esclarecedores de George Bush, ecoados pelo bajulador Blair, de que o Irão é uma ameaça à paz mundial, quando uma recente sondagem em larga escala da União Europeia mostrou que os europeus vêem o Presidente Bush e os EUA como a verdadeira ameaça à paz mundial. Portanto, aqui está outro conjunto de políticos a colocar as suas falsas mensagens no ar. Nos últimos dezassete anos (desde 1991), quando o ex-Presidente Bush conduziu esta nação a uma guerra imperialista, inconstitucional e ilegal contra o Iraque, e não assumiu o controlo do segundo maior produtor mundial de petróleo, o povo dos Estados Unidos tem sido sujeito a uma barragem constante de propaganda contra o Iraque. Isto faz-nos lembrar o que o líder bolchevique Bakunin disse em 1814 quando alertou contra o tipo de propaganda ultrajante dirigida ao povo americano pelos barões ladrões da indústria petrolífera:

Mentir através da diplomacia. A diplomacia não tem outra missão. Sempre que um Estado quer declarar guerra a outro Estado, começa por emitir um manifesto dirigido não só aos seus próprios súbditos mas também a todo o mundo.

Neste manifesto ela declara que o direito e a justiça estão do seu lado, e esforça-se por provar que é movida apenas pelo amor à paz e à humanidade, e que, imbuída de sentimentos generosos e pacíficos, há muito que sofre em silêncio até que a crescente iniquidade do seu inimigo a obrigou a depor a sua espada. Ao mesmo tempo, ela jura que, desdenhando toda a conquista material e procurando não aumentar o território, porá fim a esta guerra assim que a justiça for restabelecida. E os seus antagonistas respondem com um manifesto semelhante, no qual, naturalmente, a justiça, a humanidade e todos os sentimentos generosos estão do seu lado.

Estes manifestos mutuamente opostos são escritos com a mesma eloquência, respiram a mesma justa indignação, e um é tão sincero como o outro, ou seja, ambos são desavergonhados nas suas mentiras, e só os tolos são enganados por eles. As pessoas sensatas, todos aqueles que têm alguma experiência política, nem sequer se preocupam em ler tais manifestos.

Uma das maiores e mais repetidas mentiras no manifesto da junta petrolífera Bush-Cheney é que o Iraque tem "gaseado o seu próprio povo". Esta afirmação frequentemente repetida, que foi repetida muitas vezes por Blair, refere-se à gaseificação dos habitantes de uma aldeia curda. Verificou-se que os foguetes contendo gás de nervos que atingiram a aldeia foram disparados pelo Irão, o que o Gabinete de Inteligência Naval (ONI) confirmou mais tarde, salientando que o tipo de gás venenoso utilizado (gás de nervos somali espesso) não provinha do arsenal iraquiano.

Mas isso não impediu que a mentira se repetisse uma e outra vez, a fim de convencer o povo dos Estados Unidos de que a guerra da junta petrolífera de Cheney contra o Iraque era uma "guerra justa em vez de uma busca imperialista pelo controlo do petróleo iraquiano". O seguinte é extraído do *World In Review Insider Report* de Abril de 1991, Volume No I:

> A verdade é que os governos americano e britânico traíram os Curdos. Depois dos palestinianos, são os curdos que viram as promessas mais solenes de compromissos quebrados por Londres e Washington. Até há pouco tempo, o povo americano não fazia ideia de quem era ou onde vivia o povo curdo. Tal como a nação iraquiana, os curdos eram uma nação desconhecida para os americanos.

Em 1991, seguiu-se a guerra imperial contra o Iraque, que resultou no genocídio da nação iraquiana e na devastação das suas terras. No rescaldo desta guerra, o governo britânico, que tem uma longa história de repressão contra os curdos, prometeu a Bush rearmar os guerrilheiros curdos para os utilizar como mercenários americanos para derrubar o Presidente Hussein. Mas o enredo foi executado prematuramente e falhou, levando Bush a distanciar precipitadamente a sua administração dos curdos traídos. Uma breve história do povo curdo pode ajudar a colocar as coisas na sua devida perspectiva. Localizado no canto noroeste do Iraque (e note-se que este é o IRAQ), o Curdistão sempre foi o único estado semi-autónomo na região.

Em 1900, como resultado de uma intervenção britânica generalizada nos assuntos da Turquia e Pérsia, a Grã-Bretanha assumiu o controlo de grandes áreas da região, que foram fixadas por um tratado assinado em 1907. A Pérsia não ficou satisfeita com este acordo e enviou uma delegação à Conferência de Paz de Paris realizada em Versalhes para exigir a revogação do tratado de 1907 que deu aos britânicos a Transcaspiana, Merv, Khiva, Derbent, Erivan e Curdistão, mas os britânicos conseguiram bloquear a exigência de revogação. Em 1919, os britânicos invadiram Bagdad. Em 1922, os britânicos concluíram um acordo militar com o Iraque. Em Junho do mesmo ano, os curdos revoltaram-se e combateram as forças britânicas durante um ano inteiro. Os britânicos utilizaram bombardeamentos aéreos pesados e gás venenoso para reprimir a rebelião. Um relatório ao Primeiro Ministro britânico declarou que a gaseificação teve um efeito "salutar".

CAPÍTULO 3

Grã-Bretanha ganha poder sobre o petróleo persa Bush empurra para a guerra no Médio Oriente

O petróleo foi descoberto no Irão em 1908, no campo Masji-i-Suleman. Este evento mudaria completamente o destino do Médio Oriente, da mesma forma que a descoberta de ouro na África do Sul condenaria a nação bôer. Outros campos petrolíferos foram descobertos na província de Mosul (distrito no Iraque) e Basra. Os britânicos enviaram peritos petrolíferos disfarçados de arqueólogos da Sociedade de Exploração da Palestina para espiar os campos petrolíferos em desenvolvimento. Os espiões chegaram a Mosul e ajudaram a estabelecer a Companhia Petrolífera Turca em 1912, que foi reconhecida numa reunião do Ministério dos Negócios Estrangeiros em Londres, em Março de 1914, na qual participaram delegados britânicos e alemães e representantes de bancos alemães e holandeses. Embora parecesse ser uma empresa com participação turca, na realidade, a Turquia não fazia parte da empresa.

Com o início da guerra, Churchill declarou que o petróleo era de extrema importância para a Grã-Bretanha. Esta declaração foi reforçada por uma nota de Sir Maurice Hankey, Secretário do Gabinete Britânico de Guerra, a Arthur Balfour, na qual declarou que o controlo do petróleo iraniano e iraquiano era um "objectivo principal da guerra britânica". O exército britânico invadiu o Iraque em 1915 para atingir este "principal objectivo da guerra britânica", independentemente da soberania iraquiana, apreendendo a cidade petrolífera de Basra, capital de Bagdade e Mosul em 1917. Mas as forças britânicas ficaram atoladas e tiveram de ser resgatadas por uma força expedicionária do exército indiano. A 9 de Agosto de 1919, Sir Percy Cox assinou o Acordo Anglo-Persiano, que deu à Grã-Bretanha grande influência sobre o petróleo persa. Mais tarde, o Majlis (Assembleia) recusou-se a ratificar o acordo. Em Fevereiro de 1920, Reza Khan e 3000 cossacos marcharam em Teerão. Reza Khan abandonou o tratado unificado e em Dezembro assinou um tratado de amizade com a Turquia.

Nenhum dos grupos minoritários (incluindo os curdos) é representado ou consultado pela Pérsia ou pela Turquia, e nunca pela Grã-Bretanha. Como resultado, os Curdos sentiram-se traídos e iniciaram uma longa série de revoltas. Do acima exposto, é evidente que o "problema" curdo começou décadas antes do advento do Presidente Hussein do Iraque. O Primeiro Ministro britânico Blair, que tem dito repetidamente ao mundo que "Saddam está a gasear o seu próprio povo", nada disse convenientemente sobre o papel comprovado da Força Aérea Real na gaseificação de civis curdos. O Instituto Tavistock é bom a distorcer os factos da história e conseguiu esconder este acto dos britânicos e americanos que continuaram a lutar pelo petróleo, tal como esconderam os campos de concentração que albergam mulheres e crianças bôeres, que morreram como moscas, devido à determinação do governo britânico em roubar o ouro que era propriedade da nação bôer.

No Iraque, o objectivo do governo britânico era claro: utilizar os curdos para desestabilizar toda a região, de modo a que as vastas regiões petrolíferas pudessem ser colocadas sob o seu domínio total. A Grã-Bretanha não ficou satisfeita com a força das concessões petrolíferas concedidas à D'Arcy em 1901. Também pretendia enfraquecer o governo iraquiano, que tinha sido plenamente reconhecido como um Estado independente pela Pérsia a 11 de Agosto de 1929.

O petróleo era o alvo dos imperialistas britânicos e americanos. Os britânicos e o seu aliado americano deveriam ter adoptado o slogan "Estamos a lutar pelo petróleo" e, se fossem honestos, tê-lo-iam feito. Em vez disso, Lord Curzon declarou sem rodeios que a política do Governo de Sua Majestade para com Mosul não se baseava no petróleo; pelo contrário, baseava-se na obrigação sagrada de cumprir o seu dever de proteger o povo curdo! À luz do envolvimento da Grã-Bretanha nas lutas petrolíferas de Mosul, as palavras de Lord Curzon foram o cúmulo do cinismo.

Os britânicos usaram sem vergonha e impiedosamente os curdos em 1921 e 1991 para servir os seus interesses, tal como tinham feito em 1899 na obtenção do chamado "franchising de estrangeiros" nas repúblicas bôeres da África do Sul, quando o controlo do ouro bôer era a sua principal preocupação. Hoje, em 2008, a única diferença é que os britânicos são ultrapassados pelos EUA. Os EUA assumiram o manto do imperialismo britânico.

Na Conferência de Lausanne (Novembro de 1922-Fevereiro de 1923), os turcos concordaram em respeitar os direitos das minorias, incluindo os curdos, mas nunca o fizeram. Disse o editorial do *New York Journal of Commerce* de Julho de 1923:

> Lausanne era tudo o que uma conferência internacional não deveria ser. Foi o sacrifício de todas as questões humanas e humanitárias ao expediente.

O Tratado de Lausanne, que resultou da conferência, ficou na história como um tratado que mudou o curso dos acontecimentos e preparou o cenário para o século XX. A série de tratados de paz concluídos no final da Primeira Guerra Mundial e a criação da Liga das Nações tiveram como objectivo ostensivo trazer "liberdade" ao mundo, mas longe de trazer liberdade, trouxe uma nova onda de imperialismo e a morte do Império Otomano. O Tratado de Lausanne foi assinado a 24 de Julho de 1823 e entrou em vigor a 6 de Agosto de 1924, após ter sido ratificado pela Grã-Bretanha, Itália, França e Turquia.

A editora do *New York Times* falou sobre a conferência:

> Mosul e liberdade dão-nos a todos uma oportunidade na corrida ao petróleo que tem sido o tema de todas as

negociações. Mas os EUA poderiam estar melhor ocupados hoje do que cuidar dos interesses dos reis do petróleo. Podemos falar de paz e civilização em público, mas em privado falamos de petróleo, porque os territórios onde os futuros concessionários estarão em jogo e eles estão a tentar garantir os seus direitos.

Embora não fosse evidente na conferência, o que se estava a passar nos bastidores era uma luta constante pelas posições das principais companhias petrolíferas para ganhar uma posição nas áreas inexploradas do Iraque, onde se sabia que existiam grandes vilayets (um grande reservatório de petróleo). Uma dessas áreas, com 150 milhas de comprimento, situa-se a norte de Kirkuk, no Iraque, em terras ocupadas pelos curdos. Em Outubro de 1927, os perfuradores de Baba Gurgur encontraram petróleo e um enorme jorro descontrolado inundou a terra circundante com petróleo durante nove dias, enquanto uma espessa pluma de gás flutuava no ar. O campo Kirkuk, com reservas de 2150 milhões de toneladas de petróleo bruto, correspondeu às expectativas, tanto na escala da enorme descoberta como nos danos que causou a todo o Médio Oriente devido à ganância intransigente das companhias petrolíferas britânicas e americanas, que ainda hoje se faz sentir. O surpreendente surto de "pai" Joiner no leste do Texas três anos mais tarde (Outubro de 1930), embora uma grande descoberta, foi largamente subestimado porque as companhias petrolíferas foram fortemente investidas no petróleo do Médio Oriente e não queriam que os campos petrolíferos americanos se desenvolvessem. O 'Gigante Negro' do Papa Joiner foi vendido ao magnata do petróleo H.L. Hunt (1889-1974) em circunstâncias muito dúbias.

Após uma eleição indecisa em Maio de 1930, os Curdos viram a sua oportunidade e revoltaram-se contra o novo governo turco liderado pelo seu líder, Ali Fehti Bey. A revolta teve lugar nas proximidades do Monte Ararat e foi brutalmente e sangrentamente reprimida pelas forças britânicas.

A 10 de Junho de 1961, o governo iraquiano aceitou o novo desafio do líder curdo al-Barzani, apoiado pelos Estados Unidos e Grã-Bretanha, e os curdos foram novamente atacados. Em

Abril de 1965, voltaram a pegar em armas contra o governo iraquiano. Exigiram "uma área claramente definida e um exército curdo". Em Março de 1966, eclodiram novos combates, que duraram três meses. Um grande contingente de forças britânicas tomou parte na acção. A rebelião terminou quando o Iraque prometeu conceder aos curdos uma autonomia regional, uma promessa que nunca foi totalmente cumprida.

Em Março de 1969, os curdos rebeldes voltaram a pegar em armas, o que resultou nos combates mais pesados do período. Foi posto em prática um plano de acção secreto utilizando os curdos e durante algum tempo parecia que o desejo do Presidente Bush de derrubar o Presidente Hussein ia ser realizado. Poderia acrescentar que ao abrigo do acordo de cessar-fogo (que os iraquianos assinaram, mas os EUA não), os militares iraquianos estavam proibidos de pilotar caças de combate no seu próprio território. Desafiando os termos do cessar-fogo, aviões americanos atacaram e abateram duas vezes aviões iraquianos para os impedir de atacar a guerrilha curda. Enquanto a administração Bush alegou estar a agir no interesse dos Curdos, o verdadeiro alvo era o petróleo sob as areias de Mosul. A administração Bush estava de facto a agir sob a bandeira imperialista de "Estamos a lutar pelo petróleo", embora sob outros pretextos, uma vez que o verdadeiro objectivo da Guerra do Golfo era ganhar o controlo das enormes reservas de petróleo do Iraque. Tudo o resto pode ser considerado pura filosofia de Immanuel Kant.

Os curdos receberam o grosso do ataque dos helicópteros de combate iraquianos. Aguentaram por algum tempo. Tendo sofrido um incidente deste tipo durante a guerra Iraque-Irão, os curdos quebraram e fugiram. Um pânico cego instalou-se e eles fugiram para as fronteiras iranianas e turcas. Os piores receios do Primeiro-Ministro Ozul concretizaram-se. Depois de permitir a entrada de um pequeno número de refugiados, a Turquia fechou as suas fronteiras aos curdos indesejados. Ozul propôs então à Europa Ocidental que aceitasse a maioria deles, mas a sugestão foi rejeitada. Os curdos foram deixados numa espécie de terra de ninguém e apanhados no fogo cruzado da guerra Irão-

Iraque. Cerca de 50 curdos foram mortos por armas químicas, nomeadamente gás de nervos Somane espesso, do tipo que o Iraque não tinha, mas os iranianos certamente que o fizeram.

Uma vez que todas as vítimas curdas do ataque foram mortas por um determinado gás nervoso, é mais do que provável que o exército iraniano seja responsável pelas suas mortes. Desde o início da operação secreta organizada pelo Bush contra o Iraque até Abril Glaspie, o número de curdos mortos por armas químicas aumentou de 50 para 50.000.

Tão descaradamente como os britânicos usaram os curdos para alcançar os seus próprios fins, também descaradamente a administração Bush os utiliza para fomentar o ódio ao Iraque, e assim espera transformar todo o Médio Oriente num pântano de países desestabilizados. Em tudo isto, é fácil perder de vista o objectivo de Bush, que é avançar sob a bandeira imperialista de "Estamos a lutar pelo petróleo". Isto é, mais uma vez, o México.

Este relatório, escrito e publicado em 1991, provou ser correcto, mas aqui estamos novamente com a família Bush a mergulhar o mundo numa nova guerra contra o Iraque com a mesma "promessa" de um "Estado palestiniano justo" que Blair, com a aprovação de G.W. Bush, está a balançar perante o mundo árabe. Os americanos que apoiaram cegamente o genocídio contra o Iraque em 1991 estão a descobrir que a sua fé cega foi totalmente descabida. Estão a descobrir que a Guerra do Golfo é apenas o início, não o fim, de um drama sem fim à vista. Ao lançar as sementes da guerra contra o Iraque, o Presidente Bush também lançou as sementes de futuras guerras na região, que poderiam eventualmente terminar numa guerra de 30 anos.

Os objectivos do Presidente Bush e dos seus colaboradores eram absolutamente claros: destruir a nação iraquiana através do estrangulamento económico que levaria à peste, à doença e à fome. Mas não resultou, por isso o genocídio contra o Iraque assumiu a forma de uma invasão americana. O que estamos a testemunhar hoje é apenas uma pausa, um prelúdio para o que está para vir.

O Iraque tornar-se-á um segundo Vietname. Milhões de pessoas estão destinadas a morrer às mãos da administração Bush sob o lema "Estamos a lutar pelo petróleo". A Jordânia, a Síria, o Líbano e a Líbia seguir-se-ão na sequência da destruição da nação iraquiana, lutando por uma causa justa: "Lutamos pelo petróleo". A Síria será a primeira a cair. Os amigos dos EUA descobrirão que a forma mais rápida de perder a sua soberania é tornar-se um aliado dos EUA. O Egipto ainda não aprendeu esta lição, que em breve virá.

Embora "leia os meus lábios" Bush se tenha esforçado por negá-lo, o estacionamento de tropas dos EUA na Arábia Saudita numa base permanente é de facto o objectivo. Tal acordo já está em vigor há cinco anos. Os EUA manterão uma força permanente de 150.000 soldados na Arábia Saudita. Qual será o seu papel? Atacar qualquer nação muçulmana que se desvie da recta e estreita. Em suma, os EUA tornar-se-ão a nova "Legião Estrangeira" no Médio Oriente, um objectivo imperialista para controlar todo o petróleo do Médio Oriente. As duas nações produtoras de petróleo, Argélia e Líbia, já foram tomadas pelos imperialistas norte-americanos e britânicos. A segunda invasão do Iraque pelas forças militares americanas teve lugar em 2003. O Irão está praticamente sitiado. Uma coisa de que podemos estar certos é que um George Bush "mais bondoso, mais gentil" não ficará satisfeito até que todo o petróleo do Médio Oriente esteja sob o controlo imperial dos EUA. A culpa pela situação dos curdos foi atribuída ao Presidente Saddam Hussein. Dado o destino dos irmãos Diem, General Somoza, Ferdinand Marcos, Torrijos, Noriega e o Xá do Irão, seria absolutamente descabido que a administração Bush não invadisse o Iraque pela segunda vez. Relatórios da imprensa já tinham demolido a credibilidade do antigo embaixador dos EUA no Iraque, explicando que April Glaspie não estaria à altura da tarefa se alguma vez fosse interrogada com verdadeira profundidade por um procurador competente. Agora, a confirmação da operação de picada vem de outra fonte. Dennis Kloske, um alto funcionário do Departamento de Comércio, testemunhou perante uma subcomissão da Câmara a 8 de Abril de 1991, que até à invasão do Kuwait, a administração Bush se tinha inclinado para trás para fornecer ao Iraque "alta tecnologia".

Kloske acusou o Departamento de Estado de ignorar os seus avisos e recomendações para parar o fluxo de tecnologia dos EUA para o Iraque. Nem o Departamento de Comércio nem o Departamento de Estado lhe dariam ouvidos, disse Kloske à Comissão de Negócios Estrangeiros da Câmara. Pelo seu problema, Kloske foi despedido por um "mais gentil e gentil" George Bush. No caso do Iraque, "a verdade não virá ao de cima" e nunca será autorizada a vir à tona. Que verdade é esta? Estamos a travar uma guerra imperialista pela posse de petróleo iraquiano.

É por isso que Bush e o seu filho têm mantido o ritmo da agressão contra o Iraque. Se o Iraque não tivesse petróleo, as nossas relações com ele seriam doces. Um imperial dos EUA não teria qualquer disputa com o Iraque ou o Irão. Não violaríamos o direito internacional e a Constituição dos EUA, como já fizemos milhares de vezes desde 1991. A família Bush empreendeu uma campanha de abuso violento da Constituição na sua busca de petróleo.

Quando Bush deixou o cargo após escapar aos esforços de impeachment do deputado Henry Gonzalez, inspirou o seu filho George a seguir os seus passos e perseguir o que deveria ter sido o lema da família: "Lutamos pelo petróleo". Por truque de magia, o Supremo Tribunal dos EUA elegeu G. W. Bush ao destituir Al Gore das eleições. Isto foi uma espantosa violação da Constituição dos EUA, uma vez que as eleições são eleições estaduais e não estão sujeitas à jurisdição federal, mas não causou uma crise constitucional. Assim que tomou posse, Bush tomou o refrão anti-Hussein até se tornar um tambor de ódio; a luta pelo petróleo foi lançada com uma vingança! Bush Jr. gozou de um apoio mais amplo do que o seu pai, não do povo americano, mais de 160 milhões que não votaram de todo ou votaram contra ele, mas sim de figuras inteligentemente disfarçadas, ditas "conservadoras", que foram capazes de enganar permanentemente a opinião americana com a sua falsa sinceridade. O líder deste notável golpe de propaganda foi um certo Irving Kristol. Este homem tornou-se o porta-estandarte para uma nova ronda de ataques ao Iraque, como o representante-chefe de Richard Murdoch, o magnata dos media que engana constantemente o povo americano.

Murdoch, Kristol, Perle e Wolfowitz souberam trabalhar os canais, para obter o apoio da junta petrolífera de Bush/Cheney. Chamar-se "neoconservador" foi um golpe de mestre. Os americanos adoram rótulos. Murdoch investiu o dinheiro para financiar um jornal chamado *The Weekly Standard*. Esta publicação é uma fachada para os interesses petrolíferos da Rothschild-Rockefeller, na qual o desejo de confiscar petróleo iraquiano é omnipresente. Não há nada como a sede de petróleo para fazer fluir o sangue. Kristol juntou-se agora aos imperialistas americanos, enquanto se fazia passar por "conservador".

O "bando de quatro" bilionários avançou rapidamente para uma alta velocidade para promover uma presidência imperial. Os Estados Unidos estavam prestes a passar de uma República para um Império, liderado por um Imperador. A transição, tornada possível pelo "big bang" do 11 de Setembro, foi notavelmente rápida. Durante a noite, a Constituição foi espezinhada e relegada para um lugar de nenhuma importância. O "bando de quatro" mais culpado pela queda da Constituição dos EUA veio das fileiras dos Trotskyites de que William Buckley era membro.

Vigiado pela CIA, Kristol senior, um comunista vitalício, começou a penetrar nas fileiras conservadoras e em meados dos anos 50, sob a liderança do 'conservador' William Buckley, tinha tomado o controlo de quase todas as instituições conservadoras. Os Trotskyites estavam prontos para o seu golpe sem sangue e a sua grande oportunidade chegou quando Richard Perle e Paul Wolfowitz receberam posições vitais no círculo interior de Bush. O palco estava agora preparado para o grande impulso, a grande ofensiva no drama em curso para o controlo do petróleo mundial. Investigando mais a fundo o fundo "conservador" de William Kristol, descobrimos o seguinte: O antigo Secretário de Estado Henry Kissinger foi associado a

Kristol e às suas empresas editoriais, *National Affairs* e *The National Interest*. *Mais tarde houve* uma terceira publicação chamada *The Public Interest*. De onde veio o financiamento para estas "revistas"? Foi fornecida pela Fundação Lynde e Harry Bradley e parece que esta rica fundação também financiou o Instituto Americano de Empresas Kristol, outra organização "conservadora".

Outros "conservadores" no jogo com Kristol foram William Bennett, Jack Kemp e Vin Weber, todos nominalmente "conservadores" republicanos, embora possamos estar certos de que homens como o grande Daniel Webster e Henry Clay teriam feito pouco dessa afirmação. Infelizmente, hoje em dia não temos homens do calibre do barro e do Webster na política. Kristol e os seus homens viram a sua tarefa como a destruição do Iraque. Esse era o seu objectivo, e no seu desejo de deixar isso claro ao público americano, alistaram alguns dos chamados "televangelistas" mais fanáticos à sua causa. Um deles foi recentemente à televisão, afirmando que "o anticristo está vivo e de boa saúde na Alemanha, França e Rússia". Com líderes como esta pessoa, não é de admirar que tantos cristãos americanos estejam completamente confusos.

Com o advento do 11 de Setembro, tinha chegado o momento de Kristol, Perle, Wolfowitz, Cheney e Rumsfeld. Tinham agora a causa célèbre, o "big bang", o "Pearl Harbor" de que precisavam para galvanizar os seus planos em acção. Podemos nunca saber a verdade completa sobre o 11 de Setembro, mas uma coisa é certa, os nossos controladores lamentam o dia em que permitiram o acesso do público à Internet. Embora na ausência de quaisquer meios de comunicação social, excepto os meios de comunicação controlados, Pearl Harbor permaneceu em segredo durante quase três décadas, já estão a decorrer discussões sérias sobre o 11 de Setembro, e muitas dúvidas estão a ser levantadas sobre a alegação do governo de que não tinha qualquer aviso do que iria acontecer. Existe agora uma dúvida aberta e crescente sobre esta alegação. David Broder, colunista do *Washington Post*, publicou o seu artigo de 17 de Março: "O 11 de Setembro mudou tudo para Bush". Esta manchete é muito profunda, pois levou Bush de um homenzinho tranquilo a um homem cheio de súbita confiança ao ponto de ser autoritário. Numa palavra, o 11 de Setembro 'transformou' George Bush. Aqui está um pouco do que Broder escreveu:

> Foi um longo caminho até aquele momento de decisão sobre o Iraque, mas a inevitabilidade do destino era clara. Quando os historiadores tiverem acesso aos memorandos e diários dos infiltrados da administração Bush, descobrirão que o Presidente Bush tinha estabelecido o seu objectivo de retirar Saddam Hussein do poder pouco depois dos ataques terroristas de 11 de Setembro, se não antes. Tudo o que o presidente disse publicamente, tudo o que o vice-presidente Cheney repetiu nas suas entrevistas televisivas de domingo - confirma que os ataques ao World Trade Center e ao Pentágono deviam justificar a determinação de Bush em desarmar qualquer líder que pudesse colaborar plausivelmente num ataque semelhante ou pior. E para ele, desarmar significa claramente remover aquele potencial atacante do poder. Na Primavera passada, o presidente anunciou e a sua nova equipa de segurança rapidamente amplificou uma nova doutrina que substituiu a política de contenção da Guerra Fria por uma nova política de preempção.

O discurso de Bush em West Point e o subsequente Livro Branco declararam que os Estados Unidos e os seus aliados agiriam com força contra qualquer nação ou força que reunisse armas de destruição maciça que pudessem ameaçar a segurança dos EUA - e não esperariam passivamente que o ataque tivesse lugar. Rapidamente se tornou claro que o Iraque tinha sido escolhido como um teste à nova doutrina.

Perguntamo-nos porquê? Supondo que o Iraque não tivesse petróleo, teria então sido tão vital "desarmar" a nação? O processo contra a Coreia do Norte foi muito mais forte.

A Coreia do Norte admitiu abertamente possuir armas nucleares - mas ainda não foi tocada pelos EUA e pela Grã-Bretanha porque, como a lógica sugeriria, não tem petróleo! Então sobre o que é o Iraque? Trata-se de 'desarmar' o Iraque ou de confiscar os seus ricos campos petrolíferos? Ousamos sugerir que 90% do mundo optaria por este último como a verdadeira razão pela qual a Grã-Bretanha e os EUA queriam esmagar o Iraque.

Subsequentemente, o Presidente utilizou decisões excepcionais da ONU para persuadir a maioria dos membros do Congresso a subscrever a doutrina da preempção como política dos EUA e a aplicá-la ao Iraque. E uma vez apoiado pelo Congresso, conseguiu persuadir o Conselho de Segurança da ONU a emitir um ultimato unânime a Saddam Hussein: desarmar ou ser desarmado.

O que há de errado nisso?

O que está errado é que todo o sistema é 100% inconstitucional e, no entanto, Bush conseguiu safar-se porque o povo americano não conhece a sua Constituição, quanto mais os seus representantes na Câmara e no Senado.

Nunca houve um Congresso dos EUA que tenha sido tão lamentavelmente ignorante da Constituição. Portanto, Bush foi capaz de fazer bluff no seu caminho para a guerra sem uma declaração formal, o que é um delito impugnável. O que sabemos é que a perspectiva iminente de uma guerra preventiva contra o Iraque tem prejudicado as relações da América com grande parte do mundo - abrindo brechas com grandes parceiros comerciais como a Alemanha, França e China. O facto é que Bush partiu muitas porcelanas antes do primeiro disparo. É impossível avaliar ou julgar os efeitos secundários sobre os países vizinhos do Canadá, México e Médio Oriente.

Agora chegamos a uma das piores caricaturas de justiça que alguma vez se abateu sobre esta nação: Íamos atacar o Iraque sem uma causa justa.

A Constituição dos EUA declara que os EUA não podem entrar em guerra contra uma nação a menos que essa nação tenha cometido actos beligerantes verificáveis contra os EUA. Nem mesmo Perle e Wolfowitz podiam afirmar que o Iraque tinha cometido actos beligerantes contra os EUA. Não havia razão constitucional para um "ataque preventivo". Foi um acto ilegal e inconstitucional que não tem lugar na política de uma nação cuja Constituição é a lei suprema da terra.

CAPÍTULO 4

O imperialismo britânico e a diplomacia da força dos EUA

Como é que os EUA passaram de um legado deixado pelos Pais Fundadores e pela geração que se seguiu, para a actual crença inconstitucional de que podem atacar qualquer nação percebida como uma ameaça? O que aconteceu é que os EUA se transformaram numa potência imperialista em busca de petróleo. Os anglo-americanos estão a imiscuir-se nos assuntos externos das nações. Poderíamos chamar a esta luta "diplomacia do petróleo" porque está entrelaçada com questões comerciais e militares. Estes nem sempre são revelados porque o sigilo é por vezes preferível. A economia moderna é sobre o poder. A nação que controla o petróleo irá dominar o mundo. Esta é a política imperialista adoptada pelo governo dos EUA.

A separação política do legado de sabedoria deixado pelos Pais Fundadores da América foi violada pela Guerra Hispano-Americana. O "isolamento", como aqueles que procuraram internacionalizar a América chamavam, "já não é possível", disse McKinley, um refrão ecoado por Woodrow Wilson:

> Quer queiramos quer não, participamos na vida do mundo. Os interesses de todas as nações são também os nossos interesses. Somos parceiros de outros. O que afecta as nações da Europa e da Ásia é também o nosso negócio.

A adopção do socialismo internacional foi o início do fim da América dos Pais Fundadores. Levou ao "comércio livre" e à remoção por Wilson das nossas barreiras comerciais que tinham feito dos EUA uma grande nação. Wilson ignorou completamente o aviso de George Washington de que os Estados Unidos não deveriam envolver-se e enredar-se em intrigas estrangeiras. Mas ao travar guerras imperiais pelo petróleo, isto revelar-se-ia impossível. Nenhuma nação pode desafiar as exigências imperialistas de Washington e viver, como o Iraque está agora a descobrir. Os povos do mundo desprezam amplamente o que a América se tornou sob a família Bush, pai e filho. Alienaram todo o mundo muçulmano, agarrando-se gananciosamente ao petróleo.

O Contra-Almirante Plunkett observou-o em Janeiro de 1928:

> A penalização da eficiência comercial e industrial é inevitavelmente a guerra; se eu ler correctamente a história, este país está mais perto da guerra do que nunca, porque a sua posição comercial coloca-nos agora em competição com outras grandes nações comerciais. Se substituir a palavra "óleo" quando apropriado, começamos a ter a imagem.

Como disse o Primeiro-Ministro francês Clemenceau:

> O petróleo é tão necessário como o sangue nas batalhas de amanhã.

Henri Berringer, diplomata francês e deputado de Clemenceau, escreveu um memorando que merece ser citado:

> Quem possuir petróleo possuirá o mundo, pois dominará os mares por meio de óleos pesados, o ar por meio de óleos ultra-refinados, e a terra por meio de gasolina e óleos iluminantes. Além disso, governará sobre os seus semelhantes no sentido económico, devido à fantástica riqueza que derivará do petróleo - aquela substância maravilhosa que é mais procurada e mais valiosa do que o próprio ouro.

disse o Presidente McKinley:

> O isolamento já não é possível ou desejável.

disse o Presidente Wilson:

> Participamos, quer queiramos quer não, na vida do mundo.

Falam como verdadeiros imperialistas, especialmente se se lembrar que na altura os EUA tinham menos de 12% das reservas mundiais de petróleo. Cerca de 70% foi em países cuja fraqueza convidou as grandes potências a invadir o terreno económico e político. E no tempo de Wilson, isto aplicava-se ao Médio Oriente, às Caraíbas e à bacia do Golfo do México e à Rússia. As nações com grandes depósitos de petróleo defenderam os seus activos aprovando leis que concediam direitos de subsolo ao seu povo e governos e adoptando barreiras restritivas, regulamentos e elevadas taxas de royalties. As grandes potências imperiais, a Grã-Bretanha e os Estados Unidos, chamaram a esta autodefesa "desafio" e exerceram pressão diplomática para derrubar estas barreiras. E quando isso falhou, eles voltaram à intervenção armada.

Tenha isso em mente e pense nessas palavras da próxima vez que ouvir Bush e Cheney a trompeta como era necessário "desarmar Saddam" e então começaremos a compreender que estamos no Iraque pelo seu petróleo. O 11 de Setembro foi uma situação artificial, tal como Pearl Harbor, e "armas de destruição maciça" foi apenas um engano vermelho arrastado ao longo do rasto petrolífero.

Lord Curzon, após a terrível tragédia da Primeira Guerra Mundial, falou a verdade quando disse:

> Os Aliados flutuaram para a vitória sobre uma onda de petróleo.

Todas as outras razões que Bush deu são cada vez menos válidas à medida que se olham para as questões. Como disse, cerca de 70% do petróleo do mundo encontra-se em países económica e nacionalmente fracos. Pela sua própria fraqueza, convidam os EUA e o Reino Unido a interferirem nos seus assuntos nacionais. O exemplo do Iraque está agora perante nós; a Venezuela acaba de sobreviver a uma ofensiva dos EUA que actua atrás de procuradores. Qualquer nação com reservas petrolíferas decentes está agora ameaçada pelo imperialismo americano e britânico e cairá, uma a uma.

A auto-defesa destas nações para proteger o seu povo e preservar os seus bens do domínio voraz dos magnatas do petróleo americanos e britânicos é descrita como "intransigência" ou "vingança", que se enfrenta primeiro com "pressão diplomática" e depois com força de armas. A família Bush seguiu este caminho duvidoso e vimos a sua política culminar num ataque brutal ao Iraque, uma nação com metade do tamanho da Califórnia.

A Grã-Bretanha e os EUA já assumiram o controlo da maior parte das reservas mundiais de petróleo. O que não conseguem vencer através da diplomacia, vencerão através de enormes ondas de bombardeiros, mísseis de cruzeiro e foguetes, uma vez que a pretensão e o fingimento de serem bons e de nações cristãs é abandonada. A luta em curso no mundo de hoje coloca nações com pouco ou nenhum petróleo contra a "única superpotência" do mundo, ou melhor ainda, o "imperialismo", os Estados Unidos. A Rússia luta para manter o seu lugar no mundo petrolífero, enquanto a Grã-Bretanha e os EUA procuram derrubá-lo. Assim, a luta pelo petróleo resultará numa grande batalha cataclísmica entre os EUA e a Rússia, e esse dia não está assim tão distante. Num futuro próximo, os filhos e filhas da América serão chamados a lutar pelo petróleo numa guerra mundial total.

O Departamento de Estado dos Estados Unidos da América geralmente aceita as exigências das grandes companhias petrolíferas. Isto é apoiado por uma política petrolífera agressiva por parte dos Estados Unidos, tal como declarado por A.C. Bedford, Presidente da Standard Oil de New Jersey em 1923. Devido a esta política fixa, os cônsules americanos no estrangeiro seguem sempre a linha do petróleo quando se trata de questões de política externa. Em 1923, a Comissão Federal de Comércio apoiou esta política oficial do governo dos EUA. Todas as embaixadas e missões diplomáticas dos EUA receberam o seguinte memorando a 16 de Agosto de 1919:

Senhores: A importância vital de assegurar um abastecimento adequado de petróleo mineral, tanto para as necessidades presentes como futuras dos Estados Unidos, foi fortemente trazida à atenção do Departamento (o Departamento de Estado). Os nacionais de vários países e as concessões de direitos sobre o petróleo mineral estão a ser agressivamente perseguidos no desenvolvimento de campos de exploração comprovados em novas áreas em muitas partes do mundo. É desejável ter a informação mais completa e actualizada sobre estas actividades, quer sejam conduzidas por cidadãos americanos ou outros.

Charles Evans Hughes testemunhou perante o Congresso dos EUA e a direcção de Coolidge Oil:

"... A política externa da administração, expressa na frase "porta aberta" e coerentemente prosseguida pelo Departamento de Estado, promoveu inteligentemente os nossos interesses americanos no estrangeiro e salvaguardou adequadamente as necessidades do nosso povo."

A luta pelo petróleo no Médio Oriente começou seriamente com a chegada de um australiano chamado William K. D'Arcy e o americano, Almirante Colby Mitchell Chester (1844-1932). D'Arcy e o americano, Almirante Colby Mitchell Chester (1844-1932). Em 1901, a D'Arcy obteve uma concessão do Xá da Pérsia cobrindo cinco sextos do Império Persa por um período de 60 anos. A D'Arcy pagou $20.000 em dinheiro e concordou em pagar 16% de royalties sobre todo o petróleo produzido. O Almirante Chester não conseguiu nada e a D'Arcy voltou a Londres para organizar a Anglo Persa Company. Regressou ao Médio Oriente para tentar ocupar o campo petrolífero de Mosul, na Pérsia. Em 1912, a Turkish Petroleum Company, composta pela British-Dutch Shell Oil e pelo Deutsche Bank de Berlim, foi criada para explorar Mosul.

Sir Henri Deterding (conhecido como o "Napoleão" da indústria petrolífera) da Royal Dutch Shell Company foi um actor importante nas intrigas em torno das nações proprietárias do petróleo. O governo britânico estava activo na pessoa de E.G. Prettyman, Civil Lord, que assegurou que o capital britânico detinha a linha na Turkish Petroleum Company, que a D'Arcy ameaçou vender aos franceses. Em 1913, Deterding disse à Câmara dos Lordes que controlava o petróleo na Roménia, Rússia, Califórnia, Trindade e México. Ele estava, disse Deterding, a espremer a Pérsia, que era uma região praticamente intocada de imenso tamanho e cheia de petróleo.

Sir Thomas Browning disse aos Lordes que a Royal Dutch Shell era muito mais agressiva no petróleo do que o Standard Oil Trust of America. Deterding tinha o controlo exclusivo da organização mais poderosa do mundo para a produção de uma fonte de energia. Entrando na batalha pelo petróleo estava Winston Churchill, então Primeiro Senhor do Almirantado e fresco das suas experiências na Guerra da Boer. Churchill disse à Câmara dos Lordes que acreditava que ... deveríamos tornar-nos os proprietários, ou de qualquer forma os controladores na fonte, de pelo menos parte do fornecimento de petróleo natural de que necessitamos.

CAPÍTULO 5

Nova doutrina: México sob pressão

As políticas imperialistas americanas tinham agora entrado numa nova fase, uma fase de "ataque preventivo", para usar a terminologia de Bush. O governo britânico estava ocupado a deitar as mãos ao petróleo em Mosul, no que é agora o norte do Iraque. Os britânicos estão a comprar um quarto das acções da Turkish Petroleum Company, sendo os alemães e turcos detentores das outras acções.

Em três meses, através da "diplomacia por engano", os britânicos controlaram três quartos das acções e os turcos foram completamente expulsos da sua própria empresa. Os curdos, proprietários das terras petrolíferas acima de Mosul, não receberam um único centavo. A Turquia, que controlava as terras à volta de Mosul, foi também deixada de fora ao frio.

Isso foi apenas o começo. O governo britânico comprou então a participação maioritária na Anglo Persa por 12 milhões de dólares, que deveria durar 48 anos. Logo se tornou claro que não só o petróleo ganhava guerras, mas que as guerras eram travadas por causa do petróleo.

Se olharmos para a história da Primeira Guerra Mundial, isto é claro, como Clemenceau reconheceria mais tarde. As guerras não terminaram com a Primeira Guerra Mundial. Pelo contrário, a Grã-Bretanha e os Estados Unidos seguiram uma política imperialista agressiva contra a Pérsia (Iraque) e a Turquia, numa tentativa de minar o domínio de elementos nacionalistas. Em Maio de 1920, o Departamento de Estado emitiu um memorando indicando que a Grã-Bretanha se estava a preparar calmamente para confiscar todos os campos de petróleo Mosul. A política petrolífera continuou a fazer manchetes nos EUA, com o Presidente Harding a afirmar, num discurso:

> "Depois da agricultura e dos transportes, a indústria petrolífera tornou-se o complemento mais importante da nossa civilização e bem-estar."

A administração Wilson envolveu-se numa luta pelo controlo do petróleo no México após a descoberta de grandes reservas de petróleo no Golfo do México ter sido anunciada. Quando os mexicanos mostraram sinais de resistência à exploração, os navios de guerra americanos foram enviados para Tampico. Wilson disse

> "... a única intenção dos Estados Unidos é a de preservar a democracia no México."

Os EUA também estão ocupados em outras áreas, negociando com a Grã-Bretanha uma participação na Companhia Petrolífera Turca, com os campos petrolíferos Mosul como um prémio de prestígio. A Turquia está a ser totalmente espremida da sua própria empresa. Mas o foco principal dos Estados Unidos foi nos campos mexicanos, que Edward Doheny tinha assegurado na Hacienda del Tulillo através do seu amigo Presidente Diaz. Doheny rapidamente obteve outros campos, incluindo Potrero Del Llano e Cerro Azul. Mas Diaz ultrapassou Doheny e permitiu que Weetman (Lord Cowdrey) entrasse na cena petrolífera mexicana.

A luta pelo petróleo levou à agitação entre os "aliados" quando os EUA tomaram a decisão de derrubar o Presidente Diaz, que estava no poder há 35 anos.

Como é habitual nestes casos, as operações de inteligência dos EUA e os "pistoleiros" económicos dos EUA foram enviados para agitar os problemas nas fileiras de Diaz. Os EUA provocaram directamente o derrube de Diaz, como o testemunho perante o Comité de Relações Exteriores dos EUA confirmou mais tarde.

Lawrence Converse, um oficial do pessoal americano,

testemunhou:

> O próprio Sr. Madero disse-me que assim que os rebeldes fizeram uma boa demonstração de força, vários grandes banqueiros em El Paso estavam prontos a adiantá-lo - creio que a soma era de 100.000 dólares; e estes mesmos homens (o Governador Gonzalez e o Secretário de Estado Hernandez) também me disseram que os interesses da Standard Oil os apoiavam e tinham comprado títulos do Governo Provisório do México. Disseram que os interesses do Standard Oil estavam a apoiá-los na sua revolução.

O Standard Oil deveria receber uma taxa de juro elevada e havia um acordo provisório para uma concessão petrolífera nos estados do sul do México. Madero foi deposto e executado, e o General Huerta tomou o poder. Quando o Presidente Wilson chegou ao poder, opôs-se abertamente a Huerta, dizendo que os Estados Unidos não podiam...ter qualquer simpatia por aqueles que procuravam tomar o poder do governo para fazer avançar os seus interesses ou ambições pessoais. Ao mesmo tempo, Wilson concedeu o reconhecimento a um governo revolucionário no Peru.

Os interesses petrolíferos, na pessoa de Albert Fall, começaram a exigir que os Estados Unidos enviassem forças armadas para o México para "proteger" os interesses americanos e "ajudar a restaurar a ordem e a manter a paz naquele infeliz país e a colocar as funções administrativas nas mãos de cidadãos mexicanos capazes e patrióticos". Quando Wilson chegou ao poder, colocou-o ao Congresso desta forma:

> A situação actual no México é incompatível com o cumprimento das obrigações internacionais do México, com o desenvolvimento civilizado do próprio México e com a manutenção de condições políticas e económicas toleráveis na América Central.

Wilson preparava-se agora para uma intervenção armada com o argumento de que os americanos estavam "ameaçados" no México. Este era o tipo de refrão que mais tarde ouviríamos de George Bush nas suas intermináveis queixas sobre o Presidente

Hussein, e, tal como com Wilson, eles tinham o som da insinceridade.

O povo americano, tão facilmente enganado que isto foi uma tragédia nacional e histórica, estava convencido de que o México era uma "ameaça" para eles, o que abriu o caminho para Wilson enviar uma carta aos cônsules americanos no México com uma directiva que eles deviam avisar

> "as autoridades de que qualquer intimidação ou mau trato dos americanos é susceptível de levantar a questão da intervenção".

Aqui temos um caso claro de um presidente imperial americano à procura de uma desculpa para interferir nos assuntos internos do México, comportamento que foi repetido pela família imperial Bush, pai e filho à procura de uma desculpa para agarrar o petróleo do Iraque e encontraram a desculpa frágil de que o Iraque tinha "armas de destruição maciça". Armado com o conhecimento de que tinha enganado o povo americano, fazendo-o acreditar que os seus cidadãos estavam a ser maltratados no México e que um "ditador horrível estava no poder e precisava de ser afastado" (consegue ouvir aqui o refrão de "Saddam Hussein"?), Wilson tornou-se mais audacioso:

> Estou convencido de que é meu dever imediato exigir a retirada de Huerta do governo mexicano e que o governo dos Estados Unidos deve agora utilizar os meios necessários para alcançar este resultado.

Ecos de "Saddam deve demitir-se ou as forças armadas americanas o farão", que continuavam a ser atirados pelo Presidente como se ele tivesse o direito de agir como um bandido e um bandido, tal como Wilson não tinha esse direito. Wilson e Bush escaparam ambos com uma agressão brutal contra o Estado soberano do México e Iraque respectivamente, porque o povo americano não conhece a sua Constituição. Ninguém desafiou a administração Bush em tribunal a apresentar provas da Constituição dos EUA para provar de onde veio subitamente este poder espantoso?

De onde vem este poder espantoso normalmente reservado aos imperadores sobre os seus impérios? Certamente não veio da Constituição americana nem do direito internacional. Ficou sob a égide do imperialismo e, aparentemente, ao marchar para este tambor sob essa bandeira, tornou-se legal para os EUA interferir nos assuntos soberanos de um Estado soberano!

Até o povo americano conhecer a sua Constituição, os tiranos podem escapar à ingerência nos assuntos soberanos dos Estados soberanos (como o México e o Iraque), e até o conhecimento da Constituição substituir a ignorância, continuaremos a ver a política externa americana criar caos no mundo. Como o povo americano não conhece a sua Constituição, já não tem uma Constituição. O povo americano permitiu a Wilson escapar com novos actos de imperialismo no México e as administrações Bush para devastar o Iraque depois de os seus planos para assassinar Hussein não terem podido ser levados a cabo.

Em Novembro de 1912, Wilson deu a seguinte ordem espantosa, surpreendente porque os seus comandantes militares deviam ter conhecido a Constituição de cor e, portanto, saber que o que ele estava a ordenar era inconstitucional e que eles deviam ter desobedecido às ordens.

> Cortá-lo (Huerta) da simpatia e ajuda estrangeiras e do crédito nacional, quer moral quer material, e forçá-lo a sair... Se o General Huerta não se retirar pela força das armas, tornar-se-á o dever dos Estados Unidos de utilizar meios menos pacíficos para o retirar.

Wilson estava agora encorajado e continuou no caminho da tirania imperial, interferindo com o Estado soberano do México, ameaçando o seu líder e o seu povo, e pior, declarando que era o "dever" dos Estados Unidos expulsar o seu líder eleito se ele não se demitisse! Mesmo César, na sua majestade imperial, nunca falou assim.

Ainda hoje, todos estes anos mais tarde, a audácia de Wilson continua a provocar espanto. E qual foi a resposta do povo americano às ameaças de Wilson? Exactamente nada! De facto, o povo americano, pelo seu silêncio, encorajou Wilson a fazer a coisa certa e a violar a sua Constituição. De repente, sob uma bandeira imperial, os Estados Unidos arrogaram para si próprios o direito de pacificar o México. Em resposta a uma proposta britânica para permitir a Huerta demitir-se, o Secretário Bryan escreveu outra missiva surpreendente:

O Presidente pretende ver-se livre de Huerta, dando ajuda dos EUA aos líderes rebeldes. As perspectivas de paz, segurança dos bens e pagamento imediato de obrigações estrangeiras são mais promissoras se o México for deixado às forças que agora combatem naquele país. Ele (Wilson) pretende, portanto, quase imediatamente, retirar a proibição de exportação de armas e munições dos Estados Unidos.

Isto aconteceu logo após Huerta ter sido reeleito numa eleição pacífica e justa. Décadas mais tarde, o povo norte-americano colocar-se-ia uma vez mais de lado e permitiria que o seu governo infligisse o caos político imperial no Iraque e no Afeganistão, afirmando que tudo isto era legal nos termos da Constituição dos EUA. A realidade é que Bush, pai e filho, deveria ter sido destituído, afastado do cargo e julgado por traição. No entanto, parece que isto nunca irá acontecer e o povo americano merece agora perder a sua Constituição, porque deu o seu consentimento aos líderes da indústria petrolífera para a espezinharem sem sequer um murmúrio de protesto.

Não admira que a nação esteja em apuros quando permitimos que um chamado "comandante-chefe", que não foi chamado ao serviço, conduza esta nação a uma guerra, que não tem o direito de combater, porque o Congresso não declarou guerra, permaneça em funções e cause o desperdício criminoso de vidas humanas e milhares de milhões de dólares do nosso tesouro nacional. Merecemos tudo o que recebemos pela nossa terrível negligência em relação à Constituição.

A perspectiva de interferência dos EUA no México alarmou muito o Chile, a Argentina e o Brasil, que decidiram intervir para ajudar o México com uma oferta de conciliação. Quando estes três países avançaram com uma oferta de conciliação, Wilson tentou bloquear a conferência Argentina-Brasil-Chile quando se reuniu nas Cataratas do Niágara. Tal como a família Bush em 1991 e 2002, Wilson não queria a paz; queria expulsar Huerta com violência por se colocar no caminho daqueles que estavam a avançar sob a bandeira do imperialismo do petróleo. Wilson mostrou a sua verdadeira cor e desprezo pela Constituição dos EUA, intervindo directamente no México enquanto sabotava os esforços para uma solução pacífica.

Wilson isolou o governo Huerta através de maquinações financeiras e de um bloqueio de armas e munições para as suas forças governamentais. Ao mesmo tempo, ele forneceu armas e dinheiro aos líderes rebeldes, Carranza e Villa. Inventou o incidente da bandeira em Tampico como uma desculpa para a ocupação de Vera Cruz. Quando o General Huerta pediu desculpa pelo incidente da bandeira, Wilson, tal como o falso cavalheiro de Princeton que era e traidor até ao núcleo, recusou-se a aceitá-la.

Nesta conduta deplorável, vemos actos e acções semelhantes na forma como a família Bush tratou Saddam Hussein. Em ambos os casos, o General Huerta e o Presidente Hussein, vemos os petroleiros a moverem-se no escuro como baratas, recusando-se a pagar os seus impostos no México e ajudando Carranza em cada curva. O povo americano nunca pôde saber o que era um presidente imperial Wilson, e pagaram o preço pela sua ignorância quando, em violação da Lei Dick, enviou os seus filhos do exército nacional para morrer nos campos de batalha da França, apesar de o seu Procurador-Geral Wickersham lhe ter dito repetidamente que não tinha autoridade constitucional para enviar as forças militares nacionais para lutar fora dos Estados Unidos. Porque o povo americano se permitiu estar tão desprotegido, os seus filhos estão de novo em campos de batalha fora dos Estados Unidos, em violação da Constituição, e uma vez mais o povo americano permite que os violadores, a família Bush, espezinhem a Constituição e escapem às consequências da sua violência, tudo isto numa perseguição imperial ao petróleo que é propriedade nacional de outras nações.

Antes da Comissão de Relações Exteriores do Senado em 1919,

Doheny gabou-se de que todas as companhias petrolíferas americanas tinham estado envolvidas na eliminação de Huerta, tal como mais tarde todos os executivos das companhias petrolíferas se envolveriam no enfraquecimento do Xá do Irão e na sua remoção do poder. A luta pelo petróleo continuou, o exército imperial americano marchou sob o estandarte das companhias petrolíferas, enquanto cantavam o seu hino de guerra:

> "Soldados cristãos avançam, marchando como em guerra, com a bandeira da indústria petrolífera, avançando".

Houve muitas noites de champanhe sobre a expulsão de Huerta nos escritórios da Standard Oil. Mas os executivos do petróleo fizeram um erro de cálculo. Carranza tentou fazer passar a revolução como algo do povo e renegou as concessões petrolíferas que tinha feito às companhias petrolíferas americanas. Quando o General Obregon chegou ao poder, todo o México foi atirado para o tumulto por causa das maquinações do lobby petrolífero dos EUA, totalmente apoiado pelo Departamento de Estado e Secretário de Estado Hughes.

Hughes alegou que a acção de Wilson ao enviar tropas dos EUA e dois navios de guerra para Tampico era "moralmente justificada". Estas foram palavras vazias, não encontradas na Constituição dos EUA, e destinavam-se a impressionar um mundo profundamente preocupado com a interferência imperialista dos EUA nos assuntos internos do seu vizinho. Numa declaração ao Comité Nacional Republicano em 1924, Hughes manteve o seu tom 'moral':

> A revolta de Huerta não foi uma revolução com as aspirações de um povo oprimido. Foi um esforço para tomar a presidência: significou a subversão de todo o procedimento constitucional e ordeiro. A recusa em ajudar o governo estabelecido teria jogado a nossa influência moral ao lado daqueles que desafiaram a paz e a ordem no México...

Anos mais tarde, em 1991 e 2006, deveríamos ouvir os mesmos refreios da família Bush, pai e filho, de que os seus ataques ao Iraque eram "morais".

Na verdade, não havia nada de "moral" - era simplesmente uma agressão imperialista aberta contra uma nação mais pequena e mais fraca em busca de interesses petrolíferos; Hughes e Wilson não estavam a lutar pela moralidade - estavam a marchar sob a bandeira do imperialismo do petróleo. Os petroleiros americanos continuaram a interferir no México durante toda a administração Coolidge, e um correspondente do *New York World* escreveu um artigo do México que resumia a situação:

> É um facto imperial, por exemplo, que no passado recente a associação pessoal de funcionários dos Estados Unidos não era com o governo ao qual eram acreditados, mas com essa classe de mexicanos, entre os quais se encontravam as pessoas ricas, cultas e por vezes encantadoras que financiam e provocam a rebelião. Não é menos conhecido que muitos dos advogados e representantes das companhias petrolíferas não se limitaram a afirmar as suas reivindicações ao abrigo do direito internacional, mas utilizaram aberta e persistentemente toda a influência que possuíam para minar o governo mexicano.

Este comportamento notório estendeu-se à Venezuela, Iraque e Irão, onde todos os esforços foram feitos por agentes norte-americanos, petrolíferos e seus aliados da CIA, para derrubar os governos destas nações e substituí-los por regimes fantoches favoráveis aos que operam sob a bandeira do imperialismo do petróleo. Este comportamento belicoso continuou durante mais de 90 anos, até hoje, quando vimos os perpetradores quase conseguirem derrubar o líder eleito da Venezuela, derrubando o Xá do Irão e agora iniciando uma guerra total no Iraque para assumir o controlo de Mosul e outros campos petrolíferos iraquianos há muito procurados. As tendências imperialistas daqueles que detêm o poder desenfreado e operam nos bastidores em Washington foram bem expostas pelo *El Universal*, o jornal da Cidade do México:

> O imperialismo americano é um produto fatal da evolução económica. Não vale a pena tentar persuadir os nossos vizinhos do norte a não serem imperialistas; eles não podem deixar de ser imperialistas, por muito bem intencionados que

sejam.

Estudemos as leis naturais do imperialismo económico, na esperança de encontrar um método através do qual, em vez de nos opormos cegamente a elas, possamos mitigar as suas acções e transformá-las em nosso proveito.

CAPÍTULO 6

O petróleo, e não as ADM, desencadeia a invasão do Iraque

Já não é possível negar que o imperialismo fatal é agora galopante em todos os Estados Unidos, tendo sido dada carta branca pela família Bush e seus apoiantes, Richard Cheney, Kristol, Perle, Wolfowitz e os fundamentalistas cristãos. Este imperialismo rastejante de Bush não terminará com o Iraque, quando tivermos submergido essa nação, continuará até que os imperialistas Bush, em total desafio à Constituição dos EUA, tenham submergido todas as nações produtoras de petróleo do Médio Oriente e desapossado os árabes do seu património de recursos naturais.

E, neste processo, as nações do Médio Oriente estão a ser assaltadas às cegas. Tomemos o acordo anglo-persa adquirido por 12 milhões de dólares. Winston Churchill disse que a Grã-Bretanha ganhou $250 milhões com este acordo entre 1921 e 1925. O facto é que a ganância dos barões do petróleo em deitar as mãos aos campos petrolíferos Mosul no Iraque foi a causa da Primeira Guerra Mundial.

A confusão profana no Médio Oriente foi causada directamente pela interferência dos petroleiros britânicos e do imperialismo americano. O traiçoeiro acordo Sykes-Picot só levou à discórdia e derramamento de sangue na Palestina, que continua até aos dias de hoje.

É estranho ler a história deste período e perceber que o que passou para a política nacional na altura (1912-1930) não passava de uma política petrolífera suja. É de facto sóbrio ler a história deste período - pelo qual milhões de vidas foram desnecessariamente sacrificadas de ambos os lados da luta. Após os britânicos terem derrotado os turcos em 1916 (em grande parte graças a Lawrence dos árabes da Arábia em troca de promessas de lhes dar a Palestina, que nunca foram cumpridas), o acordo Sykes-Picot ofereceu apoio às reivindicações francesas à Síria e Mosul em troca da ajuda francesa no Médio Oriente. A ofensiva britânica contra Bagdad foi bem sucedida na Primavera de 1917. Mas o colapso dos seus aliados czaristas russos impediu os britânicos de chegarem a Mosul.

O armistício removeu o exército germano-turco que defendia o Mosul. Nada mais foram do que manobras e contra-manobras das nações ocidentais, especialmente da Grã-Bretanha e dos Estados Unidos, para assegurar os cobiçados campos de petróleo Mosul. As nações da região não foram sequer consultadas. Foi a diplomacia imperial da luta pelo petróleo o mais feio possível.

Para acalmar o tumulto causado pelas companhias petrolíferas vorazes, realizou-se uma conferência em Lausanne, Suíça, em Novembro de 1922, mas antes deste evento, as tropas britânicas lideraram um empurrão para Mosul, enquanto o Secretário de Estado Hughes declarou que os Estados Unidos não reconheceriam a reivindicação britânica a Mosul, uma vez que não era válida. Os britânicos pensavam ter o Mosul "no saco" graças à ocupação e o correspondente do *London Times* não podia esconder o seu encanto:

> Nós, os britânicos, temos a satisfação de saber que três enormes campos próximos um do outro, capazes de suprir as necessidades petrolíferas do Império durante muitos anos, são quase inteiramente explorados por uma empresa britânica. Os geólogos turcos do petróleo confirmaram a existência de três grandes campos na concessão Mosul. O campo do nordeste vai de Hammama Ali através de Kirkuk e Tuz Kharmati até Kind-I-shrin. Um segundo estende-se a sul de Mosul de Khaiyara a Jebej Oniki Imam via Kifri. Outra bacia começa a sudoeste de Mosul e estende-se em direcção a Bagdade ao longo do rio Tigris até ao Fet Haha Pass e Mandali.

Foi para confiscar este rico troféu que George Bush Sr. atacou o Iraque em 1991, depois de "não conseguir colocar Hussein de volta no bom caminho", parafraseando John Perkins. Podemos ignorar a retórica política sobre o povo iraquiano que vive sob o jugo de um ditador. Podemos esquecer os lugares-comuns piedosos sobre a contribuição da democracia no Iraque. Podemos esquecer as mentiras que fluiram da Casa Branca em 1991 e esquecer as mentiras que fluiram da boca da junta petrolífera em 2008. O que podemos compreender é a prova sólida de que o que os magnatas do petróleo estão hoje a fazer no Iraque, e o que têm feito desde 1914, é simplesmente uma continuação da sua busca imperialista pelo petróleo. Esta busca imperial por petróleo nunca foi tão abertamente exposta como com o ataque de mísseis de cruzeiro a Bagdad a 20 de Março de 2003. Em violação de todos os princípios do direito internacional e sem uma réstia de autoridade da Constituição dos EUA, para não mencionar o facto de a ONU não ter dado luz verde à junta petrolífera Bush-Cheney para atacar o Iraque, começou um bombardeamento de Bagdade.

As piedosas platitudes de George Bush Jr. podem ser atiradas em segurança para o caixote do lixo da história, pois a família imperial Bush não representa o povo americano. G.W. Bush foi eleito para o poder pelo Supremo Tribunal dos Estados Unidos. É justo dizer que se o Supremo Tribunal não tivesse eleito George Bush, hoje não haveria guerra do petróleo, pois é um facto conhecido que Al Gore tinha declarado abertamente que se ele ganhasse as eleições, não haveria ataque ao Iraque, e que o povo americano não seria obrigado a pagar preços exorbitantes pela gasolina na bomba.

O que se segue deve mostrar quão pouco os imperialistas e os seus antecedentes se preocupam com o povo, quão ocas as palavras de George Bush Jr. soaram quando ele declarou o seu amor pelo povo iraquiano, encarnado no seu desejo de se ver livre de "Saddam", que os oprimia. O contexto deste relato da saga das guerras petrolíferas é que os EUA rejeitaram impiedosamente os direitos dos arménios sobre Mosul e agiram como se os mais de um milhão de arménios não tivessem qualquer importância.

Vahan Cardashian, advogado da delegação da República da Arménia, tentou realçar este esquecimento dos direitos arménios num pedido de audiência e investigação no Senado. Na sua carta de 14 de Março de 1928 ao Senador Borah, declarou que se a Comissão de Relações Exteriores não actuasse de acordo com o seu pedido, solicitaria ao Presidente Coolidge que levasse a disputa entre os EUA e os Arménios ao Tribunal de Haia para julgamento. A carta de Cardashian ao Senador Borah diz o seguinte

Acuso dois membros do Gabinete do Presidente de regatear o caso arménio na Conferência de Lausanne e conspirar para afectar a expulsão de quase um milhão de arménios das suas casas ancestrais.

Acuso estes homens e os seus cúmplices neste ultraje de terem usado e utilizado o Departamento de Estado como um instrumento de vontade para levar a cabo o seu esquema nefasto, e que o Departamento de Estado, num esforço para cobrir os rastros daqueles que ditaram a sua política a este respeito, recorreu a deturpações, intrigas, e mesmo terrorismo, e inundou o país com propaganda irresponsável e sem vergonha.

Então, nestas circunstâncias, qual é o motivo, o objectivo por detrás da política turca do Departamento de Estado? Dizemos que se trata de petróleo. Uma administração que renunciou aos legítimos direitos americanos e depois teve o descaramento de encher o ar de trivialidades, insinuações selvagens e mentiras para desviar a atenção da sua política desonrosa; uma administração que deliberadamente espezinhou a Constituição dos Estados Unidos na sua conduta de relações externas - uma tal administração, acuso, não hesitaria, e não hesitou, em vender ao desbarato o povo arménio e as suas casas por petróleo, no interesse de um grupo privilegiado.

Se, por qualquer razão, a Comissão de Relações Exteriores do Senado for incapaz e não estiver disposta a abordar os erros infligidos a um povo corajoso, então solicitarei ao

Presidente dos Estados Unidos que leve a questão entre a administração e a Arménia ao Tribunal Permanente de Arbitragem em Haia para uma decisão.

Parece que se as acusações apresentadas pelo advogado Vahan Cardashian fossem reformuladas hoje, e os nomes do regime da junta petrolífera dos EUA fossem substituídos pelos de Cheney, Bush, Rumsfeld, Blair et al, e os "Arménios" fossem substituídos por "Iraque" e o "povo iraquiano", teríamos uma acusação perfeita para apresentar ao Tribunal Internacional de Haia e pressionar para que este povo, que se esconde atrás da máscara do falso "correcto", promovesse efectivamente a sua tomada do poder imperial sobre o petróleo do Iraque. Deveríamos primeiro apresentar uma petição ao Presidente do Senado e ao Presidente da Câmara dos Representantes com um projecto de lei específico acusando os membros da junta petrolífera de traição, pedindo à Câmara que os impeça e ao Senado que os declare culpados e os obrigue a abandonar o cargo. Deveríamos então solicitar que estes homens fossem julgados nos tribunais da terra, como prevê a Constituição dos Estados Unidos.

E se estes recursos e petições caírem em saco roto, então devemos apresentar uma queixa ao Tribunal Mundial de Haia e exigir que os membros da junta imperialista do petróleo sejam levados à justiça. Nada menos do que isso fará, e nada menos do que isso impedirá esta junta petrolífera de continuar a correr em alvoroço no mundo, porque, como sempre, ela ignora todas as nações sob a bandeira da indústria petrolífera.

Foi feita uma tentativa em 1991 pelo Deputado Henry Gonzalez para impugnar G. W. H. Bush, mas foi asfixiada por políticos de ambos os partidos que não tinham respeito pela Constituição dos EUA. Não há dúvida de que uma resolução semelhante apresentada contra George W. Bush encontraria o mesmo destino, uma vez que os políticos na Câmara e no Senado têm hoje ainda menos consideração pela Constituição do que aqueles que lá estavam em 1991. Se a resolução for recebida com indiferença ou postura política, então o povo tem a solução de a levar ao Tribunal Internacional de Justiça em Haia. Pelo menos que seja dado um passo no sentido de restaurar a Constituição ao seu devido lugar, e que a junta petrolífera não continue a espezinhá-la.

Os imperialistas que lutam pelo petróleo não limitaram os seus esforços ao Iraque, Irão e México. Espalharam-se por todo o mundo e até violaram os direitos soberanos do povo russo, para não falar da sua intervenção na Venezuela. Um dos incidentes mais extraordinários ocorreu na Sibéria, sobre o qual pouco se tem escrito.

Em 1918, o Japão tentou ocupar a costa siberiana. Wilson tentou impedir isto através da diplomacia, mas quando isso não resultou, enviou um exército americano para a Sibéria sem a aprovação do Congresso, não tanto para ajudar a Rússia, mas para impedir o Japão de assumir os valiosos depósitos de petróleo e carvão de Sakhalin, porque Wilson os queria para a Sinclair Oil, a companhia americana. A Rússia olhou favoravelmente para Sinclair, pensando que os americanos tinham "mãos limpas". Mas aqueles que operam sob a bandeira imperial da indústria petrolífera não estão a jogar limpo. Eles pregam partidas sujas, como costumam fazer.

Enquanto os russos favoreciam o Sinclair Oil, nas suas costas a tripulação motley de magnatas do petróleo conspirava e opunha-se ao controlo russo do Cáucaso e dos seus preciosos campos petrolíferos. Era a mesma história do México. Os EUA apoiam secretamente grupos dissidentes georgianos na crença de que, se forem bem sucedidos, as concessões petrolíferas procuradas virão até eles. Os EUA estavam ansiosos por controlar os campos petrolíferos de Grosni-Baku, mas Moscovo reprimiu a rebelião e capturou os documentos que provaram a interferência dos EUA em Grosni-Baku.

Os imperialistas foram então ao Congresso e tentaram obter o reconhecimento de uma "República Nacional da Geórgia", cujo governo estava no exílio em Paris. Mas o Departamento de Estado, em conluio com os bolcheviques, opôs-se a este projecto, que caiu por terra. Sem se preocupar, a Rockefeller-Standard obtève concessões para comprar petróleo russo a preços baixos, e a Anglo-American Oil Company comprou 250.000 toneladas de petróleo a Baku. De repente, o lobby petrolífero anti-Bolshevik Rockefeller deixou de caluniar a Rússia e começou a elogiá-la. A Rockefeller procurou então fazer contratos cada vez maiores com fornecedores de petróleo russos e, em 1927, comprou 500.000 toneladas.

As coisas começaram a correr muito bem entre Rockefeller e os bolcheviques, apesar das histórias de horror que saíam do regime controlado pelo comunismo. Em Junho de 1927, a Standard Oil encomendou 360.000 toneladas adicionais de petróleo e a Vacuum-Standard assinou um contrato de 12 milhões de dólares por ano com os bolcheviques.

As histórias de terror da junta imperialista do petróleo (Bush, Cheney e Rumsfeld) sobre Saddam Hussein (a besta) prepararam o cenário para um ataque sem precedentes ao Iraque, um chamado "ataque preventivo", que violou todos os princípios da Constituição dos EUA e espezinhou o direito internacional.

No entanto, o seu historial foi muito feliz em fazer negócios com as bestas bolcheviques cujo historial de assassinatos brutais e supressão das liberdades na Rússia ultrapassa em cem mil vezes o que Saddam Hussein fez ao seu povo. A administração Bush ousa falar em termos elevados sobre a "moralidade" que está do seu lado, e depois os pregadores fundamentalistas da televisão cristã dizem à nação que esta maléfica junta imperial do petróleo está a travar uma "guerra justa".

A revista britânica *The Outlook* resumiu a situação do comércio petrolífero com os bolcheviques, e a opinião que expressou adequar-se-ia perfeitamente à junta petrolífera de Bush, Cheney e Rumsfeld se alterássemos o prazo de 1928 para 2003:

As autoridades britânicas e americanas consideram legítimo o comércio com o petróleo russo... O simples facto é que as diferentes empresas tentaram fazer olhinhos umas às outras.

As intrigas sórdidas e a competição já são suficientemente sinistras; as tentativas de a explicar em termos de moralidade e ética são pura hipocrisia. É indecente e nojento.

Agora chegamos à "moralidade" da junta petrolífera imperial Bush e Cheney ao leme dos EUA. Atacaram o Iraque, sem um único fragmento, um único vestígio de autoridade da Constituição dos EUA e do direito internacional, e lançaram milhares de bombas e mísseis de cruzeiro à céu aberto e sem defesa na cidade de Bagdade, em violação do direito internacional, e com confiança esperam escapar à punição e ao julgamento dos protocolos de Nuremberga.

Além disso, a junta imperialista obteve enormes lucros com a "reconstrução" do Iraque depois de o bombardear. As empresas do vice-presidente da junta petrolífera Richard Cheney, Haliburton e Bechtel, receberam um contrato lucrativo de 6 mil milhões de dólares muito antes do início das "hostilidades". Se o povo americano aceitar isto, então merece o destino que o espera.

Pela sua coragem, a Bechtel recebeu secretamente um CBE (Commander of British Empire) da Rainha Isabel II. O sucesso da enorme máquina de propaganda impediu qualquer discussão razoável por parte do povo americano que, como dissemos no início do ataque, apoiou a guerra da junta petrolífera contra o Iraque por uma margem de 75%. Como resultado, a verdade sobre o ataque bárbaro de 20 de Março de 2003 está na mente de relativamente poucas pessoas.

George Orwell teria compreendido a junta petrolífera e a sua marcha imperial sobre o Iraque. Nascido em 1903, o mestre técnico formado nas artes da propaganda e da diplomacia por engano, não teria hesitado em enfrentar a junta petrolífera Bush-Cheney-Rumsfeld. Mas infelizmente para a América, Orwell morreu em 1950, deixando o mundo com uma profunda compreensão de como as coisas funcionam no seu livro "1984". O resumo escrito por Paul Foot e publicado a 1 de Janeiro de 2003 merece ser citado:

> Este ano, suspeito, será para muitos de nós o ano de George Orwell. Nascido em 1903 e a morrer em 1950, continuou a dominar a cena literária britânica. Neste ano centenário, haverá certamente um ensaio divertido dos debates de esquerda entre os seus apoiantes, dos quais faço parte, e os

seus detractores, que recordam os bons velhos tempos do camarada Estaline.

CAPÍTULO 7

Passagem à barbárie

Começamos o ano Orwell recordando que esta famosa sátira, "1984", previa um mundo horrível dividido em três blocos de poder, mudando constantemente de lado a fim de continuarmos a lutar uns contra os outros.

Os governos destes três países mantêm a lealdade dos seus cidadãos afirmando que sempre houve uma guerra, um inimigo. O Partido disse que a Oceânia nunca tinha estado em aliança com a Eurásia. Ele, Winston Smith, sabia que a Oceânia tinha estado em aliança com a Eurásia há apenas quatro anos. Mas onde é que esse conhecimento existia? Apenas na sua própria consciência. Tudo o que era necessário era uma série interminável de vitórias sobre a sua própria memória. Verificação da realidade, como lhe chamam: Novlanguage; 'doublethink'.

Temos este "pensamento duplo" sobre o Iraque e ele existe em outros lugares que não as nossas próprias mentes. Existe o registo de Margaret Thatcher sobre a Oceânia (os EUA e a Grã-Bretanha) e a sua traiçoeira conspiração para levar os EUA a entrar em guerra com o Iraque em 1991. E depois há o discurso duplo de Abril de Glaspie, que conduziu o Presidente Saddam Hussein a esta armadilha, mais um passo no longo caminho repleto de tentativas dos imperialistas norte-americanos para despojar o Iraque do seu petróleo.

O povo americano, pelo seu silêncio em 1991 e novamente em 2008, apoiou actos imperialistas de barbárie e destruição maciça sem um murmúrio de protesto. O povo americano tem prestado pouca atenção à destruição deliberada da sua Constituição por sucessivas administrações Bush e não tem levantado um murmúrio de protesto. Porque é que a Alemanha deve ser mantida fiel à doutrina da "responsabilidade colectiva" e os Estados Unidos não, na sequência das suas acções no Iraque? Onde está a responsabilidade colectiva pelos crimes de guerra cometidos contra o Iraque por ordem de George Bush, Margaret Thatcher e dos seus colegas imperialistas? Durante doze anos, documentos permaneceram invisíveis nos arquivos britânicos e americanos, documentos que detalham como a "Oceânia" enganou e mentiu ao Iraque. Margaret Thatcher, antes de denunciar Hussein, gastou mais de 1,5 mil milhões de dólares para equipar o Iraque com "armas de destruição maciça". Isto foi feito porque "Oceânia" tinha formado um bloco com o Iraque, e Hussein era a criança de olhos azuis do regime da Oceânia. Durante o enorme inquérito Scott Inquiry realizado na Grã-Bretanha em 1996, alguns pormenores desta enorme duplicidade vazaram.

Na década de 1980, o governo Thatcher tinha fornecido ao Iraque a maior parte do equipamento militar que era suposto ser "proibido" por lei. Os tanques Chieftain foram contrabandeados para a Jordânia, de onde foram enviados para Bagdad. Os regulamentos sobre máquinas-ferramentas têm sido "relaxados" para permitir aos fabricantes de armas iraquianos entrar no negócio. Os créditos para a compra de equipamento militar foram disfarçados de necessidades de "desenvolvimento civil".

Nos anos 80, a "estratégia ousada", tal como descrita nos ficheiros Whitehall, de garantir empréstimos ao ditador iraquiano falido foi endossada pela própria Sra. Thatcher, pelo seu Ministro dos Negócios Estrangeiros Douglas Hurd e pelo seu Ministro do Comércio e Indústria Nicholas Ridley. Estes, por sua vez, foram fortemente pressionados por funcionários do Departamento de Vendas de Armas de Whitehall - a organização de vendas de exportação de defesa - que tinham laços estreitos com as empresas de armamento. As garantias iraquianas eram demasiado arriscadas para serem verdadeiras propostas comerciais. Foram concedidos ao abrigo da secção dois de uma disposição especial alegando ser "no interesse nacional".

As garantias deveriam cobrir apenas projectos civis. Mas uma empresa, a RACAL, que sob a direcção de Sir Ernie Harrison dava regularmente $80.000 por ano aos Tories, recebeu então do ECGD um "subsídio especial de defesa" de seguro secreto de $45 milhões, após ter ganho um contrato com o Iraque em 1985. Documentos do ECGD mostram que os funcionários protestaram que uma empresa estava a receber praticamente todos os benefícios desta associação secreta. Mas foram anuladas.

A RACAL estava a construir uma fábrica no Iraque quando eclodiu a Guerra do Golfo. Posteriormente, o ECGD teve de passar um cheque de seguro de 18 milhões de dólares aos banqueiros da RACAL. Em 1987, o Comando e Controlo Marconi obteve um empréstimo bancário de 12 milhões de dólares apoiados por uma garantia dos contribuintes para vender AMERTS - o sistema meteorológico de artilharia ao exército iraquiano. Crucial para fogo de artilharia precisa, AMERTS usa balões meteorológicos ligados ao radar para medir a velocidade do vento.

Foram duas destas unidades móveis que os caçadores de ADM dos EUA anunciaram com grande alarido como "armas biológicas", apenas para puxar para trás a cara vermelha quando os peritos disseram que eram usadas para encher balões de rastreio de artilharia com hidrogénio.

Mas a atribuição secreta do ECGD tinha sido utilizada para o RACAL. Assim, os funcionários do Ministério da Defesa conseguiram que o contrato fosse reclassificado como civil. O acordo obscuro levou os funcionários do ECGD a protestar em privado por terem sido induzidos em erro pelo MdE. O ECGD acabou por passar um cheque de 10 milhões de dólares quando Marconi não recebeu o seu dinheiro.

Outro contrato também foi manobrado: Tripod Engineering, apoiado por John Laing International, conseguiu ter um contrato de 20 milhões de dólares classificado como civil, embora fosse para um complexo de treino de pilotos de caça para a Força Aérea Iraquiana. Nas suas negociações, o Tripod foi assistido por um vice-marechal aéreo que, pouco depois da sua reforma, foi pago pelo Tripod como consultor sem solicitar a aprovação do Ministério da Defesa, conforme exigido pelas regras. O relatório Scott concluiu que o seu comportamento, mesmo que involuntário, era susceptível de levantar suspeitas.

O Relatório Scott cita repetidamente os sucessivos contratos de armas com o Iraque que custaram à nação 1,5 mil milhões de dólares.

Os membros do gabinete conservador recusaram-se a deixar de emprestar fundos garantidos ao Presidente Saddam. As empresas que beneficiaram do concurso têm desde então descontado nas suas fichas. O Midland Bank foi vendido ao banco de Hong Kong (HSBC) e Grenfell foi vendido ao Deutsche Bank alemão.

Mesmo que a Grã-Bretanha receba agora reparações do Presidente Saddam...

Considerando o incumprimento de empréstimos de 1,5 mil milhões de dólares, isto não será suficiente para cobrir o custo da guerra para a Grã-Bretanha. Este custo foi estimado em 4-6 mil milhões de dólares, dependendo de quanta ocupação e administração a Grã-Bretanha tem de fazer.

A América nunca saberá o custo desta guerra ou o envolvimento dos gigantes conglomerados americanos Bechtel e Haliburton, por exemplo. Mas sabemos que até à data o custo da guerra está estimado em 650 mil milhões de dólares (valores de meados de 2008). A dupla traição perpetrada por Abril Glaspie e George Bush ficou impune; a linguagem da novela de pensamento duplo da Oceânia conseguiu enganar o mundo.

Esta novela foi em grande escala quando a Oceânia (Grã-Bretanha e os EUA) lançou a sua guerra contra o Iraque. Nós, os Winston Smiths de hoje, sabemos que há 15 anos atrás os EUA e a Grã-Bretanha formaram uma aliança com o Iraque. Sabemos que o Ministro dos Negócios Estrangeiros britânico apoiou Saddam Hussein quando ele fez todas aquelas coisas terríveis ao seu próprio povo listado no recente pensamento duplo de Jack Straw.

Sabemos que o nosso governo mudou as suas próprias directrizes para vender a Saddam os ingredientes de quaisquer armas de destruição maciça que ele possa ou não ter tido. Sabemos também que as bases fundamentais a partir das quais os bombardeiros americanos descolaram para matar iraquianos estão na Arábia Saudita, cujo regime é ainda mais ditatorial, selvagem e terrorista do que o de Saddam. (E, apressamo-nos a acrescentar, o Kuwait é dez vezes pior do que o Iraque e a Arábia Saudita em termos de ditadura brutal). Mas onde é que esse conhecimento existe? Só existe na nossa consciência.

O grande romance de Orwell não foi apenas uma sátira, mas um terrível aviso. Ele queria alertar os seus leitores para os perigos de aceitarem as mentiras e contorções de governos poderosos e dos seus fantoches mediáticos.

O movimento anti-guerra não se desenvolveu rapidamente na Grã-Bretanha e nos Estados Unidos. Felizmente, ainda podemos, tal como Orwell insistiu noutra passagem, "transformar a nossa consciência em força" e livrarmo-nos dos belicistas "tal como os cavalos se livram das moscas". "Se não o fizermos, estamos perante outro ciclo terrível de conquistar as nossas próprias memórias e pensar duas vezes...

Precisamos de "livrar-nos dos belicistas" e das suas mentiras de dupla língua da novela. Precisamos de colocar os meios de comunicação, os seus cães de guarda e bajuladores na perspectiva certa, sob o título de "mentirosos congénitos". Se não o fizermos, estamos de facto condenados a viver sob um regime tão aterrador como o descrito no "1984" de Orwell. Podemos ter a certeza absoluta disso. Volte a 1991 e reviva as mentiras, o engano e a novela de pensamento duplo de George Bush Sr, April Glaspie, Margaret Thatcher e os seus companheiros e coloque as suas memórias desses acontecimentos, lado a lado com a sua consciência dos acontecimentos de hoje e veja a surpreendente semelhança. Depois levantem as vossas vozes de protesto.

Voltemos a nossa atenção para a guerra genocida que continua a ser travada contra a antiga pequena nação do Iraque, um povo e uma nação que nunca prejudicou os Estados Unidos, embora, pelo contrário, nós nos Estados Unidos tenhamos uma longa história de tentativa de os prejudicar. Desde os anos 20, centenas de páginas de documentos históricos atestam esta verdade. Governos secretos, a indústria petrolífera e os cães de guarda dos media em conluio com a Oceânia já causaram danos terríveis a um povo inocente.

Os esforços britânicos para despojar o Iraque são ainda piores do que os dos Estados Unidos, embora devam assumir igual responsabilidade pela sua brutal barbaridade para com esta pequena e virtualmente indefesa nação. Os esforços britânicos cristalizaram-se em esculpir parte do Iraque e chamar-lhe "Kuwait". Pela força das armas, criaram um novo "estado" a que chamaram Kuwait, um fantoche de Westminster, colocando à sua cabeça alguns dos piores tiranos da história do Médio Oriente, a família Al Sabah.

No entanto, quando o Iraque tentou recuperar o que era seu por direito, Bush da Oceânia enviou Glaspie para mentir descaradamente a Hussein e ao povo dos Estados Unidos, dando luz verde às forças iraquianas para entrar no Kuwait e desmantelá-lo. A conversa dupla de Glaspie contou a Hussein:

> "Não intervimos em disputas fronteiriças entre Estados árabes".

Pior ainda, quando mais tarde foi levada perante o Senado (antes do seu desaparecimento), Glaspie mentiu deliberadamente e até agora escapou às consequências da sua traição. Ela enganou o povo da Oceânia. Esta mulher, esta dona da junta petrolífera é directamente responsável pela morte de mais de um milhão de iraquianos na luta imperial pelo petróleo.

Qual é a diferença entre o que a Alemanha fez que acabou nos tribunais de Nuremberga e o que a Oceânia fez ao Iraque? Não há diferença. Os líderes da Oceânia, passados e presentes, devem ser arrastados aos pontapés e gritos perante a barra da justiça e julgados pelos seus crimes hediondos e graves. Enquanto isto não for feito, não haverá paz no mundo.

Entretanto, os sumos sacerdotes da Oceânia continuam com o seu jargão de novlíngua de fala dupla. Rumsfeld foi um dos melhores praticantes deste tipo de desinformação. Em 20 de Março de 2003, afirmou que havia um grande número de "parceiros de coligação" na guerra contra o Iraque, quando na realidade havia apenas dois: Austrália e Grã-Bretanha. Assim, utilizar a palavra "coligação" para construir apoio à sua causa foi, de facto, uma decepção. As únicas forças reais da aliança são a Marinha, o Exército e a Força Aérea dos EUA.

A exigência categórica do Presidente Bush de que as pessoas se submetam a uma classificação: Na verdade, pode ser para os Estados Unidos, ao mesmo tempo que se opõe totalmente à cruel barbaridade praticada contra o povo iraquiano. Bush espera que a maioria aceite os seus dois pesos e duas medidas, mas na nossa consciência temos de lhe resistir. Esta guerra não é sobre ser "patriótico" e "apoiar as tropas". Esta guerra é sobre a verdade, e a verdade é que os Estados Unidos imperiais atacaram duas vezes uma nação pequena e fraca sem razão e sem justa causa, mas estão agora a tentar fugir em conversa dupla ao horrível crime que cometeram.

A única forma de nos levantarmos e sermos contados é levar a verdade para as ruas. Não vamos a lado nenhum com o Congresso dos EUA. Tem oscilado através desta terrível crise, fechado nos braços da junta petrolífera, os seus ouvidos surdos e fechados aos protestos globais em curso, com medo de morte das multinacionais. Devemos reclassificar-nos como opositores da junta petrolífera, que está a levar a nação à perdição, e devemos opor-nos àqueles que marcham sob o estandarte da indústria petrolífera.

George Orwell :

> Transforme a sua consciência em força. Abanar os belicistas como moscas.

Só assim poderemos derrotar o seu impulso para criar uma nova ordem mundial. Se falharmos, os belicistas da Oceânia esmagar-nos-ão, e não podemos permitir que isso aconteça. Se queremos um futuro para os nossos filhos e para nós próprios, a Oceânia deve ser derrotada. Infelizmente, o povo americano não aceitou o desafio de ser arrastado para a guerra por um Partido Republicano belicista que, na sequência do 11 de Setembro, atirou todas as restrições (incluindo os controlos impostos pela Constituição dos EUA) aos ventos, pelo que não houve qualquer contenção no ataque militar imperial americano-britânico ao Iraque sob o pretexto de encontrar "armas de destruição maciça" inexistentes (no linguajar Tavistock), mas na realidade com o objectivo de lhes arrancar petróleo iraquiano.

O sucesso da vasta máquina de propaganda utilizada sem restrições contra o povo americano é um dos maiores desenvolvimentos na história desta ciência, que percorreu um longo caminho desde os dias de Wellington House, Bernays e Lipmann. Com o período de atenção do americano médio sendo apenas duas semanas, as mentiras e distorções sobre "armas de destruição maciça" serão em breve esquecidas, e os governos britânico e americano de Blair e Bush serão perdoados. A questão é simplesmente demasiado grande para ser varrida para debaixo do tapete, mas irá desvanecer-se à medida que o tempo a conduz das primeiras páginas dos meios de comunicação social.

Na sua mensagem sobre o Estado da União ao Congresso dos EUA a 28 de Janeiro de 2003, o Presidente Bush disse ao mundo que não havia tempo a perder, não havia tempo a esperar. Para ser reprimido pela ONU ou pelos protestos maciços em todo o mundo contra o ataque ao Iraque, Bush disse, exporia os EUA e a Grã-Bretanha às "armas de destruição maciça de Saddam".

Bush declarou categoricamente que o Iraque deve ser responsável... 25.000 litros de antraz, 38.000 litros de toxina botulínica, 500 toneladas de sarin, gás mostarda, agente nervoso VX e vários laboratórios móveis de armas biológicas, bem como o desenvolvimento avançado de armas nucleares.

Com base nesta alegação, repetida nas Nações Unidas pelo Secretário de Estado Powell e no Parlamento britânico pelo Primeiro-Ministro Blair, 51% dos americanos foram persuadidos a consentir um ataque militar imediato ao Iraque, apesar de tal ser proibido pela Constituição dos EUA e de o Conselho de Segurança da ONU se ter recusado a sancionar uma guerra contra o Iraque.

Não discutiremos aqui como o direito internacional foi grosseiramente violado pelos governos americano e britânico, mas basta dizer que a invasão do Iraque pelas forças militares americanas violou cada uma das quatro Convenções de Genebra, as Regras de Haia de 1922 sobre a guerra aérea e os Protocolos de Nuremberga. No Parlamento britânico, Blair fez um discurso apaixonado para convencer os membros vacilantes do seu próprio partido, afirmando empática e enfaticamente que o Iraque poderia montar um ataque à Grã-Bretanha em 45 minutos, utilizando armas químicas e biológicas de destruição maciça. Disse à Câmara dos Comuns que os serviços secretos tinham fornecido provas de que o Iraque possuía armas de destruição maciça e estava preparado para as utilizar. Sem os poderes de persuasão de Blair, juntamente com o que alegou serem relatórios dos serviços secretos para apoiar as suas reivindicações, o Parlamento não teria dado o seu aval à corrida à guerra contra o Iraque. Acontece agora que o caminho para a guerra foi pavimentado com mentiras. Como declarou o jornal *Independent*:

> O caso da invasão do Iraque para eliminar as suas armas de destruição maciça baseou-se no uso selectivo da inteligência, no exagero, no uso de fontes conhecidas por serem desacreditadas e na sua fabrição pura e simples, etc.

Com o fim do governo do Presidente iraquiano, esperávamos que tais armas fossem encontradas, especialmente quando o Primeiro-Ministro Blair disse ao Parlamento que poderiam estar prontas e operacionais dentro de 45 minutos. É muito difícil esconder foguetes numa plataforma de lançamento ou veículo, todos carregados com combustível e prontos a ser disparados. No entanto, até 15 de Maio de 2008, não tinham sido encontradas armas deste tipo, apesar de uma série de buscas intensivas efectuadas por equipas de 6.000 "inspectores" norte-americanos e britânicos. O Presidente Bush recusou categoricamente permitir o regresso dos inspectores de armas da ONU ao Iraque, tal como solicitado pelo Inspector Chefe Hans Blix, apesar da resolução do Conselho de Segurança da ONU que ainda estava em vigor. Um Bush teimoso opôs-se ao chefe da equipa de busca da ONU. Não haverá regresso das equipas de busca da ONU ao Iraque. Igualmente inflexível, Bush diz que as armas serão encontradas. Sob ataque pela sua falta de progresso a este respeito, Jack Straw, "parceiro da coligação", que tinha apoiado Blair com pelo menos 35 declarações positivas de que o Iraque representava um perigo para o mundo devido às suas armas de destruição maciça, foi forçado a recuar no Parlamento a 15 de Maio de 2004.

De acordo com um relatório do correspondente político londrino Nicholas Watt sobre os debates na Câmara do Parlamento (a Grã-Bretanha recuou na "questão litigiosa das armas iraquianas"), a Grã-Bretanha teve de recuar na questão importantíssima das armas de destruição maciça. Tomando uma deixa do Secretário de Estado norte-americano Powell e do Conselheiro de Segurança Nacional Rice, que tentou sair do dilema de não descobrir as armas lendárias do Iraque, Jack Straw acrescentou a sua própria versão:

A Grã-Bretanha recuou na questão das armas de destruição maciça do Iraque, tendo o Ministro dos Negócios Estrangeiros Jack Straw sido forçado a admitir que nunca poderão ser encontradas provas concretas. Ele disse que "não era criticamente importante" encontrá-lo porque as provas da má conduta do Iraque eram esmagadoras. Ele rejeitou o significado do fracasso em encontrar armas proibidas, citando o facto de Hans Blix, o principal inspector de armas da ONU, ter descoberto uma "quantidade fenomenal de provas" antes da guerra. Esta "quantidade fenomenal de provas" consistiu em 10.000 litros de antraz, que apenas encheram parcialmente um petroleiro.

"Resta saber se conseguimos encontrar um terço de um tanque de gasolina num país com o dobro do tamanho da França", disse o Sr. Straw.

"Não entrámos em guerra com base em quotas. Fomos para a guerra com base em provas que estavam totalmente disponíveis para a comunidade internacional".

O seu comentário, ecoado pelos críticos da guerra, é um dramático recuo em relação à afirmação dos ministros de que Saddam Hussein poderia lançar um ataque químico e biológico em 45 minutos. O Sr. Straw pode também ter problemas com o Dr. Blix, que pode abrir uma excepção à alegação de que produziu "provas esmagadoras" da existência de armas proibidas. O sempre cauteloso Dr. Blix disse apenas que havia uma "forte presunção" de que o Iraque tinha 10.000 litros de antrax.

Como advogado, o Sr. Straw teve o cuidado de dizer que o Dr. Blix tinha apenas "sugerido" que o Iraque tinha antraz, mas tentou mostrar que a existência do antraz podia ser aceite quando descreveu a descoberta de combinações químicas e biológicas como "mais uma prova". "

Alice Mahon, a deputada trabalhista de Halifax, que tem sido uma das críticas mais vocais do governo, disse:

> "Toda a base da guerra se baseia numa inverdade. O mundo inteiro pode ver que os ministros estão a recuar nas suas reivindicações. As pessoas acreditaram genuinamente no que o Primeiro-Ministro disse sobre o programa de armas do Iraque e a sua capacidade de lançar um ataque em 45 minutos. Isto torna a guerra ainda mais ilegal".

Os dissidentes trabalhistas, liderados pelo antigo ministro da defesa Peter Kilfoyle, aumentarão a pressão sobre o governo apresentando uma moção dos Comuns exigindo provas de destruição maciça. Estão particularmente preocupados com esta questão porque uma série de ministros, liderados por Tony Blair, conquistaram o apoio de deputados hesitantes antes da guerra ao emitirem avisos terríveis sobre a ameaça colocada por Saddam Hussein. Como crítica ao fracasso em encontrar armas proibidas montadas, os ministros lutaram para oferecer uma explicação plausível. Mas até agora, as suas explicações têm sido falsas.

CAPÍTULO 8

Os ADMs indetectáveis

A Equipa de Procura de Armas de Destruição Maciça Iraquiana (WMDST) está a encerrar as suas operações sem encontrar provas de que Saddam Hussein tinha arsenais de armas químicas, biológicas ou nucleares. A equipa investigou numerosos sítios identificados pelos serviços secretos norte-americanos como possíveis sítios de ADM, mas aceitou agora que é pouco provável que encontre quaisquer armas.

As operações estão a ser encerradas e uma unidade mais pequena, chamada Grupo de Inquérito sobre o Iraque, irá assumir o comando. O chefe da Força Tarefa de Operações 75 do Exército dos EUA, Coronel Richard McPhee, disse que a sua equipa de biólogos, químicos, cientistas informáticos e especialistas em documentos chegou ao Iraque acreditando que a comunidade de inteligência tinha avisado que Saddam tinha dado uma "autorização de libertação" aos responsáveis por um arsenal químico. "Não colocámos todas estas pessoas em fatos de protecção por nada", disse ao *Washington Post.* Mas se estavam a planear usar estas armas, deve ter havido algo para usar e nós não o encontrámos. Os livros serão escritos sobre isto na comunidade dos serviços secretos durante muito tempo.

A alegada posse de tais armas por Saddam foi um dos principais pretextos utilizados por Washington e Londres para justificar a guerra contra o Iraque. Numa apresentação às Nações Unidas em Fevereiro de 2000, o então Secretário de Estado dos EUA Colin Powell identificou locais que ele acreditava estarem a produzir ADM. Quando George Bush fez a sua declaração de vitória a bordo do USS Abraham Lincoln a 1 de Maio, disse ele:

> Começámos a procurar por armas químicas e biológicas escondidas e já sabemos de centenas de locais que serão investigados.

Foram feitos alguns progressos. Foi noticiado que uma equipa de peritos em ADM tinha concluído que um reboque encontrado perto da cidade de Mosul no norte do Iraque era um laboratório móvel de armas biológicas. A equipa concordou, mas outros peritos discordaram. Alguns funcionários afirmam que foram descobertos até três desses laboratórios, embora não tenham sido encontrados agentes biológicos ou químicos em nenhum deles. (Os 'laboratórios móveis' revelaram-se veículos equipados para encher balões de rastreio de artilharia com gás hidrogénio, embora esta informação tenha sido enterrada nas páginas de trás de jornais britânicos e americanos).

A 11 de Maio, o General Richard Myers, Presidente dos Chefes do Estado-Maior Conjunto dos EUA, disse que as ADM poderiam ainda estar nas mãos de unidades especiais iraquianas. Estavam totalmente implantados e poderiam ter sido utilizados contra nós, ou ainda estão talvez algures nalgum tipo de bunker e poderiam ter sido utilizados? Mas os que se encontravam no terreno eram mais cépticos. O Comando Central dos EUA iniciou a guerra com uma lista de 19 locais suspeitos de armas prioritárias. Todos, excepto dois, foram revistados sem encontrar provas. Outros 69 locais foram identificados como oferecendo pistas para a localização das ADM. Destes, 45 foram revistados sem sucesso.

Alguns peritos acreditam que um dos problemas foi que as equipas de busca das ADM ficaram retidas demasiado tempo, permitindo às forças iraquianas desmantelar ou destruir o equipamento. Outros acreditam que a avaliação da existência de tais armas estava errada. Um funcionário da Defense Intelligence Agency afirmou:

> "Viemos para a terra do urso, viemos carregados para o urso e descobrimos que o urso não estava lá. A questão era "onde estão as armas químicas e biológicas de Saddam Hussein?

Qual é a questão agora? É isso que estamos a tentar determinar.

Em 2008, era evidente que toda a história da posse de armas de destruição maciça por Hussein não passava de uma mentira nojenta de enormes proporções, como confirma o relatório da comissão do Senado chefiada pelo Senador Jay Rockefeller. Chamou Bush e Cheney pelo nome e acusou-os de enganar deliberadamente o povo americano e o Congresso. A busca de ADM continua sob os auspícios do Grupo de Inquérito sobre o Iraque, que também procura informações sobre o governo do Presidente Hussein. A Casa Branca afirma que esta unidade é maior do que a task force. Mas os funcionários admitiram que o número de membros do pessoal envolvido na investigação sobre armas foi reduzido. Durante semanas, ouvimos relatos intermináveis de possíveis descobertas de armas químicas e biológicas pelas tropas norte-americanas e britânicas no Iraque. Algumas horas ou dias depois, se percorrer as páginas de trás dos jornais, descobre que foi apenas mais um falso alarme. Mas o que nunca foi mencionado foi que estas armas, mesmo que alguma vez existissem, foram fabricadas há cinco, dez ou quinze anos, e teriam quase de certeza sido inutilizáveis, tendo há muito ultrapassado a sua vida útil estável, segundo os próprios documentos do Departamento de Defesa, com base numa década de inspecções internacionais, vigilância electrónica e informação fornecida por "espiões e desertores".

Nunca houve qualquer dúvida de que o Iraque possuía programas de armas de destruição maciça, mas não armas reais, nem o mundo era suficientemente ingénuo para confiar em Saddam Hussein para não tentar esconder estas armas dos inspectores da ONU.

A justificação para a invasão dos EUA, porém, foi que após uma década de sanções, guerra, bombardeamentos dos EUA e inspecções da ONU, o Iraque ainda representava uma ameaça nuclear, química e biológica viável. A administração Bush declarou que poderiam ser destacados para além das fronteiras do Iraque ou fornecidos a grupos terroristas.

Infelizmente para Bush, não há absolutamente nenhuma base para este argumento, tão vigorosamente avançado pelo então Secretário de Estado Colin Powell nas Nações Unidas, quando afirmou ter provas claras de que enormes reservas de tudo, desde gás sarin, também conhecido pela sua designação NATO GB, até ao antraz, passando por mísseis que quebram as sanções, foram armazenadas no Iraque, prontas para serem utilizadas.

Não importava que o mesmo desertor iraquiano que contou a Powell sobre os arsenais de armas químicas e biológicas também tivesse dito que tinham sido completamente destruídos, o que Powell se esqueceu de dizer às Nações Unidas e ao mundo. Não importava, mesmo que fosse verdade - o que não era - porque esses stocks teriam quase de certeza ficado inutilizáveis e perecido após todos aqueles anos nas prateleiras.

Estranhamente, os meios de comunicação social americanos, quase sem excepção, não mencionaram que a maioria dos agentes bioquímicos têm um prazo de validade bastante limitado. Os poucos que citaram normalmente Scott Ritter, antigo inspector de armas iraquiano da ONU e controverso adversário de guerra. De acordo com Ritter, os conhecidos agentes químicos de armas químicas do Iraque como Sarin e Tabun têm uma vida útil de cinco anos, com o VX a durar ligeiramente mais tempo. As principais armas biológicas de Saddam não são muito melhores: a toxina botulínica é eficaz durante cerca de três anos, e o carbúnculo líquido é mais ou menos o mesmo (nas condições certas). E Ritter acrescenta que, uma vez que todas as armas químicas foram fabricadas no único complexo de armas químicas do Iraque - as instalações estatais de Muthanna, que foram destruídas na primeira Guerra do Golfo em 1991 - e todas as fábricas de armas biológicas e materiais de investigação foram claramente destruídas em 1998, quaisquer reservas remanescentes de armas biológicas/químicas são agora "inofensivas e inúteis".

No entanto, outros questionaram a credibilidade de Ritter. Um antigo falcão que apoiou uma invasão do Iraque após a primeira Guerra do Golfo, escreveu ainda em 1998 num artigo da *Nova*

República que Saddam pode ter conseguido esconder dos inspectores da ONU tudo, desde poderosos agentes biológicos e químicos a toda a sua infra-estrutura de armas nucleares.

Mas a verdade é que as ADM do Iraque podem ter uma duração de vida ainda mais curta do que Ritter alegou - e o governo dos EUA sabe disso. A "Lista de Tecnologias Críticas Militares" do Departamento de Defesa dos EUA (MCTL) é um compêndio detalhado de tecnologias que o departamento considera "essenciais para manter as capacidades militares superiores dos EUA". Aplica-se a todas as áreas de missão, incluindo a contra-proliferação.

Qual foi então a opinião do MCTL sobre o programa de armas químicas do Iraque?

Ao fabricar os seus agentes químicos nervosos, os iraquianos produziram uma mistura inerentemente instável. Quando os iraquianos produziram munições químicas, pareciam estar a aderir a um regime de "fazer e utilizar". A julgar pelas informações fornecidas pelo Iraque às Nações Unidas, posteriormente verificadas por inspecções no local, a qualidade dos agentes nervosos produzidos pelo Iraque era fraca. A má qualidade foi provavelmente devida a uma falta de purificação. O agente tinha de ser entregue rapidamente à linha da frente ou degradar-se nas munições.

O relatório do Ministério da Defesa afirma:

> Além disso, as munições químicas encontradas no Iraque após a (primeira) Guerra do Golfo continham agentes gravemente deteriorados e uma proporção significativa deles estava visivelmente a vazar.

O prazo de validade destes agentes de má qualidade foi de algumas semanas, na melhor das hipóteses, o que não permite a constituição de grandes stocks de armas químicas. Pouco antes da primeira Guerra do Golfo, os iraquianos teriam criado armas químicas binárias nas quais os ingredientes relativamente não tóxicos do agente não são misturados até pouco antes de a arma ser utilizada, permitindo ao utilizador não se preocupar com o prazo de validade ou toxicidade. Mas de acordo com o MCTL, "os iraquianos tinham um pequeno número de munições binárias bastardizadas nas quais uma pessoa azarada tinha de despejar um ingrediente no outro a partir de uma lata antes de o utilizar" - uma acção que poucos soldados estavam dispostos a realizar.

O Iraque produziu gás mostarda, que é um pouco mais estável do que os agentes nervosos. Pode ter uma vida útil mais longa; as formas potentes do agente podem ainda estar disponíveis. Mas é questionável o quanto nos devemos preocupar com os agentes mal feitos do Iraque, anos depois de terem sido produzidos. E, como Ritter insiste agora, qualquer instalação de armas químicas em funcionamento nos últimos anos poderia, tal como a sua contraparte nuclear, ter emitido fumos de escape; e qualquer novo programa de armas biológicas teria de ter começado do zero. Ambas estas actividades teriam sido facilmente detectadas pelos serviços secretos ocidentais, mas nunca foi produzida qualquer prova porque nunca foi encontrada qualquer prova, pela simples razão de que não existia.

O argumento da ameaça nuclear colocada pelo Iraque assentava numa base ainda mais frágil, mas isso não impediu que os falcões explorassem a falta de provas para afugentar os políticos relutantes.

Enquanto o Congresso se preparava para votar a resolução que autorizava o uso da força no Iraque, o governo de Tony Blair escolheu este momento para tornar público uma aparente bomba: os serviços secretos britânicos tinham obtido documentos que mostravam que, entre 1999 e 2001, o Iraque tinha tentado comprar "quantidades significativas de urânio" a um país africano sem nome, "apesar de não ter um programa activo de energia nuclear civil que pudesse precisar dele".

O repórter sénior da *New Yorker*, Seymour Hersh, escreveu que no mesmo dia em que Blair revelou esta chamada "arma fumegante", o Director da CIA George Tenet discutiu os documentos entre o Iraque e o Níger, o país africano em questão, numa audiência fechada da Comissão de Relações Exteriores do Senado sobre a questão das ADM no Iraque. Blair tinha entregue os documentos aos serviços secretos dos EUA no momento certo; as provas de Tenet foram cruciais para o apoio do Congresso à resolução da guerra, que, como já dissemos, não é um poder previsto na Constituição dos EUA. A Constituição exige que uma declaração de guerra seja aprovada por uma sessão conjunta da Câmara e do Senado. Qualquer coisa menos é inconstitucional, e a "resolução" foi inconstitucional e ineficaz porque não satisfazia os critérios de uma declaração de guerra.

A Agência Internacional de Energia Atómica (AIEA) deveria verificar a autenticidade destes importantes documentos para o Conselho de Segurança da ONU, mas só os obteve do governo dos Estados Unidos após meses de defesa - um estranho atraso, considerando que a Casa Branca de Bush estava tão ansiosa por provar as intenções nucleares de Saddam a um mundo céptico. Como agora sabemos, Mohamed ElBaradei, director-geral da AIEA, disse ao Conselho de Segurança da ONU que os documentos do Níger sobre as vendas de urânio eram claramente falsos. Estes documentos são tão maus que não consigo imaginar que sejam provenientes de uma agência de inteligência séria. Questionado sobre as falsificações numa audiência subsequente na Câmara, o Secretário de Estado Colin Powell disse:

> "Veio de outras fontes. Foi fornecido de boa fé aos inspectores".

Os dedos apontavam para o MI6 britânico como os perpetradores; fontes árabes apontavam para a Mossad de Israel. De facto, esta administração ignorou frequentemente o facto de que a ONU tinha destruído todas as infra-estruturas e instalações do programa de armas nucleares do Iraque antes da partida dos inspectores em 1998. Mesmo que Hussein tivesse de alguma forma importado secretamente os materiais necessários para a sua reconstrução nos últimos cinco anos, enquanto as sanções da ONU, as zonas de interdição de voo e a espionagem vigorosa por parte das forças ocidentais se mantiveram firmemente estabelecidas, o Iraque não conseguiu esconder os gases, calor e radiação gama que as instalações de centrifugação estavam a emitir - e que as nossas capacidades de inteligência já teriam identificado. Uma semana após o bombardeamento da AIEA, o Senador Jay Rockefeller (D-WV) solicitou formalmente uma investigação do FBI sobre o assunto, declarando que

"a fabricação destes documentos pode fazer parte de um logro mais amplo destinado a manipular a opinião pública ... em relação ao Iraque".

O FBI nunca publicou nada sobre esta importante questão. Enquanto os membros da Casa Branca e os meios de comunicação social admitiam que já não esperavam encontrar muitas, se é que alguma, armas de destruição maciça no Iraque, vários cenários pouco convincentes foram atirados para a Síria: as armas foram para a Síria, foram efectivamente destruídas apenas horas antes da invasão dos EUA, e assim por diante. A verdade, porém, parece ser que o Iraque era um tigre de papel, com pouca ou nenhuma capacidade para ameaçar os EUA ou Israel.

A administração Bush mudou de tom em relação às armas iraquianas de destruição maciça, razão pela qual foi para a guerra. Em vez de procurar grandes reservas de materiais proibidos, espera agora encontrar provas documentais. Esta mudança na retórica, aparentemente destinada, em parte, a atenuar as expectativas do público, tem tido lugar gradualmente no passado, à medida que as forças militares norte-americanas pouco encontraram para fundamentar a alegação da administração Bush de que o Iraque estava a esconder vastos stocks de agentes químicos e biológicos e a trabalhar activamente num programa secreto de armas nucleares.

A administração Bush parece ter esperança que os factos inconvenientes desapareçam do discurso público. "Está a acontecer em grande medida", disse Phyllis Bennis do Institute for Policy Studies (IPS), um grupo de reflexão liberal, que se opôs à guerra. Poucos políticos levantaram a questão, relutantes em desafiar uma vitória militar popular.

No entanto, a representante da Califórnia Jane Harman, a democrata no Comité de Inteligência da Câmara, expressou preocupação:

Embora estivesse convencido dos argumentos apresentados antes da guerra, estou cada vez mais preocupado com a falta de progressos na descoberta de armas iraquianas. Precisamos de um relato completo da inteligência à disposição do Congresso e dos planeadores de guerra, antes e durante o conflito.

Numa sondagem do *New York Times/CBS*, 49% dos seus leitores disseram que a administração tinha sobrestimado a quantidade de armas proibidas no Iraque, enquanto 29% disseram que as suas estimativas eram exactas e 12% disseram que eram baixas.

Anteriormente, num discurso a 7 de Outubro de 2005, o Sr. Bush disse:

> O regime iraquiano... possui e produz armas químicas e biológicas. Está a procurar adquirir armas nucleares. Sabemos que o regime produziu milhares de toneladas de agentes químicos, incluindo gás mostarda, gás de nervos Sarin, gás de nervos VX... E fotografias de vigilância revelam que o regime está a reconstruir as instalações que utilizou para produzir armas químicas e biológicas.

No seu discurso sobre o Estado da União em Janeiro de 2006, Bush acusou o Iraque de possuir material suficiente... para produzir mais de 25.000 litros de antraz - suficiente para matar vários milhões de pessoas... mais de 38.000 litros de toxina botulínica - suficiente para sujeitar milhões à morte por insuficiência respiratória... até 500 toneladas de mostarda sarin e agente nervoso VX.

Na sua apresentação ao Conselho de Segurança da ONU a 6 de Fevereiro, o Secretário de Estado Colin Powell disse que Washington "sabia" que Bagdade tinha dispersado lançadores de foguetes e ogivas contendo agentes de guerra biológica para locais no Iraque Ocidental:

> Temos também fotografias de satélite que indicam que materiais proibidos foram recentemente deslocados de várias instalações iraquianas de ADM. Não há dúvida de que Saddam Hussein tem armas biológicas e a capacidade de produzir muitas, muitas mais rapidamente.

Em testemunho ao Congresso em Abril, Powell disse que seriam encontradas armas. Ele disse no seu discurso à ONU que tudo o que lá tínhamos estava apoiado e tinha uma fonte dupla e tripla.

Um general do exército iraquiano disse que o governo de Saddam Hussein pode ter destruído as reservas de armas químicas algum tempo antes de os Estados Unidos atacarem o Iraque para derrubar o Presidente Hussein. Mas o Major General David H. Petraeus, comandante da 101ª Divisão Aérea, disse ser ainda demasiado cedo para determinar definitivamente a localização ou estatuto do presumível arsenal de armas não convencionais do Iraque. O General Petraeus, falando aos repórteres do Pentágono via videofone de Mosul, disse:

> ... Não há dúvida de que havia armas químicas há anos, só não sei se tudo foi destruído há anos... se foram destruídas pouco antes da guerra, ou se ainda estão escondidas. A nossa própria secção química examinou o reboque e confirmou que estava muito próximo e idêntico ao primeiro reboque que foi encontrado pelas forças especiais no sudeste daqui, na semana passada.

Equipas militares peneiradas em dezenas de locais suspeitos, mas não encontraram armas ilícitas. O reboque acabou por fazer parte de uma força de seguimento de artilharia que utilizava balões cheios de gás para medir a precisão do fogo de artilharia e não tinha nada a ver com armas nucleares. O General Tommy R. Franks, comandante das forças dos EUA no Iraque, disse que as equipas poderão eventualmente ter de revistar vários milhares de locais à procura de provas de tais armas. No entanto, o General Petraeus forneceu novos detalhes de um laboratório de armas biológicas móvel que, segundo ele, foi descoberto a 9 de Maio em Al Kindi, uma instalação de investigação militar perto de Mosul.

As equipas americanas localizaram agora partes de três laboratórios móveis, de acordo com oficiais militares e civis. O General Petraeus disse, contudo, que o reboque encontrado na Al Kindi não estava completo. Teria certamente sido razoável supor que se Saddam Hussein pensasse que a sua última hora se aproximava, seria mais provável que desse luz verde para entregar as ADM à Al-Qaeda. Contudo, a Casa Branca de Bush e o Pentágono não parecem ter antecipado tais eventualidades. Têm estado mais preocupados em encontrar provas de ADM (que ajudariam Bush a justificar a guerra) do que em contrariar a suposta ameaça colocada pelas armas de destruição maciça do Iraque.

Porque é que a Equipa de Avaliação do Iraque não foi formada no início da guerra e pronta a entrar o mais rapidamente possível para tentar localizar e proteger estes objectos que ameaçavam os Estados Unidos? A guerra, afinal, não foi uma surpresa. E as notícias do Iraque não foram encorajadoras. Os saqueadores limparam as instalações nucleares iraquianas muito antes de os investigadores dos EUA as alcançarem. Eram apenas necrófagos que, inconscientemente, apanhavam material radioactivo que representava riscos para a saúde e o ambiente? Ou eram terroristas à procura de material para uma bomba suja? Em qualquer dos casos, uma questão legítima para Bush, o Secretário da Defesa Donald Rumsfeld e outros funcionários da administração e do Pentágono é: Porque não tentou assegurar estes sítios imediatamente?

A 4 de Maio, Barton Gellman do *Washington Post* relatou que uma equipa especialmente treinada do Departamento de Defesa foi enviada para o centro de investigação nuclear de Bagdade apenas a 3 de Maio, após um mês de indecisão oficial: a unidade encontrou o local - que albergava os restos do reactor nuclear bombardeado por Israel em 1981 e armazenava resíduos radioactivos que seriam muito atraentes para um fabricante de bombas sujas - saqueado, informou Gellman:

> "A investigação da equipa pareceu oferecer novas provas de que a guerra dispersou as tecnologias mais perigosas do país para além do conhecimento ou controlo de qualquer pessoa".

Bush não teve de explicar o ritmo lento da procura de ADM ou a falta de planeamento pré-guerra nesta frente crucial. Felizmente para ele, os Democratas passaram mais tempo a criticar a sua conversa de tirar fotografias num porta-aviões (o que fez com que os canais noticiosos mostrassem imagens de "Top Gun" num loop). Mas no briefing da Casa Branca de 7 de Maio, o secretário de imprensa Ari Fleischer foi pressionado a dizer se os EUA não tinham agido para impedir a dispersão de armas de destruição maciça (se é que elas existiam). A troca foi esclarecedora.

Pergunta:

> "Eu sei disso, mas está a fazer estas declarações sem responder à pergunta directa, que é o que esta administração sabe não só sobre o que foi encontrado - ainda está a verificar - mas também sobre materiais de armas ou armas reais que possam ter deixado o país?".

Fleischer :

> "Bem, não temos nada de concreto para relatar sobre isso".

Precisamente, e a Casa Branca tem tido pouco a dizer sobre os seus esforços para impedir que o material relacionado com as ADM seja dado ou arrancado por terroristas. O risco identificado pela Casa Branca antes da guerra não era, como o Sr. Fleischer sugeriu, que Saddam Hussein utilizasse as ADM contra os Estados Unidos, mas que as deslocava para os terroristas que o fizessem. Mas poderá ele afirmar que tais transferências não tiveram lugar durante ou após a guerra? Ele certamente não pode afirmar honestamente que os militares dos EUA agiram assiduamente para evitar este tipo de cenário de pesadelo. De facto, a destruição da estrutura de comando e controlo de qualquer material de ADM que possa ter estado no Iraque apenas aumentou a probabilidade de este material perigoso ir parar às mãos de terroristas.

Em seguida, Fleischer observou:

> "Como disse anteriormente, temos grande confiança de que eles têm armas de destruição maciça. É disso que se trata esta guerra e é disso que se trata".

Com mais de 110 locais verificados, os inspectores não encontraram nada de conclusivo. Foi um exercício de falsos alarmes. O pó branco suspeito em Latifiyah era apenas pó explosivo. Os barris do que se pensava serem Sarin e os agentes nervosos Tabun eram pesticidas. Quando uma dúzia de soldados americanos verificou um local suspeito e ficou doente, foi porque tinham inalado fumos de fertilizantes.

Cada contratempo aumenta a pressão política. As lutas internas entre departamentos governamentais e agências de inteligência tornaram-se virulentas de ambos os lados do Atlântico. Depois de empreender uma guerra para desarmar o Iraque das suas terríveis armas, nem os EUA nem a Grã-Bretanha ousaram admitir que o Iraque nunca tinha tido tais armas. A procura de armas de destruição maciça foi um fiasco que acabou em fracasso total.

A investigação foi particularmente vital para a cabala neo-Bolshevik. No admirável mundo novo da América pós-11 de Setembro, este pequeno grupo de analistas no coração do Pentágono foi a força motriz por detrás da guerra no Iraque. Com numeração não superior a uma dúzia, a Cabal faz parte do Gabinete de Planos Especiais, uma nova agência de inteligência que assumiu a CIA e ganhou. Onde a CIA hesitou sobre o Iraque, o Gabinete de Investigação Especial (OSP) foi para a frente.

Onde a CIA tinha dúvidas, a OSP era firme. Lutou uma batalha royale sobre o Iraque e acabou por ser pesada e encontrada em situação de carência. A OSP foi criada pelo Secretário da Defesa Donald Rumsfeld, que a criou após os ataques terroristas de 2001. Foi encarregada de voltar ao antigo terreno no Iraque e mostrar que a CIA tinha negligenciado a ameaça que representava. Mas o seu surgimento causou uma grande ruína no mundo geralmente secreto da recolha de informações.

A OSP reportou directamente a Paul Wolfowitz, um dos principais belicistas neo-Bolsheviques da administração. A OSP ignorou a CIA e a Agência de Inteligência de Defesa do Pentágono (DIA) quando se tratou de sussurrar ao ouvido do presidente. Defenderam energicamente uma guerra contra Saddam antes que os seus programas de armamento se materializassem.

As vozes mais moderadas da CIA e da Agência de Inteligência da Defesa foram silenciadas. Houve uma enxurrada de fugas de informação. Um funcionário da CIA descreveu a cabala como "louca", numa "missão de Deus". Mas a cabala e o Pentágono de Rumsfeld ganharam e o Departamento de Estado de Powell perdeu. As tensões entre os dois estavam agora ao ar livre.

"Rumsfeld criou a sua própria agência de inteligência porque não gostava da inteligência que estava a receber", disse Larry Korb, director de estudos de segurança nacional no Conselho das Relações Exteriores. "Ele não gostou da abordagem de Powell, um diplomata típico e excessivamente cauteloso". Antigos funcionários da CIA são cáusticos em relação à OSP. Infiáveis e politicamente motivados, dizem que minaram décadas de trabalho de espiões qualificados da CIA e ignoraram a verdade quando esta contrariou a sua visão do mundo.

"Os seus métodos eram perversos", disse Vince Cannistraro, antigo chefe anti-terrorismo da CIA.

"A politização da inteligência foi endémica e a desinformação deliberada foi encorajada. Eles estavam a escolher o pior cenário em tudo e grande parte da informação era espúria".

Mas Cannistraro está reformado. Os seus ataques não incomodaram a Cabal, firmemente "no circuito" dos decisores políticos de Washington. No entanto, mesmo entre eles, o fracasso contínuo em encontrar armas de destruição maciça no Iraque foi um medo crescente. As consequências da guerra podem derrubá-los. O aviso estava lá em preto e branco. Citando fontes de "inteligência", Tony Blair produziu um dossier oficial que concluiu que o Iraque poderia disparar as suas armas químicas ou biológicas no prazo de 45 minutos após ter recebido ordem para o fazer. Esta era uma perspectiva aterradora e reforçou os argumentos a favor da guerra quando o dossier foi produzido. Mas uma análise fria revelou uma história diferente. O Iraque foi abandonado pelos inspectores de armas da ONU, depois bombardeado, invadido e finalmente colocado sob controlo militar imperial americano e britânico. Durante todo o tempo, o "botão" nunca foi premido nas suas armas de destruição maciça. O partido pró-guerra e o lobby anti-guerra queriam agora saber porquê. Poderia este misterioso fracasso ser explicado ou se as armas nunca tivessem existido?

Meses antes de os militares americanos terem chovido bombas e mísseis sobre o Iraque, o Departamento de Defesa estava a trabalhar secretamente com a antiga empresa do vice-presidente Dick Cheney, Haliburton Corp. num acordo que daria à segunda maior empresa de serviços petrolíferos do mundo o controlo total dos campos petrolíferos do Iraque, de acordo com os altos executivos da Haliburton. Além disso, documentos classificados Haliburton provam que a guerra no Iraque visava controlar as segundas maiores reservas mundiais de petróleo em vez de derrubar o regime do Presidente iraquiano Saddam Hussein.

O contrato entre o Ministério da Defesa e a unidade de Haliburton da Kellogg, Brown & Root's para gerir a indústria petrolífera iraquiana foi elaborado já em Outubro de 2002, de acordo com os documentos, e poderia eventualmente ser avaliado em 7 mil milhões de dólares, um lucro inesperado para Haliburton.

Em Outubro de 2003, o Haliburton estava sobrecarregado com responsabilidades multi-bilionárias de amianto e também sofria de um abrandamento na produção nacional de petróleo. O preço das acções da Haliburton reagiu rapidamente, baixando para 12,62 dólares em Outubro de 2002, de um máximo de 22 dólares no ano anterior, e começaram a circular rumores de que a empresa seria forçada à falência. Tudo considerado, e dada a história de um governo imperial americano dirigido e controlado na sua política externa pela indústria petrolífera, é razoável concluir que mesmo sem a "situação inventada" de armas de destruição maciça, o Iraque teria sido invadido com o único objectivo de obter o controlo dos seus vastos recursos petrolíferos.

CAPÍTULO 9

O imperialismo brutal em acção

A indústria petrolífera transformou os Estados Unidos de uma república benigna de paz e justiça para todos, num império imperialista global que destruiu a esperança oferecida ao mundo pela república dos Pais Fundadores. O credo da república baseava-se numa filosofia moral que era distintamente não materialista. Mas as grandes empresas e instituições bancárias opuseram-se à República Americana e a América tornou-se gananciosa, materialista, beligerante e dedicada ao total comercialismo.

A indústria petrolífera foi a principal responsável por esta vasta mudança e, como tal, altamente vilipendiada, ganhou em grande parte todos os epítetos familiares que lhe foram lançados por uma grande variedade de críticos, tanto governamentais como privados.

O objectivo dos capítulos seguintes é explorar um grupo ultra-secreto e estabelecer se a indústria petrolífera merece a má reputação que indubitavelmente tem. É uma indústria que sobreviveu a todas as tentativas de quebrar as suas paredes. Sobreviveu a numerosas investigações do Senado, a julgamentos antitrust e às vinganças pessoais de dois senadores americanos experientes e determinados, o falecido Henry Jackson e a falecida Igreja Frank.

Apenas um homem, o Coronel Kaddafi, conseguiu perturbar os "maiores"; um beduíno solitário dos desertos da Líbia, o homem que perturbou o cartel das "Sete Irmãs", para desânimo - e espanto - do "governo dentro do governo", os directores e membros do conselho de administração das mais poderosas companhias petrolíferas do mundo. Mas na sequência da guerra de 2003 contra o Iraque, a Líbia foi persuadida a "ver a luz" e está agora sob o controlo das grandes companhias petrolíferas. Foi com a presidência de Reagan que os EUA passaram abertamente da república para o império. Ronald Reagan encheu o seu gabinete com líderes de empresas multinacionais; o Secretário de Estado George Schultz da Bechtel, o Secretário da Defesa Casper Weinberger, presidente da mesma empresa, entre outros. Enquanto o Presidente Carter tentava manter a paz, Reagan embarcou numa campanha de beligerância que daria o tom às futuras administrações dos EUA.

A indústria petrolífera não pode ser mencionada sem que o nome de John D. Rockefeller (1839-1937) apareça em primeiro plano. John D. Rockefeller e Standard Oil of New Jersey tornaram-se sinónimos da indústria petrolífera imperial americana.

Rockefeller e Standard Oil tornaram-se sinónimos de traição, ódio e ganância. O ódio desenfreado é a marca registada de João D. e os seus filhos esforçam-se por manter a lenda, em vez de tomarem medidas para melhorar a má imagem deixada pelo seu pai, apesar do facto de o mais velho João D. ter sido criado numa rigorosa fé baptista numa quinta perto de Cleveland, Ohio. Nos seus anos de formação, tornou-se conhecido pelos seus doces excepcionais - comprar doces e vendê-los a outras crianças com lucro.

John D. tem sido sempre um trabalhador esforçado. Trabalhou numa mercearia como contabilista aos dezasseis anos de idade e o seu empregador ficou muito satisfeito com a sua diligência. Provou ser muito observador, vendo tudo e não lhe faltando nada. Mesmo nessa idade, ele nunca expressou qualquer emoção. Ascendeu a ser o único proprietário de uma empresa comercial de Cleveland e fundou a Standard Oil em 1870.

O que é notável é que a ascensão do Standard Oil Trust da Rockefeller pode ser verificada por provas documentais certificáveis que, de certa forma, são comparáveis a uma nota na história da política externa. Quase desde a sua criação em 1870, o Rockefeller Standard Oil Trust tem sido atacado por várias legislaturas estatais e pelo Congresso dos EUA pelos seus negócios questionáveis.

Os líderes do Trust foram levados perante as comissões do Congresso em 1872 e novamente em 1876. A Commonwealth da Pensilvânia tentou derrubar o Trust em 1879, e dois anos antes foi forçada a comparecer perante a Comissão de Comércio Interestatal. Um estado de guerra virtual entre o Standard Oil Trust e o Estado de Ohio existiu em 1882. Foi nomeada pelo Presidente McKinley uma Comissão de Inquérito Industrial e foram recolhidos 19 volumes de testemunhos. Durante todo o tempo, o Standard Oil Trust permaneceu como uma rocha que não podia ser movida. Os processos civis multiplicaram-se, mas em vão.

Ao pesquisar este livro, fiquei espantado com o quanto milhões de pessoas em todo o mundo odeiam o nome Rockefeller e a companhia de bandeira da família, a Standard Oil. Este ódio persistente é tão feroz hoje, em 2008, como quando a "grande mão" Rockefeller apareceu pela primeira vez nos campos petrolíferos da Pensilvânia. Isto é especialmente verdade entre os descendentes dos perfuradores pioneiros que afluíram a Titusville e Pithead em 1865, quando a "corrida ao ouro negro" estava no seu auge. Estou em dívida com Ida Tarbell, cujo excelente livro expondo os "esforços pioneiros" de John D. Rockefeller tem sido uma fonte inesgotável de informação privilegiada sobre a pessoa e o carácter do chefe do clã Rockefeller.

A capacidade de John D de despojar sem esforço os perfuradores e prospectores das suas concessões tem uma semelhança impressionante com os métodos utilizados por Cecil John Rhodes para roubar e roubar concessões diamantíferas a prospectores trabalhadores nos campos de Kimberly na África do Sul. Ambos os homens foram impiedosos e pouco sensíveis em relação aos direitos dos outros e ambos nunca expressaram emoção.

Se Rockefeller e os seus filhos fossem auto-promotores, o que estavam a anunciar não era do interesse de homens livres em toda a parte. Nelson Rockefeller disse uma vez que a vasta fortuna da sua família foi um acidente, mas a história diz o contrário.

A taciturnidade e desonestidade de John D. foram sem dúvida transmitidas aos seus filhos, assim como a sua paranóia de sigilo e total falta de sentimento. A paranóia do segredo herdada do Standard Oil Trust pelas majors é evidente nas barreiras que estas empresas ergueram à sua volta para manter à distância os "forasteiros" curiosos. Confiam os seus negócios apenas aos bancos da indústria petrolífera, tais como Morgan Guarantee, Trust Bank e Chase Manhattan Bank do Comité de 300, enquanto as suas contas e assuntos estão fechados atrás das grossas paredes de Price, Waterhouse, os contabilistas oficiais e auditores do Comité de 300. Mais de uma comissão do Senado ficou enredada na viscosa teia tecida por esta grande empresa de contabilidade. Mesmo os melhores investigadores e auditores que o governo podia reunir estavam totalmente confusos com o Price, Waterhouse contabilistas. Dizia-se que o velho John D. era capaz de contar mais depressa do que as calculadoras de hoje, um feito que tinha aprendido com o seu pai quando calculava o preço da sua "cura do cancro" em feiras e afins. Na realidade, a "cura" era simplesmente petróleo bruto, directamente dos poços de petróleo, embalado em pequenas garrafas.

Embora o negócio fosse bom, John D. teve de fugir pela sua vida porque a polícia queria prendê-lo por ter feito sexo forçado com uma rapariga de dezasseis anos de idade. O velho John D. não acreditava em amizades e avisou os seus filhos para se afastarem daquilo a que ele chamava "deixar a boa comunhão levar a melhor sobre si". Também enganou os seus filhos, "para os manter em forma", como ele disse. O seu refrão preferido era o da velha coruja sábia que nada disse, mas ouviu muito. Um retrato antigo mostra um homem com um rosto longo, manhoso e sinistro, com olhos pequenos e sem vestígios de emoção humana.

O seu trabalho como contabilista significa que não diz muito, mas mantém as suas contas em ordem. É ainda mais espantoso que um homem tão austero, taciturno e insensível pudesse persuadir os Clark Brothers, da refinaria Clark Brothers, a vender-lhe uma parte na sua refinaria de petróleo, onde estava empregado.

Os irmãos Clark depressa descobriram que tinham cometido um erro terrível ao deixarem Rockefeller entrar nos seus negócios. Rápido com números e cálculos, John D. é capaz de fazer os irmãos perderem a sua parte da refinaria. Continua a afirmar que os "comprou", mas os Clarks respondem que eles foram "enganados".

Alguns autores atribuem à sua herança a propensão de John D. para o dumping de parceiros, e é verdade que o seu pai costumava dizer-lhe "sê tão rápido como um judeu". Embora tenha reivindicado uma herança baptista e frequentado uma igreja baptista, é improvável que isso seja verdade, uma vez que os seus pais eram da Europa de Leste. John D. não se preocupava com as pessoas; pisou-as e livrou-se dos seus antigos parceiros que já não lhe serviam de nada. Só se preocupava com uma pessoa, e essa pessoa era ele próprio. Foi assim que a Standard Oil se tornou a grande empresa mais reservada dos Estados Unidos, uma tradição seguida pela EXXON. O padrão tem sido descrito como fechado e barricado, como uma fortaleza. O carácter de John D. era de tal forma manchado e de tal modo antipático que ele contratou um homem de relações públicas para tentar queimar a sua imagem, ajudado por generosas doações "filantrópicas" dedutíveis nos impostos. Mas apesar dos melhores esforços de Ivy Lee, dito ser o primeiro homem de relações públicas na história americana, o legado de ódio que John D. ganhou ficou preso a ele e permanece até hoje associado ao nome Rockefeller e EXXON.

A "grande mão" de Rockefeller arruinou centenas de milhares de perfuradores, prospectores e arrendatários em Titusville e Pithead. Na sua maioria, estes eram jovens de outra geração que pensavam poder resolver o enigma das flutuações de preços - algo que Rockefeller não queria. Embora a vida à volta de Titusville e Pithead fosse bastante tumultuosa, nunca foi rancorosa e todos lidavam de forma justa uns com os outros, ou seja, até que a "grande mão" de Rockefeller foi levantada contra todos os "concorrentes".

Aos 26 anos, impulsionado pelo seu sucesso em roubar a refinaria dos irmãos Clark e com a Oil City perto de Cleveland sob o seu controlo, Rockefeller começou a procurar novas conquistas.

O seu filho, David Rockefeller, herdou a frieza do seu pai e impôs-se. No início da sua carreira, David transferiu a maioria dos bens "off-shore" da família para paraísos fiscais, onde o sigilo bancário era virtualmente inviolável. David Rockefeller passou a dirigir a indústria petrolífera como um governo dentro de um governo e, por um golpe de sorte, comprou também a INTERPOL, a polícia global e o sistema de inteligência.

Todas as grandes companhias petrolíferas estão ligadas a bancos, companhias mineiras, ferrovias, companhias de navegação, companhias de seguros e empresas de investimento; e no decurso dos seus negócios trocam informações, mas foi através dos muitos "espiões" que ele empregou que o velho John D. e os seus filhos estavam plenamente conscientes de tudo o que se estava a passar.

A sua rede mais eficaz cresceu em tamanho e alcance, e hoje em dia não há um único país que escape à rede de inteligência Rockefeller, que muitas vezes ultrapassa os serviços de inteligência oficiais em tamanho e orçamento. Há muito trabalho a ser feito. Nunca deve chegar uma altura em que simplesmente atiramos a toalha e dizemos "eles são demasiado grandes, demasiado poderosos para que uma pessoa faça algo que valha a pena contra eles". Cada um de nós pode, e deve, fazer um esforço.

A evasão fiscal estava no topo da lista do velho John D. Rockefeller, e os seus espiões foram logo capazes de fornecer as melhores informações sobre como contornar as leis fiscais em países estrangeiros, geralmente através das suas fontes "pessoais" (subornadas). Se as leis fiscais fossem duras, os

Rockefellers simplesmente tinham-nas alterado para se adequarem aos seus propósitos de evasão fiscal. Foi este bacilo, plantado na indústria petrolífera, que causou a maldição da dependência americana do petróleo estrangeiro importado e, por sua vez, enviou os produtores americanos para o esquecimento.

É também a principal razão pela qual os EUA se tornaram uma potência imperial que procura dominar países com fontes conhecidas e comprovadas de petróleo. Também beneficiou os Rockefellers de outra forma - eliminou concorrentes fora do círculo vicioso das "majors" sem ter de recorrer ao uso de dinamite, como o velho John D. tinha feito com bastante frequência nos seus primeiros tempos.

Qual foi o resultado final? Certamente preços cada vez mais altos para o consumidor americano e maiores lucros para as grandes companhias petrolíferas. EXXON (Standard) fez, e ainda faz, enormes lucros. Por exemplo, em 1972 - e escolhemos esse ano porque é o ano médio (mediano) dos lucros realizados pela indústria petrolífera, e não demorámos um ano isolado para fazer notar que nós, consumidores, estamos a ser grosseiramente explorados pela indústria petrolífera - o EXXON ganhou 3.700 mil milhões de dólares nesse ano, mas pagou apenas 6,5% em impostos americanos. Será isto justo para o consumidor americano? Não achamos que seja justo, justo ou razoável.

Quando perguntados, a EXXON, e na verdade todas as grandes companhias petrolíferas, inventam a desculpa fraca de que reinvestem a maior parte dos seus lucros na exploração petrolífera, mas quando olhamos para os lucros da Exxon durante um único ano, e tomemos 1972 como exemplo, EXXON teve um lucro de 2500 mil milhões de dólares só no terceiro trimestre, e não é de todo claro que grande parte deste enorme lucro tenha sido reinvestido na empresa, ou que o povo americano tenha beneficiado de alguma forma. 1973 foi o ano da guerra árabe-israelita fomentada por Kissinger e Rockefeller, e à luz do que sabemos agora sobre esse evento, e de como Kissinger trabalhou para o conseguir através da sua estreita relação com David Rockefeller, pensar-se-ia que o Congresso há muito que teria investigado este acordo. Kissinger e David Rockefeller têm sido como gémeos siameses desde a descoberta na Alemanha dos "Bamburg Files" por Kissinger e Helmut Sonnenfeldt, o braço direito de Kissinger e assistente de confiança.

A questão que se coloca é a seguinte: A EXXON sabia que uma guerra israelo-árabe era iminente, e quanto é que lucrou com esta informação? Este tipo de "informação privilegiada" foi alegadamente fornecido pelo exército privado de oficiais de inteligência Rockefeller de todo o mundo, controlado a partir da sede da indústria petrolífera, que se chama Logística, Sistemas de Informação e Comunicação, localizada na sede da EXXON em Nova Iorque.

A INTERPOL não é o menor dos recursos de inteligência dos Rockefellers. Opera ilegalmente a partir de propriedade do governo federal em Washington, D.C., em total desafio à Constituição dos EUA e em violação da lei suprema da terra, da nossa Constituição e da Carta dos Direitos. A INTERPOL não deveria operar nos Estados Unidos, mas o Congresso tem medo de enfrentar um monstro tão grande e poderoso como a família Rockefeller. Esta é uma situação perturbadora que não está a ser abordada, o que levanta a questão, será que o dinheiro está a mudar de mãos para manter a INTERPOL em Washington?

O Congresso necessita de uma comissão de inquérito para examinar a chamada "Bankers Faction" integrada na CIA. Estes tipos de operações influenciam ilegalmente a nossa política externa, afectando frequentemente a nossa vida quotidiana, e quando estas organizações e grupos querem uma guerra, enviam os nossos filhos e filhas para lutar. As Guerras do Golfo de Bush são um exemplo muito bom do que está a acontecer. A dinastia Rockefeller é a espinha dorsal do grupo imperial de política petrolífera. As ervas daninhas semeadas entre o trigo por John D. Rockefeller chegaram à maturidade e estão agora a sufocar o trigo, a vida do povo desta outrora grande nação. O velho John D. rapidamente e no início da sua carreira aprendeu o valor do negócio da espionagem, no qual foi instruído por Charles Pratt, um dos seus primeiros associados. O actual governo secreto paralelo de alto nível que dirige os Estados Unidos, o Council on Foreign Relations (CFR), é uma ideia de Pratt.

A Mansão Pratt em Nova Iorque tornou-se mais tarde a sede do CFR, e isto não foi um acidente. A presença de John D. tornou-se tão omnipresente e os seus métodos impiedosos tão admirados que foram amplamente adoptados por todas as grandes empresas, a começar pelo EXXON, a ponto de hoje em dia a indústria petrolífera dos EUA poder ditar a todos os governos do mundo, incluindo o dos EUA.

Existem amplas provas de que as grandes companhias petrolíferas que operam no estrangeiro ditam e dirigem a política externa dos EUA, e que estas companhias se combinaram para formar um governo de facto dentro do nosso governo dos EUA. EXXON é o líder indiscutível deste ataque imperialista pelo controlo de todos os recursos petrolíferos e em mais lado nenhum do que no Irão.

CAPÍTULO 10

Dr. Mossadegh luta contra o cartel

A partir de 1950, os Estados Unidos e o Petróleo Anglo-Persa da Grã-Bretanha estrangularam o petróleo do Irão após a Primeira Guerra Mundial, durante a qual a conduta dos "Aliados" cheirava a problemas. A invasão e ocupação do Irão durante a guerra nos terrenos mais frágeis precisa de ser examinada muito mais de perto. Pouco depois da entrada dos "Aliados" no Irão, o Xá foi obrigado a abdicar a favor do seu filho, Mohammed Reza Pahlevi, que era mais solidário com os ditames impostos pelo Consórcio Iraniano, a Companhia Petrolífera Iraquiana e a ARAMCO. Um dos episódios mais vergonhosos da história da Grã-Bretanha e dos chamados Estados Unidos "cristãos" foi a morte de dezenas de milhares de iranianos por inanição durante este período.

O exército de ocupação Aliado, constituído por 100.000 soldados russos (presentes a convite de Winston Churchill) e 70.000 soldados americanos e britânicos, nada fez para impedir a requisição de alimentos pelo exército de ocupação em detrimento dos iranianos que estavam a morrer à fome. A febre tifóide alastrou e matou milhares mais, enquanto as forças norte-americanas e britânicas se mantiveram à espera. Aqueles que não morreram de fome ou de doença congelaram até à morte no Inverno gelado, pois a população não tinha acesso a óleo combustível.

Os ocupantes estão a trabalhar para criar e manter o conflito entre as diferentes facções no país, e estão a oprimir e a reprimir totalmente o governo iraniano. Ainda acreditando que os Estados

Unidos eram uma nação cristã sensível a considerações humanitárias, o governo iraniano fez um apelo desesperado a Washington pedindo ajuda. Em 1942, Washington enviou o General M. Norman Schwarzkopf ao Irão para informar sobre a situação. (Em 1991, o seu filho foi enviado para fazer a guerra contra o Iraque como comandante da "Tempestade do Deserto"). Permaneceu no Irão até 1948, principalmente para adquirir conhecimentos em primeira mão sobre como o Irão dirigia os seus vários departamentos governamentais e serviços de inteligência. Longe de ajudar os iranianos, a missão de Schwarzkopf era adquirir o máximo de informação possível sobre as infra-estruturas do Irão para uso futuro, que foi o que aconteceu quando o movimento para derrubar o Xá foi lançado. Em todos os anos de privação sofridos pelo povo iraniano, nenhuma mão lhe foi estendida, mas em Dezembro de 1944, um político astuto, bem educado e experiente chamado Mohammed Mossadegh introduziu no Parlamento um projecto de lei proibindo quaisquer negociações petrolíferas com países estrangeiros, o que pôs fim ao chocante roubo de petróleo iraniano por parte dos EUA, Grã-Bretanha e Rússia.

Nascido a 19 de Maio de 1882 a um ministro das finanças de Bakhtiari e a uma princesa gujaresa, Mossadegh estudou ciências em Paris e obteve o doutoramento na prestigiosa Universidade de Neuchâtel na Suíça. O Dr. Mossadegh entrou na política em 1920 quando foi nomeado Governador Geral da Província de Fars pelo Xeque Ahmad Shah Qajar e recebeu o título de "Mossadegh os-Saltanch" pelo Xeque. Foi nomeado Ministro das Finanças em 1921, depois eleito para o Parlamento iraniano onde votou contra a escolha de Reza Khan como Reza Sha Pahlavi. Em 1944, Mossadegh foi novamente nomeado para o parlamento onde concorreu como membro da Frente Nacional do Irão, um movimento muito patriótico e nacionalista do qual foi o fundador. O objectivo da organização era acabar com toda a presença estrangeira no Irão no rescaldo da Segunda Guerra Mundial e parar a exploração do petróleo iraniano. A fim de obter apoio para a sua lei de aumentar o preço do petróleo iraniano, Mossadegh revelou uma proposta das potências ocupantes para dividir o Irão entre si, citando um artigo no The *Times* de 2 de Novembro de 1944 que tendia a confirmar a sua revelação.

Seguiu-se uma luta amarga, que levou o assunto às Nações Unidas em 1948 e conduziu a uma luta que resultou na retirada de todas as tropas estrangeiras do país. O Irão tinha cometido um pecado grave ao prevalecer os interesses britânicos em favor dos interesses nacionais iranianos. Mossadegh seria agora um inimigo público e o Instituto Tavistock estabeleceu um plano para o minar e para o afastar do cargo. A ocupação EUA-Rússia do Irão estava a chegar ao fim, mas havia ainda a Anglo-Iraniana Oil Company (principalmente britânica) que controlava o petróleo iraniano e dirigia o governo iraniano desde 1919. Em 1947, o Dr. Mossadegh apresentou uma proposta a Londres pedindo um aumento da quota do Irão nas receitas das vendas de petróleo. A Anglo-Iranian Oil Company teve um lucro de $320.000.000 em 1948, dos quais o iraniano recebeu uns extraordinários $38.000.000. O Dr. Mossadegh exigiu que os termos do antigo acordo fossem renegociados. Seguiu-se imediatamente um ataque muito perverso contra ele, orquestrado pelo Instituto Tavistock e pela BBC, que difundiram uma corrente constante de propaganda misturada com mentiras descaradas contra Mossadegh e o governo iraniano. A campanha foi auxiliada e incentivada pela CIA e pelo General americano Huyser. Dois meses antes do fim do mandato de dois anos de Mossadegh, agentes da inteligência britânica e americana tinham feito tudo o que podiam para remover o espinho do lado de Mossadegh, colocando uma série de obstáculos no caminho de cada movimento que tentava fazer.

Os cartéis britânico e americano não estavam habituados à oposição, tendo instalado facilmente governos fantoches no Kuwait, Arábia Saudita, Qatar, Emirados Árabes Unidos, Bahrain e Omã, sob o olhar atento da CIA e, em menor medida, do MI6. Isto faz-me lembrar a surpreendente semelhança entre a East India Company (precursora do Comité de 300) e o cartel petrolífero Seven Sisters. Tendo recebido um alvará em 1600 sob Elizabeth I, a Companhia das Índias Orientais recebeu um segundo alvará de Carlos II, o rei Stuart, dando-lhe o direito de fazer guerra, fazer paz e comércio com todas as nações. Em 1662, o Rei James I, o Rei Stuart, autorizou a empresa a tornar-se uma sociedade anónima. A indústria petrolífera, embora menos formalizada, está estruturada de forma semelhante. Os britânicos arrastaram os seus pés ao longo de 1948 sem qualquer concessão de Londres. Entretanto, agências de inteligência britânicas e americanas, com a ajuda da informação do General Schwarzkopf, espalharam dissensões e descontentamento entre as fileiras iranianas a fim de enfraquecer o governo na preparação das eleições nacionais de 1949. A pequena Frente Nacional liderada pelo Dr Mossadegh foi às eleições com o que os britânicos e americanos pensavam ser uma pequena hipótese de ganhar lugares, mas surpreendeu-os ao ganhar seis lugares e um lugar no Parlamento. Pior ainda, o seu inimigo foi nomeado para chefiar uma comissão parlamentar de investigação de acordos petrolíferos entre a Grã-Bretanha e os EUA. Mossadegh exigiu imediatamente uma quota igual para a Anglo-Iraniana Oil Company e o governo iraniano com plena participação iraniana nos assuntos da empresa.

Apoiados pelos Estados Unidos, os britânicos recusaram todas as propostas, que mergulharam o Irão na desordem, até Abril de 1951, quando o Dr. Mossadegh foi democraticamente eleito primeiro-ministro e convidado a formar um governo. As acusações caluniosas voaram espessas e rápidas, sendo a principal delas que Mossadegh era uma intenção comunista de garantir o petróleo iraniano para a Rússia. Os jornais britânicos chamavam-lhe, entre outras coisas, um "louco desonesto". É claro que não havia verdade nestas acusações gratuitas. O Dr. Mossadegh era um verdadeiro patriota iraniano que nada procurava para si próprio e cujo único objectivo era libertar o povo iraniano do domínio voraz da Anglo-Iraniana Oil Company, mais tarde British Petroleum (BP). O Parlamento iraniano votou para aceitar a recomendação do Dr. Mossadegh de nacionalizar a Anglo-Iraniana Oil Company, com uma compensação justa a ser dada à Grã-Bretanha, que explorou o povo iraniano durante anos. A oferta incluía o mesmo nível de fornecimento de petróleo de que a Grã-Bretanha tinha usufruído até então e os cidadãos britânicos que trabalhavam na indústria petrolífera no Irão iriam manter os seus empregos. A 28 de Abril de 1951, a recomendação, que era absolutamente justa para a Grã-Bretanha, foi formalmente aprovada.

A resposta britânica foi pedir ajuda aos Estados Unidos e enviar navios de guerra para as águas perto de Abadan, onde se encontra a maior refinaria de petróleo do mundo. Em Setembro de 1951, a Grã-Bretanha e os Estados Unidos, que não tinham o direito de interferir nos assuntos internos do Irão, declararam sanções económicas totais contra o Irão, e os seus navios de guerra bloquearam as águas adjacentes a Abadan. Através destes actos de guerra, os EUA asseguraram à Grã-Bretanha o seu total apoio como uma potência imperial a outra e apoiaram-na com a perturbação induzida pela CIA.

Isto não foi inesperado, tendo em conta as anteriores guerras imperiais britânicas e, mais recentemente, os EUA, e o facto de que o governo britânico (a Casa de Windsor) detinha 53% das acções anglo-iranianas. Com unidades navais a caminho, a ameaça seguinte era ocupar Abadan com pára-quedistas britânicos, embora ao abrigo do direito internacional o Irão estivesse no seu pleno direito de tomar as medidas propostas pelo governo iraniano e aceites pelo parlamento iraniano. O medo da intervenção militar soviética ao lado do Irão pode ter impedido a Grã-Bretanha e os EUA de exercerem a opção militar. Através de Kermit Roosevelt, neto de Teddy Roosevelt, a CIA tinha sido muito activa dentro do país, infiltrando-se em muitas das principais instituições bancárias e económicas. Os compradores de petróleo iraniano foram rudemente ameaçados com represálias e assustados. Foi assim que as duas nações mais tirânicas que o mundo alguma vez conheceu se comportaram. O efeito revelador do boicote reduziu a economia do Irão a uma confusão, com as receitas do petróleo a caírem de 40 milhões de dólares em 1951 para menos de 2 milhões de dólares no início de 1952. Mossadegh, tal como Mohammed Reza Pahlavi, o Xá do Irão, não fazia ideia do poder e influência dos cartéis petrolíferos americanos e da BP. Mossadegh, de uma família rica, era um político dotado e talentoso, mas foi retratado ao mundo como um homenzinho estúpido a correr por Teerão no seu pijama, dominado pela emoção. A imprensa de estabelecimento nos EUA e no Reino Unido, num programa controlado por Tavistock, denigrou e ridicularizou sistematicamente Mossadegh, cujo único crime foi procurar quebrar o domínio das majors sobre o petróleo iraniano, e ousar desafiar as suas políticas petrolíferas imperialistas.

Em 1953, o Dr. Mossadegh fez uma viagem mal sucedida a Washington para pedir ajuda. Em vez disso, ele foi empedernido pelo Presidente Eisenhower, que sugeriu que W. Averill Harriman liderasse uma equipa até Teerão "para lhe apresentar um relatório sobre a situação". A equipa de Harriman incluía o Allen Dulles da CIA e John Foster Dulles, Secretário de Estado e servo de longa data dos "300", bem como o General Schwartzkopf.

Em 1951, foi planeada uma operação conjunta para derrubar o governo de Mossadegh sob o nome de código "AJAX", que foi assinada pelo Presidente Eisenhower. Devemos parar aqui e salientar que o Irão nunca tinha feito nada de mal aos Estados Unidos e estava agora a ser recompensado de uma forma digna dos piores elementos criminosos da Máfia. Entretanto, a Grã-Bretanha levou o seu caso sórdido ao Tribunal Mundial para arbitragem. O Dr. Mossadegh, que foi educado em França e na Suíça, representou o seu país e defendeu com sucesso o seu caso, com a decisão do Tribunal Mundial contra a Grã-Bretanha. Esta não foi a primeira vez que os britânicos tentaram derrubar o governo iraniano. Winston Churchill era um imperialista infame, tal como o seu impiedoso antecessor, Lord Alfred Milner, que tinha exilado os honrados líderes bôeres, que tinham lutado tão valentemente contra os britânicos na Guerra Anglo-Boer (1899-1902). Churchill ordenou a prisão e o exílio de Reza Shah, primeiro nas Ilhas Maurícias e depois na África do Sul, onde morreu no exílio.

Os pecados de Winston Churchill são uma legião. Os Boers tinham feito uma campanha maravilhosa contra a oligarquia

Rothschild, determinada a apreender o ouro e os diamantes que se encontravam debaixo do solo das repúblicas do Estado Livre Transvaal e Orange na África do Sul. Quando as perdas britânicas atingiram um nível inaceitável, Milner recorreu à queima de explorações bôeres, ao abate de gado e ao envio de mulheres e crianças bôeres para campos de concentração, onde 27 000 pessoas morreram de disenteria e desnutrição. O Presidente Paul Krüger foi exilado para a Suíça, onde morreu. Assim, é fácil de compreender a falta de escrúpulos de Churchill ao violar o Irão. Havia muitos precedentes para apoiar as suas acções. Determinado a garantir o petróleo iraquiano para as necessidades britânicas, Churchill deu então um dos seus grandiloquentes discursos de relações públicas declarativos, ventosos e quentes, que o tornariam famoso:

> Nós (isto é, as grandes companhias petrolíferas, incluindo a BP, que estava em parceria com o governo britânico) removemos um ditador no exílio e instalámos um governo constitucional que estava empenhado numa série de reformas e reparações sérias.

É difícil igualar tal hipocrisia e mentiras descaradas por parte do ditador britânico que manchou Reza Shah por ousar defender o seu país contra a agressão britânica, mas dado o enorme halo que rodeia Churchill, cujo nome será sinónimo das grandes fraudes da história, ele safou-se. Tal como nos Estados Unidos, a British Petroleum conseguiu fazer o governo legítimo de Inglaterra cumprir as suas exigências, quer estas acções fossem ou não legais. A usurpação da política externa pelas majors prossegue sem cessar e todos os presidentes americanos desde que o Presidente Wilson tem sido um servo desta cobra enrolada. Este foi o início do imperialismo americano determinado a confiscar todos os campos de petróleo do mundo. Infatigado pelo desdém internacional e na sequência da sua vitória no Tribunal Mundial, o Dr. Mossadegh continuou com o seu plano de nacionalizar o petróleo do Irão.

A Rockefeller terá sido pessoalmente profundamente ofendida pela Mossadegh e trabalhou em estreita colaboração com outras grandes companhias petrolíferas para impor o boicote ao petróleo.

Quando um petroleiro, a Rosemarie, de acordo com o direito internacional e as normas comerciais, transportando petróleo iraniano, tentou contornar o bloqueio, Churchill ordenou aos aviões da RAF que o atacassem e o obrigassem a parar em Aden, um protectorado britânico. Não havia nenhuma lei que justificasse a acção britânica, e Churchill demonstrou mais uma vez que era o líder de uma potência imperial que não tinha qualquer respeito pelo direito internacional. Este acto flagrante de pirataria foi totalmente apoiado pelas Sete Irmãs e pelo Departamento de Estado dos EUA.

Um colega em Londres, responsável pelo controlo das companhias petrolíferas em todo o mundo, disse que o Parlamento tinha tido grande dificuldade em impedir Churchill de ordenar à RAF que bombardeasse o Irão. Já passou um ano, um ano em que o povo iraniano sofreu muito com a perda das receitas do petróleo. Em 1955, o Primeiro-Ministro Mossadegh escreveu ao Presidente Eisenhower, pedindo ajuda na luta do seu país contra a indústria petrolífera. Eisenhower, sempre um fantoche do CFR, manteve deliberadamente o líder iraniano à espera de uma resposta. Esta táctica planeada teve o efeito desejado de assustar o Dr. Mossadegh. Finalmente, quando Eisenhower respondeu, disse ao governo iraniano que este tinha de cumprir as suas "obrigações internacionais" e entregar a operação petrolífera à Royal Dutch Shell! As "obrigações internacionais" Eisenhower invocadas nunca foram especificadas.

Isto deve dizer-nos algo sobre o poder da indústria petrolífera e do governo paralelo secreto do CFR dos Estados Unidos imperiais. No entanto, ainda ousamos pensar que o nosso governo é honrado e que somos um povo livre. Como prova disso, os EUA enviaram Kermit Roosevelt, que trabalhava para a CIA, ao Irão para agitar os problemas e instigar a agitação entre o povo. De acordo com a carta concedida à East India Company em 1600, que lhe permitiu fazer política externa e travar guerras contra nações, os herdeiros da East India Company, o Comité dos 300, encobriram a CIA utilizando organizações como o Fundo Monetário Internacional (FMI) e o Banco Mundial para financiar o trabalho sujo de Roosevelt, de modo a que ele não pudesse estar directamente ligado aos EUA.

A pedido da facção dos banqueiros dentro da CIA, foi dito ao Xá que seria bom que ele retirasse Mossadegh, para que "relações normais" com a Grã-Bretanha e os EUA pudessem ser retomadas. Com a ajuda de elementos realistas do governo iraniano, Kermit Roosevelt encenou um golpe e forçou a prisão do Dr. Mossadegh, cuja influência tinha sido minada por dois anos de guerra económica aberta pelo imperialismo britânico e americano. A CIA apoiou então o jovem Reza Shah Pahlevi e levou-o ao poder, e as sanções económicas foram levantadas. Mais uma vez, a política das companhias petrolíferas tinha levado os governos da Grã-Bretanha e dos EUA a um acto de guerra contra um Estado soberano que não lhes tinha feito mal. Eles tinham triunfado sobre o nacionalismo iraniano. Era uma repetição, uma cópia a carbono virtual dos acontecimentos da guerra Anglo-Boer.

O Xá tentou então, sem sucesso, livrar-se de Mossadegh, mas Roosevelt, a CIA e o Departamento de Estado equiparam então uma banda revolucionária e enviaram-na para combater o exército iraniano. Temendo o assassinato, o Xá fugiu do país, e o golpe de Estado liderado pela CIA foi bem sucedido. Mossadegh foi derrubado e colocado sob prisão domiciliária, onde permaneceu para o resto da sua vida.

O Xá foi autorizado a regressar ao Irão e foi-lhe dito que estava a salvo desde que obedecesse aos seus mestres imperiais. O custo para o contribuinte americano deste empreendimento ilegal em 1970 foi superior a mil milhões de dólares. A única parte que beneficiou desta traição desleal foi o cartel do petróleo Seven Sisters e as suas marionetas pagas que tornaram tudo isto possível.

Embora não o soubesse na altura, o Xá iria sofrer o mesmo destino que Mossadegh e às mãos da mesma clique imperialista de companhias petrolíferas, funcionários dos governos britânico e norte-americano e da CIA. Outros países também sofreram desde então o chicote do cartel petrolífero no governo.

CAPÍTULO 11

Enrico Mattei ataca o cartel das Sete Irmãs

Um desses países é a Itália. Paralisada pela Segunda Guerra Mundial e pela invasão do seu território, a Itália estava praticamente em ruínas. Foram criadas várias empresas estatais, incluindo a Alienda Generale Italiana Petroli "AGIP", encabeçada por Enrico Mattei, a quem foi ordenado o seu desmantelamento. Mas como o primeiro homem a reconhecer a existência de uma ditadura petrolífera dirigida pelas Sete Irmãs (Sette Sorelle), Mattei estava em conflito aberto com o cartel. Em vez de encerrar a AGIP, reformou-a e reforçou-a, mudando o seu nome para Ente Nazionale Idrocarburi, ENI. Mattei estabeleceu um programa de exploração petrolífera e contratos com a URSS que libertariam a Itália do estrangulamento das Sete Irmãs e, para grande desgosto desta última, Mattei começou a ter sucesso.

Enrico Mattei, nascido a 29 de Abril de 1906, era filho de um carabiniere, o corpo militar italiano, com funções policiais. Aos 24 anos de idade, foi para Milão onde se juntou aos Partisans. Em 1945, o comité político dos partidários nomeou-o para dirigir a AGIP, a companhia petrolífera nacional, com ordens para a encerrar. Mas Mattei optou por ignorar a ordem e em vez disso expandiu-a para se tornar um dos mais notáveis sucessos económicos da Itália do pós-guerra.

Em 1953, a Mattei criou uma segunda empresa de energia chamada ENI, que fez negócios bem sucedidos com o Egipto e, em 1961, importava 2,5 milhões de toneladas de petróleo bruto do Egipto. Em 1957, Mattei atacou ousadamente o monopólio do petróleo bruto do Irão, aproximando-se directamente do Xá. Conseguiu e, nos termos acordados entre a Mattei e o Xá, foi concluída uma parceria entre a National Iranian Oil Company e a ENI, com 75% para o Irão e 25% para a ENI, e deu à empresa irmã da ENI, a Società Iraniano-Italiana delle Petrole (SIRIP), um arrendamento exclusivo por 25 anos para explorar e perfurar 8800 milhas quadradas de vilayets petrolíferos conhecidos.

Mattei surpreendeu as Sete Irmãs quando concluiu negócios petrolíferos com a Tunísia e Marrocos numa parceria igualitária. Depois de concluir um acordo com a China e o Irão, Mattei declarou que o monopólio petrolífero americano era uma coisa do passado. A reacção britânica e americana foi rápida. Uma delegação encontrou-se com o Xá e protestou veementemente contra o contrato de Mattei. Mas a opinião da delegação, embora notada, não teve qualquer efeito. Em Agosto de 1957, Mattei assinou um contrato que trouxe os estrangeiros italianos para o Irão. O industrialista italiano deu a conhecer o seu ponto de vista. A partir de agora, tentaria tornar o Médio Oriente parte da Europa industrial, construindo uma grande infra-estrutura em todo o Médio Oriente.

Mattei era o que hoje chamaríamos um "agitador" e, apenas quatro anos após a assinatura do contrato, o primeiro petroleiro ENI chegou ao porto de Bari com 18.000 toneladas de petróleo bruto iraniano. Com base no seu sucesso, Mattei viajou para países em África e na Ásia com reservas de petróleo para concluir negócios semelhantes.

Uma das coisas que mais perturbou o cartel petrolífero na Grã-Bretanha e nos Estados Unidos foi a oferta da ENI de construir refinarias em países com depósitos de petróleo, que seriam propriedade local e os tornariam parceiros de pleno direito. O quid pro quo da ENI era contratos exclusivos de engenharia e assistência técnica e o direito exclusivo da ENI de vender produtos brutos e acabados em todo o mundo.

Observando desde Londres e Nova Iorque, as sete irmãs ficaram espantadas e zangadas com o sucesso do intruso ENI.

As coisas chegaram a um ponto alto em Outubro de 1960, quando Mattei foi a Moscovo para se encontrar com o governo russo para discutir interesses petrolíferos mútuos. Se as Sete Irmãs tivessem ficado atónitas antes, o que resultou das discussões entre o Ministro do Comércio Externo russo Patolitschev e Mattei deixou-as atónitas e fez soar os alarmes transatlânticos. Os piores receios do cartel petrolífero concretizaram-se quando, a 11 de Outubro de 1956, foi assinado um acordo entre a ENI e Moscovo, que previa o seguinte:

- Em troca de uma entrega garantida de 2,4 milhões de toneladas de petróleo russo por ano durante os próximos cinco anos, a ENI obteve uma quota significativamente maior de petróleo russo no mercado europeu.

- O pagamento do petróleo não seria em dinheiro mas em espécie, sob a forma de entregas garantidas de oleodutos de grande diâmetro que seriam utilizados para construir uma vasta rede de oleodutos para trazer o petróleo russo do Volga-Ural para a Europa de Leste.

- Uma vez concluído, o contrato previa a troca anual de 15 toneladas de petróleo bruto por uma variedade de alimentos, bens manufacturados e serviços.

- Os tubos de grande diâmetro seriam construídos pelo Grupo Finsider sob a supervisão do governo italiano em Taranto e enviados para a Rússia a uma taxa de 2 milhões de toneladas por ano. (A fábrica foi construída em tempo recorde e estava a produzir tubos em Setembro de 1962, um feito espantoso).

O acordo russo foi um grande triunfo para a Mattei porque agora a Itália podia comprar petróleo bruto russo a $1,00 por barril a bordo dos navios nos portos do Mar Negro, em comparação com $1,59 por barril mais o frete de $0,69 do Kuwait, e o Standard Oil a $2,75 por barril. Como já aconteceu muitas vezes antes, quando as ameaças ao monopólio das Sete Irmãs não puderam ser evitadas por meios justos, foram utilizados meios imorais.

No início de 1962, o avião de Mattei foi sabotado. Contudo, antes de qualquer dano ter sido feito, a interferência com o avião foi descoberta e a suspeita caiu sobre a CIA. Mas Mattei teve azar pela segunda vez quando, a 27 de Outubro de 1962, num voo da Sicília para Milão, o seu jacto caiu na pequena aldeia de Bascape, na Lombardia. O piloto, Inerio Bertuzzi, um jornalista americano chamado William McHale e Mattei, foi morto. Os rumores de jogo sujo eram frequentes, mas como a investigação do acidente estava sob a responsabilidade do Ministro da Defesa Giulio Andreotti, conhecido pelas suas simpatias para com as grandes companhias petrolíferas e em particular para com os Estados Unidos, a investigação oficial foi lenta.

Em 2001, Bernard Pletschinger e Calus Bredenbrock transmitiram um documentário televisivo em que afirmavam que as provas no local do acidente de Mattei tinham sido imediatamente destruídas. Os instrumentos de voo foram derretidos num banho ácido. Após a emissão do documentário, os corpos de Mattei e Bertuzzi foram exumados. Foram encontrados pedaços de metal causados por uma explosão a bordo, alojados nos ossos de ambos os homens. O veredicto comum, mas não oficial, é que uma bomba foi colocada a bordo do jacto Mattei e que era suposto explodir quando o trem de aterragem fosse activado na posição "down".

Embora nunca provado, as mais fortes provas circunstanciais e outras apontam directamente para a CIA e em particular para o chefe da estação da CIA em Roma na altura, um tal Thomas Karamessines, que deixou abruptamente o seu escritório a 17 de Outubro de 1962, precisamente no dia da queda do avião de Mattei na Lombardia, e nunca mais regressou. Não foi dada qualquer explicação para a sua partida repentina e abrupta. O relatório da CIA nunca foi tornado público e permanece até hoje classificado "no interesse da segurança nacional". Todos os pedidos de Liberdade de Informação foram negados.

Há um pós-escrito neste "Mistério Não Resolvido". Na altura em que o avião se despenhou e terminou a sua vida, Mattei deveria encontrar-se com o Presidente dos EUA John F. Kennedy. Uma das prioridades na sua agenda era o cartel do petróleo, que Kennedy era conhecido por desconfiar e não gostar secretamente, sobretudo devido à sua estreita relação com a CIA, que há muito o perturbava. Era bem conhecido no seu círculo interno que Kennedy considerava a CIA como um cancro na nação americana; Kennedy acreditava que se o governo dos EUA fosse alguma vez derrubado por um golpe, seria liderado pela CIA.

Apenas um ano mais tarde, Kennedy iria cair vítima dos mesmos conspiradores dos serviços secretos norte-americanos. Acrescente a isto a história de Enrico Mattei, a violação brutal do México em nome dos interesses petrolíferos americanos e britânicos, e os inúmeros danos causados ao Irão e ao Iraque, e tem as histórias mais trágicas de ganância, avareza e cobiça de poder que mancham as páginas da história da companhia petrolífera. O poder exercido pelas companhias petrolíferas transcende todos os governos e fronteiras nacionais; derrubou governos e enfraqueceu os seus líderes nacionais, chegando mesmo a assassiná-los. Custou aos contribuintes americanos milhares de milhões de dólares e o fim ainda não está à vista.

O petróleo, ao que parece, é o fundamento da nova ordem económica mundial, com o poder nas mãos de poucas pessoas mal conhecidas fora das companhias petrolíferas. John D. Rockefeller viu rapidamente o potencial de lucro e poder, e agarrou a oportunidade. Isto permitiu-lhe exercer um poder pessoal imenso, mesmo que tenha sido à custa de milhares de pequenas companhias petrolíferas e de milhares de vidas.

Já nos referimos às Sete Irmãs em várias ocasiões. Para os não familiarizados com este grupo, são as sete principais companhias petrolíferas na Grã-Bretanha e nos Estados Unidos, que são responsáveis pela configuração da política externa de ambos os países. As companhias petrolíferas que compõem o cartel começaram efectivamente após a chamada "ruptura" do Standard Oil pelo Supremo Tribunal dos EUA. Foi Enrico Mattei quem cunhou o nome "Sete Irmãs". A sua poderosa influência ainda pode ser sentida em 2008.

A Standard Oil de Nova Iorque fundiu-se com a Vacuum Oil e tornou-se Socony Vacuum, que se tornou Mobiloil em 1966, enquanto a Standard Oil Indiana se juntou à Standard Oil Nebraska e à Standard Oil of Kansas, e em 1985 tornou-se AMOCO. Em 1972, a Standard Oil New Jersey tornou-se EXXON.

Em 1984, a Standard Oil California juntou-se à Standard Oil Kentucky e tornou-se Chevron, que então comprou a Gulf Oil Company, propriedade da Mellon. A Standard Oil Ohio foi comprada pela BP. Em 1990, a BP comprou a antiga Standard Indiana e tornou-se BP-AMOCO. Em 1999, a EXXON e a Mobil fundiram-se num negócio de 75 mil milhões de dólares que criou a EXXON-Mobil. Em 2000, a Chevron fundiu-se com a Texaco para se tornar a Chevron-Texaco.

EXXON (conhecido como ESSO na Europa), Shell, BP, Gulf Oil, Texaco, Mobil e Chevron fazem parte da cadeia global de bancos, corretoras, agências de inteligência, empresas mineiras, de refinação, aeroespaciais, bancárias e petroquímicas que, em conjunto, formam a espinha dorsal do Comité dos 300, cujos membros são também conhecidos como "Olimpíadas". Controlam a produção de petróleo bruto, refinarias e navegação, excepto na Rússia e agora na Venezuela. Estima-se que 75% dos lucros obtidos pelo cartel petrolífero provêm de negócios "downstream", tais como refinação, armazenamento, transporte marítimo, plásticos, petroquímicos, etc.

A segunda maior refinaria do mundo, propriedade e controlada pelo cartel, está localizada em Pulau Bukom e Jurong, em Singapura. A Shell tem o maior complexo de refinarias do mundo, localizado na ilha de Aruba. A construção desta enorme instalação realçou a importância do petróleo bruto venezuelano. Existe também uma refinaria Mobil muito grande em Aruba.

Em 1991, estimava-se que 60% dos lucros do EXXON provinham das chamadas operações "downstream". Em 1990, EXXON adquiriu a divisão de plásticos da Allied Signal e, ao mesmo tempo, celebrou um acordo com a Monsanto e a Dow Chemicals no campo dos termoplásticos e elastómeros. Os principais retalhistas de gasolina são a EXXON e a Chevron-Texaco. A Royal Dutch Shell tem o maior número de petroleiros com 114 na sua frota. A empresa emprega 133.000 pessoas em todo o mundo. Os activos da Shell estão estimados em 200 mil milhões de dólares.

Outro produtor de lucro "downstream" é a EXXON Mobil, que produz mais óleo de motor, óleo de transmissão e massas lubrificantes do que qualquer outra "majors". Opera em mais de 200 países em todo o mundo e trabalha "a solo" no Mar de Beaufort, ao largo do Alasca. É proprietária de enormes extensões de terra no Iémen, Omã e Chade, que totalizam alegadamente mais de 20 milhões de acres. O investimento é, como sempre, sobre o futuro do fornecimento de petróleo. EXXON mantém os seus segredos de refinação como segredos de estado e, de facto, o Bahrain, onde a maior parte da refinação é feita, é guardado por navios de guerra da 5ª Frota da Marinha dos EUA. Nem sequer a Arábia Saudita tem acesso a tais segredos. Das mais de 500 refinarias existentes, apenas 16 se encontram nos estados do Golfo Pérsico.

CAPÍTULO 12

A CONCHA REAL HOLANDESA

De longe a maior das 300 companhias petrolíferas emblemáticas do Comité é a Royal Dutch Shell (Het Koninklijke Nederlandse Shell) de origem anglo-neerlandesa. É uma das maiores empresas de energia do mundo e uma das principais empresas do Comité de 300. Os accionistas maioritários são a Casa de Windsor e a Casa de Orange dos Países Baixos. Segundo informações, existem apenas catorze mil accionistas, sendo a Rainha Elizabeth (representando a Casa de Windsor), a Rainha Juliana (representando a Casa de Orange) e Lord Victor Rothschild os maiores accionistas. Tanto quanto sabemos, não há directores, mas o CEO é Jeroen van der Veer e o presidente Jorma Ollila, ambos homens de negócios holandeses.

A actividade principal da empresa é a exploração, transporte e comercialização de petróleo e gás, com uma presença significativa na petroquímica. Em 2005, as suas receitas anuais foram de 306 mil milhões de dólares, tornando-a a terceira maior empresa do mundo. A empresa percorreu um longo caminho desde 1901, quando William Knox D'Arcy recebeu uma concessão para explorar petróleo no Irão.

Tal como o Banco da Reserva Federal, ninguém sabe realmente quem são os maiores accionistas da Shell. Em 1972, o Senado norte-americano fez uma única tentativa para forçar a empresa a divulgar a lista dos seus 30 maiores accionistas. O inquérito estava nas mãos do Senador Lee Metcalf, mas o seu pedido foi rejeitado categoricamente. A mensagem: Não tente interferir com o Comité dos 300. A Nova Ordem Mundial elitista - um governo mundial que subiu ao poder através da descoberta de petróleo e das suas utilizações não tolera a interferência de ninguém, sejam eles governos, líderes, sheiks ou cidadãos privados, chefes de estado de nações grandes e pequenas. O mundo há muito que se apercebeu que o cartel das Sete Irmãs controla firmemente o petróleo nas suas mãos gananciosas, e continua a controlar a oferta e procura de petróleo bruto em todo o mundo.

Os gigantes supranacionais do petróleo, cuja perícia e métodos contabilísticos têm confundido as melhores mentes do governo mundial, cobradores de impostos e contabilistas, têm colocado as Sete Irmãs fora do controlo dos governos comuns. A história das Sete Irmãs mostra que os governos estavam sempre prontos a parcelar a sua soberania e recursos naturais, logo que estes bandidos entrassem no campo nacional. John D. teria aprovado de todo o coração a loja fechada, o clube internacional, os seus negócios secretos e as suas intrigas internacionais, tudo o que o público americano nada sabe até hoje.

Nos seus covil secretos em Nova Iorque, Londres e Zurique, estes líderes todo-poderosos encontram-se para conspirar e planear guerras em todo o mundo. São muito mais poderosos em 2008 do que em qualquer outro momento desde o início das suas actividades no século XIX. Os mesmos membros do "Comité dos 300", a maioria dos quais são também membros dos Illuminati, as velhas e famosas famílias incrivelmente ricas, deleitam-se com o seu poder. São eles que decidem quais os governos que devem desaparecer e quais os líderes políticos que devem cair.

Quando problemas reais batiam às suas portas secretas - como a nacionalização do petróleo iraniano pelo Dr. Mossadegh - estavam sempre prontos para retaliar e 'neutralizar' os desordeiros, se não pudessem ser comprados. Quando a crise de Mossadegh rebentou, tratava-se de apelar às partes certas nos países conturbados, mostrando o seu poder e afugentando aqueles que não podiam ser comprados. Bastava chamar o exército, a marinha, a força aérea e funcionários do governo para se livrarem das pragas. Não foi mais difícil do que esmagar uma mosca. As Sete Irmãs tornaram-se um governo dentro dos governos, na linha da Companhia das Índias Orientais, e ninguém tentou desalojá-las durante muito tempo.

Se se quisesse conhecer a política árabe britânica, bastava consultar a BP e a Shell. Se se quisesse saber sobre a política americana no Médio Oriente, do mesmo modo, bastava olhar para EXXON, ARAMCO, Mobil, etc. ARAMCO tornou-se sinónimo da política dos EUA em relação à Arábia Saudita. De facto, quem poderia imaginar que o Standard Oil of New Jersey iria um dia dirigir o Departamento de Estado? Alguém consegue imaginar qualquer outra empresa ou grupo a usufruir de enormes benefícios fiscais especiais no valor de milhares de milhões de dólares? Já existiu algum grupo tão favorecido como os membros do cartel da indústria petrolífera?

Perguntaram-me muitas vezes porque é que a indústria petrolífera dos EUA, uma vez cheia de promessas e um garante de gasolina barata contínua na bomba, entrou em tal declínio e porque é que os preços da gasolina subiram desproporcionadamente em relação à oferta e procura globais. A resposta é a ganância do cartel do petróleo, as Sete Irmãs. Nenhuma organização ou empresa pode igualar a ganância das Sete Irmãs.

Um destes grupos, EXXON, mesmo tendo registado lucros recorde de 8,4 mil milhões de dólares no primeiro trimestre de 2008, pediu e recebeu concessões e benefícios fiscais ainda maiores. Nem um único cêntimo foi passado ao consumidor sob a forma de preços mais baixos da gasolina na bomba.

Será que o povo americano beneficiou dos lucros obscenos da Mobil, EXXON e Gulf Oil? Não há provas disso. Graças às manobras em Washington, onde, devido à 17ª Emenda, é agora possível comprar e vender senadores e representantes, as companhias petrolíferas nunca mais voltaram a pôr os seus lucros obscenos a baixar o preço do gás no mercado doméstico, nem a explorar e a perfurar petróleo nos Estados Unidos continental. Não é uma história bonita, e a culpa é do Congresso.

A 17ª Emenda alterou as secções 3 e 4 do artigo 1º, que diziam respeito ao facto de os povos dos Estados já não poderem escolher os seus senadores. Isto significava agora que os senadores eram eleitos por voto e, com o potencial de abuso das doações de campanha, abriu uma caixa de Pandora.

Nós, o povo, somos também culpados por permitir que este estado de coisas continue. O consumidor americano é continuamente confrontado com o aumento dos preços da gasolina na bomba, enquanto os cofres das Sete Irmãs crescem cada vez mais, a indústria petrolífera envolve-se na goivagem de preços e em todo o tipo de enganos para enganar o povo americano, e o povo americano deita-se e deixa a indústria petrolífera atropelá-lo. Seja qual for a sua perspectiva - e alguns apologistas tentam confundir a questão comparando os preços da gasolina nos EUA e na Europa (uma comparação inválida) - só pode concluir que a indústria petrolífera nunca se desviou dos princípios e preceitos do velho John D. Rockefeller. Era então, e é agora, uma lei para si mesma. A ganância e o lucro motivaram e governaram a vida do velho John D. e pouco mudou desde o seu apogeu. Os lucros obtidos "a montante" em lugares como Aruba e Bahrein são mantidos longe do consumidor americano.

John D. aconselhou os seus filhos a nunca fazer amizade ou 'confraternizar' com outros, mantendo assim os aspirantes a independentes fora do negócio do petróleo. No entanto, ele não hesitou em quebrar a sua regra de "não amizade" quando viu uma vantagem.

Por exemplo, ele se encantou com Henry Flagler, o magnata dos caminhos-de-ferro que abriu a Flórida. Sendo um homem de negócios nato, John D. percebeu cedo que o seu ponto de entrada no negócio do petróleo era a refinação e distribuição do produto acabado. A sua amizade com Flagler era para este fim, para assegurar o controlo da refinação e da distribuição, e ele ganharia. Secretamente, ao ponto da paranóia, John D. fez um acordo confidencial com Flagler para que fossem concedidos descontos especiais de transporte às suas empresas. Desta forma, Rockefeller foi capaz de reduzir a "concorrência" e colocar vários dos seus rivais fora do negócio.

A "livre iniciativa" não era algo que John D. se preocupasse, e preocupava-se ainda menos com as pessoas que arruinou devido às suas práticas injustas. O credo de Rockefeller deveria ser totalmente impiedoso com os seus rivais. O segredo era outro dos seus princípios e ele viveu por estes dois "guias" durante toda a sua vida. Foram necessários apenas 7 anos de práticas implacáveis para eliminar a maioria dos concorrentes e permitir que John D. criasse a Standard Oil Company of California.

Em 1870, o Standard controlava 10% do mercado petrolífero dos EUA, um feito espantoso. Ao optar por seguir a forma desonesta de fazer negócios da Rockefeller, os caminhos-de-ferro venderam efectivamente o público e colocaram-se no bolso de John D. A Associação Central controlava as tarifas ferroviárias. A Associação Central controlava as tarifas ferroviárias, e as outras companhias petrolíferas que aderiram tiveram de pagar um dólar superior para entrar, mas obtiveram descontos nas tarifas ferroviárias. Aqueles que não queriam jogar o jogo foram para a parede.

O livro da autora/professora/jornalista Ida Tarbell, "The History of the Standard Oil Company", dá um relato claro e conciso das tácticas extremamente dúbias utilizadas por John D., e foi a sua conduta básica que lhe valeu o ódio e inimizade da maioria dos independentes, um ódio que a Standard Oil foi capaz de varrer para o lado e ignorar porque, em 1970, John D. tinha estabelecido mercados para os seus produtos petrolíferos na Europa, sendo responsável por uns espantosos 70% dos negócios da Standard. Ter um monopólio virtual significava que a opinião pública contava muito pouco.

A fim de eliminar os seus rivais, Rockefeller criou um exército privado de espiões que, em número - para não mencionar as capacidades - excedeu em muito tudo o que os governos dos países em que a Standard operava pudessem reunir. Diz-se nos círculos de inteligência que "nem sequer um pardal espirra sem que John D. o saiba". Embora fosse suposto ser um baptista rigoroso, esta era uma paródia da Bíblia, onde se diz que não cai um pardal no chão sem que Deus o veja, e que se destinava a troçar da Bíblia, o que João D. gostava de fazer.

Mas a marcha de Rockefeller através do continente norte-americano para os mercados estrangeiros não passou despercebida, apesar dos métodos encobertos de John D. Lloyd, que havia uma corporação, aparentemente acima do governo local, estatal e federal e das leis dos Estados Unidos, uma corporação que "declarou a paz, negociou a guerra, reduziu os tribunais, legislaturas e estados soberanos a um nível que nenhuma agência governamental poderia conter". Milhares de cartas furiosas foram derramadas no Senado, resultando na promulgação da Lei Anti-Trust Sherman. Mas os seus termos são tão vagos (provavelmente de forma deliberada) que é fácil evitar o cumprimento, especialmente com um cliente escorregadio como John D. Rapidamente se tornou evidente que John D. exerceu uma enorme influência no Senado dos EUA. A Lei Sherman Antitrust revelou-se pouco mais do que um exercício de relações públicas, cheio de regras, mas sem poder. Finalmente, as coisas mudaram em 1907 quando a lei foi invocada numa acção judicial do Departamento de Justiça dos EUA, intentada pelo advogado Frank Kellogg.

Durante o julgamento, Rockefeller tomou posição no seu espírito público, descrevendo-se a si próprio como um benfeitor da humanidade e especialmente dos cidadãos americanos. Quando pressionado por Kellogg para explicar as suas muitas transacções irregulares, John D. respondeu que ele "não se lembra".

A 11 de Maio de 1911, o Presidente do Supremo Tribunal Whyte tomou a sua decisão: Standard teve de se livrar de todas as suas filiais no prazo de seis meses. Rockefeller, como habitualmente, contratou um verdadeiro exército de advogados e jornalistas para explicar que o negócio do petróleo não podia ser gerido como outras empresas. Em suma, tinha de ser tratada como uma entidade especial à maneira de Rockefeller.

Para mitigar o efeito da decisão do juiz Whyte, Rockefeller criou um sistema de patrocínio inspirado pelos tribunais reais de Inglaterra e Europa, associado a fundações filantrópicas concebidas para proteger o império e a fortuna de Rockefeller da futura lei do imposto sobre o rendimento, que o seu exército de espiões e senadores comprados o tinham avisado que estava a chegar e que, de facto, foi promulgada em 1913 de forma tão rotunda que desafiou a lógica e a razão.

CAPÍTULO 13

John D. Rockefeller, os irmãos Nobel, Rússia

Que o CFR deve a sua existência a John D. e Harold Pratt não está em dúvida. É um mal formidável, parte do caso contra a indústria petrolífera que, com milhares de milhões de dólares e a ajuda do CFR, conseguiu tomar o controlo desta nação que desde então tem governado.

Outros seguiram o plano Rockefeller, incluindo a Occidental Petroleum, empresa da Armand Hammer, que foi a principal responsável pela adopção do Tratado das Forças Nucleares de Interesse Intermédio, negociado pelo "gémeo siamês" Kissinger de David Rockefeller, cuja ligação contínua ao seu mentor se tornou evidente após a descoberta dos ficheiros Bamberg acima mencionados. O tratado INF foi uma das traições mais ultrajantes aos interesses dos EUA. Existem sem dúvida outros tratados de traição, mas na minha opinião, o Tratado INF ultrapassou-os a todos.

A desonestidade de John D. continua a ser sentida na política dos EUA em relação a uma série de nações, e a influência perniciosa das suas companhias petrolíferas permanece até aos dias de hoje. Em 1914, o "governo secreto Rockefeller" é referido nos Registos do Congresso. Foi no mesmo ano que o "Grande Homem" (Winston Churchill) teve a mortificação de ter a sua oferta para fazer uma "caiada" em John D. rejeitada, porque o preço pedido de 50.000 dólares foi considerado "demasiado elevado". Churchill anunciou então com tristeza: "Duas corporações gigantescas controlam virtualmente a indústria petrolífera mundial". Referia-se, evidentemente, à Shell e ao Standard Oil. A primeira empresa foi fundada por Marcus Samuel, que costumava fazer caixas decorativas para a realeza das conchas, daí o nome "Shell Oil Company". Samuel tinha começado a sua carreira de transporte de carvão para o Japão, mas quando viu a luz, mudou para o petróleo. A mudança provou ser extremamente benéfica.

Em 1873, o czar russo, mal aconselhado por um grupo de traidores que se tinham infiltrado no seu círculo interno, concedeu uma concessão à Companhia Dinamite Nobel para explorar petróleo no Cáucaso. Os filhos Nobel, Albert, Ludwig e Robert, entraram na brecha, financiada pelos bancos franceses Rothschild, um movimento que acabou por estrangular as finanças da Rússia e levou à revolução bolchevique.

Nobel, Rockefeller, Rothschild e as suas empresas e bancos violaram a Rússia, drenaram-na dos seus recursos, e depois entregaram-na às hordas bolcheviques para completar a destruição do que sempre tinha sido um país belo, nobre e cristão.

A participação da indústria petrolífera na violação da Rússia cristã pelos bolcheviques e a sua queda na era negra da escravatura é uma acusação importante contra este governo dentro do governo, e não pode ser posta de lado de ânimo leve. É uma acusação de que a indústria petrolífera nunca foi chamada a responder.

Após o seu sucesso na Rússia, com o Standard a ter praticamente tomado conta dos campos romenos, John D. voltou a sua atenção para o Médio Oriente. A primeira a ser atingida foi a antiga Companhia Petrolífera Turca. Os britânicos ofereceram a John D. uma participação de 20% na sua parceria turca, o que a Exxon aceitou. Depois as multinacionais gananciosas começaram a olhar para o Iraque, e a Mobil, a Exxon e a Texaco logo se mudaram para o país. O acordo era para uma parceria igualitária, mas os iraquianos foram enganados desde o início. Nos termos do acordo de San Remo, o Iraque deveria ter uma participação de 20% no consórcio, mas na realidade não obteve nada. Assim começou o profundo desgosto e medo das companhias petrolíferas britânicas e americanas que se espalharam por todo o mundo. A Exxon canalizou o dinheiro através de uma empresa de fachada suíça para esconder o seu envolvimento. Os soviéticos, ocupados no Iraque e no Irão, saudaram a chegada das empresas americanas. Anos mais tarde, Henri Deterding, o CEO da Shell, acusou a EXXON de estreita colaboração com os bolcheviques, facto amplamente apoiado pelos documentos de inteligência do MI6 na posse de Lord Alfred Milner. Deterding declarou que EXXON sempre apoiou os bolcheviques, com muitos dos seus programas concebidos especificamente para favorecer o governo comunista. EXXON, no verdadeiro estilo de John D., bateu as escotilhas e sobreviveu à tempestade de críticas as acusações geradas nos EUA. Quanto a Deterding, por causa das suas revelações, que prejudicaram a indústria petrolífera, foi colocado na lista negra e caiu de graça.

Nos documentos relacionados com a campanha da Rússia Branca para derrotar o Exército Vermelho, que se encontram nos arquivos Whitehall, é revelado que os generais da Rússia Branca, Wrangle e Deniken, foram prometidos pela Standard Oil que se conseguissem expulsar o Exército Vermelho dos ricos campos petrolíferos de Baku, receberiam um apoio substancial do governo dos EUA.

A tarefa foi cumprida pelas forças militares da Rússia Branca. De facto, esmagaram o Exército Vermelho, conduzindo-o de volta aos próprios portões de Moscovo. Mas em vez de receber dinheiro e armas como prometido, Lloyd George, o representante pessoal do Departamento de Estado dos EUA, e William Bullit, o Primeiro-Ministro britânico, agindo sob as instruções do Comité de 300 através do seu Conselho de Relações Externas (CFR), tiraram o tapete de debaixo dos exércitos da Rússia Branca, deixando-os sem dinheiro, sem armas, e sem outra escolha que não fosse a de dissolver.

O boicote de munições às forças brancas russas foi uma conspiração do CFR, liderada por Lloyd George, e garantiu o colapso da única força militar capaz de destruir o Exército

Vermelho e acabar com o regime bolchevique na Rússia, mas não era o que a Grã-Bretanha imperial e um parceiro americano tinham em mente.

Porque é que Bullit e Lloyd George apunhalaram os exércitos da Rússia Branca pelas costas? Porque é que, quando o Exército Vermelho estava a encarar a derrota, quando a revolução bolchevique estava em perigo iminente de colapso, os governos americano e britânico agiram de forma tão traiçoeira? Nos documentos que já referi, que se encontram no Gabinete de Guerra em Whitehall, Londres, revela-se que o CFR queria fazer um acordo para manter Lenine no poder, em troca de uma concessão única para o petróleo proveniente dos vastos campos russos. Eles pensavam que Lenine tinha mais probabilidades de fazer um acordo do que os generais brancos russos. Esta fraude, esta traição, foi o que ajudou os bolcheviques a regressar da beira da derrota para se tornarem uma força poderosa capaz de subjugar a Rússia à custa da vida de milhões dos seus cidadãos.

Quando a Grã-Bretanha reconheceu oficialmente o governo bolchevique em 1924, estava na condição de um funcionário assinar um acordo com a British Petroleum (BP), garantindo enormes extensões de terras petrolíferas para exploração por interesses britânicos. As bases para este acordo tinham sido lançadas por Sydney Reilly, um agente britânico do MI6, durante a revolução bolchevique. Reilly tinha sete passaportes com diferentes nomes oficiais MI6 e representava Lord Alfred Milner, que era em grande parte responsável pelo financiamento da revolução bolchevique, mais directamente do que o governo britânico.

Da mesma forma, o US Standard Oil assinou acordos semelhantes com o imperialista Lenine. Para dar a impressão de que os EUA e a Grã-Bretanha estavam realmente a lutar contra a ascensão dos bolcheviques, uma força expedicionária aliada foi enviada para Arcanjo, no extremo norte da Rússia. As suas tropas apenas se encontravam no seu quartel, excepto uma vez, quando fizeram uma marcha cerimonial pelas ruas do Arcanjo, após a qual a chamada força expedicionária embarcou num navio e partiu para casa.

O único homem de princípios do consórcio foi Deterding, que se recusou categoricamente a trabalhar com os bolcheviques. Sobre a questão da traição dos russos brancos e o negócio do petróleo bolchevique, Deterding disse:

> Penso que um dia todos se arrependerão de ter lidado com estes ladrões.

Não admira que Deterding tenha sido relegado para a obscuridade! A história irá julgar se as suas palavras foram proféticas, e não estamos a falar da história escrita pelos chamados historiadores que foram pagos por Rockefeller. A fim de evitar uma futura competição, que Rockefeller disse ter a certeza de que aconteceria, foi realizada uma reunião secreta a 18 de Agosto de 1928 no Castelo de Achnacarry, na Escócia, nas reservas do Conde de Achnacarry. O encontro foi organizado pela Anglo-Iranian Oil Company (mais tarde denominada British Petroleum-BP) e contou com a participação de executivos da Standard, Shell, Anglo-Iranian Oil Company e Mobil. Deterding participou como representante da Royal Dutch Shell, mas a sua vida foi transformada em inferno por Rockefeller, que não fez segredo do seu ódio ao homem que se tinha oposto publicamente aos seus negócios petrolíferos com os bolcheviques.

A Anglo-Iraniana Oil Company elaborou a agenda que foi assinada por todas as partes a 17 de Setembro de 1928. O único objectivo dos imperialistas achnacarry era dividir o comércio mundial de petróleo em "esferas de interesse", que as majors controlariam, o que na realidade significava que tudo devia ser deixado "como está".

O acordo de Yalta que se seguiu em 1945 foi baseado no acordo de Achnacarry, e os "três grandes" conseguiram implementar este acordo até 1952. O acordo Achnacarry violou as leis anti-monopólio dos EUA Sherman, e mais do que isso, mostrou que os gigantes do petróleo eram suficientemente poderosos para fixar preços e atribuir fornecimentos, independentemente do que os governos legítimos do mundo dissessem.

O consumidor americano beneficiou do acordo de 28 anos da Achnacarry? A resposta é não. De facto, os consumidores americanos foram vítimas de preços mais elevados numa altura em que os preços poderiam ter sido significativamente reduzidos. Na verdade, o acordo Achnacarry foi uma conspiração gigantesca contra as leis antitrust dos EUA com a intenção de defraudar os consumidores em todo o mundo, mas foi o consumidor americano que suportou o peso da fixação de preços.

Se alguma vez houve um caso criminoso flagrante à espera de ser processado, foi este. Mas, aparentemente, havia apenas alguns homens corajosos no Departamento de Justiça dos EUA dispostos a enfrentar os gigantes da indústria que "arrancaram" consistentemente o consumidor americano ao longo da sua longa história. Para seu crédito, "os poucos" do Departamento de Justiça tentaram ir atrás do cartel, mas os seus esforços foram bloqueados por Eisenhower e Truman.

O facto de os "Três Grandes" estarem a receber petróleo barato de todo o mundo apenas acrescentava insulto aos ferimentos. A "grande mão" do velho John D. estava em todo o lado, e com o passar do tempo, os homens honestos da indústria petrolífera tornaram-se cada vez mais difíceis de encontrar.

Mas o pior ainda estava para vir. Não satisfeitas com os seus lucros inflacionados, as Três Grandes empresas procuraram e obtiveram agora concessões fiscais dos EUA com a ajuda de altos funcionários do Departamento de Estado. As companhias petrolíferas argumentaram que o seu estatuto especial se justificava porque

"estamos a seguir a política dos EUA em relação a estes países".

A sua reivindicação vai ainda mais longe:

"Estamos a ajudar a manter os pontos quentes frescos, enquanto que uma intervenção directa dos EUA nestes pontos quentes só iria piorar a situação, um executivo disse à Comissão dos Negócios Estrangeiros do Senado em 1985. Veremos como este argumento não se sustenta.

O principal empurrão de EXXON depois de Baku ter entrado na Arábia Saudita. Everette Lee De Goyler tinha dito em 1943:

> "Este petróleo nesta região (Arábia Saudita) é o maior preço da história".

Sob o pretexto de ajudar o clã reinante Abdul Azziz a combater a ameaça israelita, EXXON conseguiu estabelecer a sua posição, assegurando que os interesses da Arábia Saudita não fossem minimizados pelo formidável e ameaçador lobby israelita em Washington.

O Departamento de Estado desempenhou o seu papel dizendo ao Rei Ibn Saud que os EUA manteriam uma política imparcial em relação ao Médio Oriente se os sauditas trabalhassem com a EXXON. Evidentemente, o rei concordou com este acordo nefasto. Como um "quid pro quo", EXXON pagou a modesta soma de 500.000 dólares para garantir direitos exclusivos ao petróleo saudita! No entanto, nem a EXXON nem o Departamento de Estado conseguiram cumprir a sua promessa de manter a imparcialidade da política do Médio Oriente de Washington devido ao clamor do lobby israelita. Esta situação não se enquadrava bem com os sauditas que se tinham oposto amargamente à criação de Israel como Estado em 1946. O Senador Fulbright tinha sempre adoptado uma abordagem não partidária e era geralmente capaz de manter a sua posição, mesmo quando as coisas ficavam difíceis em Washington. No entanto, quando Fulbright foi nomeado para Secretário de Estado, o lobby sionista juntou-se à Exxon para cancelar a nomeação, que foi para Dean Rusk, um inimigo das nações árabes e um imperialista da pior espécie. Como resultado, a política externa dos EUA em relação aos países árabes/muçulmanos do Médio Oriente, sempre terrivelmente desequilibrada e totalmente enviesada a favor de Israel, tornou-se muito mais pró-israelita.

A família real saudita exigiu então uma taxa anual da Exxon para manter a concessão, que atingiu 50 milhões de dólares no primeiro ano da sua implementação. À medida que a produção barata de petróleo saudita atingia alturas vertiginosas, a "concessão fiscal dourada" cresceu em proporção, e continua a ser até hoje uma das maiores fraudes de proporções monumentais. Ao abrigo de um acordo com o Departamento de Estado, EXXON (ARAMCO) é autorizado a deduzir os subornos dos seus impostos americanos, com o fundamento de que o suborno é um pagamento legítimo do "imposto de renda saudita"!

Foi de facto um enorme pagamento de ajuda externa à Arábia Saudita - embora não registada como tal - para que o EXXON pudesse continuar a produzir e exportar petróleo saudita barato. Seis anos após a utilização da brecha fiscal, Israel começou a reclamar a sua parte dos despojos, acabando por receber cerca de 13 milhões de dólares, graças aos contribuintes americanos. O montante total da ajuda externa de Israel proveniente dos EUA é actualmente de cerca de 50 mil milhões de dólares por ano. Os contribuintes americanos, que pagam a conta, obtêm algum benefício com este acordo, tal como preços mais baixos do gás na bomba? Afinal, uma vez que o petróleo saudita é tão barato, não deveria o benefício ser transferido para o cliente? A resposta é "não no que diz respeito à ARAMCO".

Os consumidores americanos não receberam qualquer benefício. Pior, o preço do petróleo nacional sofreu um enorme aumento do qual nunca recuperou, pois o petróleo bruto barato do Médio Oriente matou todos os esforços locais para tornar a energia dos EUA independente ao produzir mais petróleo e gás a partir de fontes americanas, tais como os campos do Árctico.

CAPÍTULO 14

Nixon fecha a janela de ouro

Muitas das pequenas empresas independentes de exploração petrolífera, os "gatunos selvagens", foram forçados a abandonar o negócio devido ao aumento dos impostos e a um labirinto de novas e mais rigorosas medidas para restringir as suas actividades. A oportunidade de aumentar os preços da gasolina na bomba veio com a mini-recessão de 1970, no final do mandato do Presidente Nixon. A economia americana estava em recessão e as taxas de juro foram drasticamente reduzidas, provocando uma alarmante fuga de capitais estrangeiros. O Presidente Nixon, a conselho de Sir Sigmund Warburg, Edmond de Rothschild e outros banqueiros da cidade de Londres no 'Comité dos 300', decidiu fechar a janela de ouro dos Bancos da Reserva Federal.

A 15 de Agosto de 1971, Nixon anunciou que os dólares americanos deixariam de ser trocados por ouro. A disposição central da Conferência de Bretton Woods foi destruída. A desmonetização do dólar fez disparar o preço da gasolina na bomba.

De acordo com provas apresentadas ao Comité de Audições Multinacionais em 1975, as majors petrolíferas americanas estavam a realizar quase 70% dos seus lucros no estrangeiro, sobre os quais não tinham de pagar qualquer imposto de rendimento americano. Com a maioria dos seus negócios feitos "a montante" (em países estrangeiros), as majors dos EUA não estavam prestes a investir capital significativo na perfuração e exploração locais, sobre os quais teriam de pagar impostos.

Porquê gastar dinheiro para explorar e explorar campos petrolíferos nos EUA quando o produto pode ser obtido, livre de impostos e a um preço mais baixo, na Arábia Saudita? Porquê permitir que pequenos operadores independentes explorem o petróleo e encontrem vilayets significativos, o que iria inevitavelmente reduzir os lucros das Sete Irmãs? EXXON fez o que faz de melhor. Voltou-se para os membros cumpridores do Congresso e exigiu (e conseguiu) um pesado imposto sobre a exploração petrolífera nos EUA continentais.

Os consumidores americanos têm continuado a subsidiar as majors imperialistas em países estrangeiros, enquanto pagam preços artificialmente elevados na bomba, o que, quando se adiciona o custo de todos os impostos escondidos, faz da gasolina americana uma das mais caras do mundo, uma situação chocante e criada artificialmente que deveria ter sido eliminada há décadas. A imoralidade deste arranjo é que se as majors não tivessem sido tão gananciosas, poderiam ter produzido e vendido mais gasolina nos Estados Unidos a um preço muito reduzido. Na nossa opinião, a forma como a indústria petrolífera encorajou uma prática ilegal expô-la a acusações criminais de conspiração para defraudar o consumidor americano.

Em 1949, o Departamento de Justiça dos EUA apresentou acusações criminais contra o "cartel petrolífero internacional", que incluía as principais companhias petrolíferas americanas, mas antes de o caso chegar muito longe, Truman e Eisenhower intervieram e forçaram o Departamento de Justiça a reduzir as acusações a um processo civil.

Quando as taxas de câmbio flutuantes atingiram o mundo económico, os Estados árabes produtores de petróleo exigiram e obtiveram a promessa de um preço fixo para o petróleo, para que não sofressem inesperadamente uma queda acentuada nas suas receitas petrolíferas devido às flutuações cambiais. As majors cumpriram com a manipulação do preço da gasolina. Assim, as companhias petrolíferas pagaram impostos sobre um preço artificial, que não era o preço real de mercado, mas que foi compensado pelos impostos mais baixos que pagaram nos EUA, uma vantagem de que nenhuma outra indústria nos EUA alguma vez usufruiu. Isto permitiu que a EXXON e a Mobil, bem como as outras majors, pagassem em média apenas 5% de imposto, apesar dos enormes lucros que estavam a obter. Do acima exposto resulta claro que não só as grandes companhias petrolíferas estavam a roubar o contribuinte americano - e continuam a roubar os consumidores por tudo o que valem - como estavam a implementar a política externa imperialista dos EUA, actuando como financiadores de países estrangeiros, cujo petróleo compraram a preços de saldo. Este acordo colocou as grandes companhias petrolíferas acima da lei, dando-lhes uma posição a partir da qual poderiam ditar constantemente aos governos eleitos. Como foi alcançada esta enorme vitória sobre o consumidor americano? Para responder a esta pergunta, devemos olhar para a reunião secreta realizada na ilha de Saltsjöbaden, propriedade dos Wallenbergs suecos, membros do Comité dos 300. Em Maio de 1973, o Grupo Bilderberg realizou uma reunião secreta em que participaram Sir Eric Roll, de Warburg, Giani Agnelli, do conglomerado Fiat, Henry Kissinger, Robert O. Anderson da Atlantic Richfield Oil Company, George Ball da Lehman Brothers, Zbignew Brzezinski, Otto Wolf von Armerongen e David Rockefeller. O objectivo da reunião era como desencadear um embargo petrolífero global para aumentar os preços do petróleo em até 400%.

A reunião de Saltsjöbaden foi certamente um ponto alto para o Comité dos 300, pois nunca antes poucos tinham controlado o futuro económico de todo o mundo. As medidas que decidiram tomar para alcançar o seu objectivo de um aumento de 400% das receitas petrolíferas, e o enorme impulso resultante para o dólar, não são conhecidos, excepto para aqueles que participaram na reunião. Mas o resultado das suas deliberações não demorou muito a chegar.

Apenas seis meses mais tarde, a 6 de Outubro de 1973, o Egipto e a Síria lançaram uma guerra contra Israel, a chamada guerra "Yom Kippur". Deixemos de lado de momento todas as razões ostensivas para o ataque a Israel e vamos para os bastidores. Pelo que pudemos descobrir ao ler uma série de despachos e relatórios, é quase certo que Henry Kissinger orquestrou a eclosão da guerra a partir de Washington através dos canais traseiros. É bem conhecido que Kissinger era muito próximo do embaixador israelita em Washington, um certo Simcha Dinitz. Ao mesmo tempo, Kissinger estava a trabalhar nas suas relações egípcio-sírias. Kissinger utilizou a fórmula mais antiga do mundo: distorceu deliberadamente os factos para ambos os lados.

A 16 de Outubro de 1972, a OPEP reuniu-se em Viena e anunciou ao mundo que estava a aumentar o preço do seu petróleo de $1,50 para $11 por barril e que iria boicotar os Estados Unidos devido ao seu favorecimento flagrante e contínuo em relação a Israel. A Holanda foi apontada para um ataque especial porque é a localização dos principais portos petrolíferos da Europa. Os conspiradores Bilderberg atingiram o seu objectivo. Se olharmos para os preços do petróleo de 1949 a 1970, vemos que o preço de um barril de petróleo bruto aumentou apenas cerca de 1,89 dólares. Em Janeiro de 1974, o preço do petróleo bruto tinha aumentado 400%, o objectivo do Grupo Bilderberg em Saltsjöbaden.

Há poucas dúvidas de que Henry Kissinger, em nome do Grupo Bilderberg, orquestrou e executou o plano elaborado no retiro de Wallenberg, enquanto culpava os produtores árabes e da OPEP pelo aumento de 400% dos preços do petróleo bruto, enquanto o consumo mundial de petróleo aumentou 5,5 vezes desde 1949. O senador "Scoop" Jackson apelou ao desmantelamento e desinvestimento imediatos das grandes companhias petrolíferas, chamando "obsceno" aos seus lucros.

Depois voltamo-nos de novo para o México e para o muito odiado Henri Deterding da Shell, que comprou algumas das concessões de Cowdrey (que John D. tinha rejeitado por achar que não valiam muito de qualquer forma). Este foi o início das práticas corruptas das companhias petrolíferas, apoiadas por um governo cujos funcionários eram muito sensíveis aos subornos.

O petróleo foi descoberto no México pelo magnata britânico da construção Weetman Pearson, que já conhecemos antes. Pearson não estava realmente no negócio do petróleo, mas descobriu-o por acaso após uma visita a Laredo, Texas, de acordo com o seu relato dos acontecimentos. O Presidente mexicano Porfirio Diaz deu a Weetman o direito de prospecção (em privado) e o empresário britânico instalou o seu equipamento de perfuração em terrenos que se crê conterem enormes reservas de petróleo, ao lado de onde o velho John D. tinha apresentado as suas reivindicações. John D., sempre rápido a odiar, começou então a dinamitar as reivindicações de Weetman e a incendiar os seus poços. Todos os truques sujos ensinados por William "Doc" Avery foram imediatamente usados contra o seu rival. Mas Weetman cumpriu a sua tarefa, e pela primeira vez na sua vida, Rockefeller foi frustrado. Tendo obtido o controlo de todos os recursos petrolíferos dos Estados Unidos, Rockefeller não gostou. A sua máscara de filantropia benevolente, exibida no tribunal do Juiz Whyte, cai, revelando a fealdade total do carácter do homem, um rosto moldado em impiedosa rapacidade.

Weetman era mais esperto que Rockefeller, o que o fez calcular mal. "Penso que os campos petrolíferos mexicanos são demasiado caros", disse a Avery, mas pouco sabia ele que a sua avaliação da situação mexicana estava muito errada. Mas nos bastidores, o serviço de inteligência privado de Rockefeller estava determinado a criar o máximo de problemas para Weetman, e agitação e derramamento de sangue para o povo mexicano.

O governo britânico promoveu Weetman à Câmara dos Lordes em reconhecimento do seu trabalho nos campos petrolíferos mexicanos para o seu país, e para a construção de bombardeiros para o Royal Flying Corps (RFC) durante a Primeira Guerra Mundial. Era um grande amigo de Sir Douglas Haig, que iniciou o programa do Royal Flying Corps (RFC). A partir daí ficou conhecido como Lord Cowdrey. Logo se tornou amigo íntimo do recém-eleito Presidente Woodrow Wilson.

Irritado por ter sido espancado, John D. começou a exercer uma enorme pressão sobre Wilson. O Standard Oil queria voltar ao jogo, e se tivesse de usar os militares dos EUA para o fazer, que assim fosse. Isto foi imperialismo no seu pior, com as companhias petrolíferas a utilizarem o exército americano como o seu próprio exército privado, como vimos quando o Presidente Bush ordenou mais tarde a invasão do Panamá e do Iraque.

No México, o exército de inteligência privada de Rockefeller fomentava a agitação 24 horas por dia e, para agravar a crise iminente, o México elegeu o General Huerto como seu novo presidente. No seu manifesto eleitoral, Huerto tinha prometido que recuperaria o controlo do petróleo mexicano para o seu povo. Através de Lord Cowdrey, o governo britânico pediu a Wilson que procurasse ajuda americana para se livrar do animado Huerto. A Grã-Bretanha e os Estados Unidos uniram forças "contra o inimigo comum", como disse Cowdrey, enquanto bombeavam o máximo de petróleo bruto que podiam, noite e dia, antes de o balão voar. Mas foram os Estados Unidos que causaram mais danos ao México, mergulhando o país numa série de guerras civis, erradamente chamadas "revoluções", e derramando desnecessariamente o sangue de centenas de milhares de mexicanos, para que os imperialistas estrangeiros pudessem reter o controlo dos recursos naturais do México. O México foi flagelado por amarguras e conflitos, mas durante todo o tempo Cowdrey foi ficando cada vez mais rico. O seu império pessoal incluía Lazard Frères, o banco internacional e corretora, Penguin Books, The Economist e o Financial Times de Londres, todos construídos sobre o sangue e lágrimas do povo mexicano e o sangue de milhões de mortos na Primeira Guerra Mundial, que não poderiam ter sido combatidos se o petróleo mexicano não tivesse sido utilizado. O povo mexicano foi assaltado às cegas, primeiro por Cowdrey e depois pela Shell, que comprou o interesse do bilionário no México em 1919, no final da Primeira Guerra Mundial, quando Cowdrey, gravemente ferido pela morte do seu filho na Primeira Guerra Mundial, decidiu que tinha ganho dinheiro suficiente para se reformar.

Seguiu-se uma guerra civil (chamada "revolução" na imprensa britânica e americana) enquanto o povo mexicano procurava recuperar o controlo dos seus recursos naturais. Enquanto

Cowdrey vivia em total luxo, os trabalhadores mexicanos do petróleo estavam em pior situação do que os escravos do Faraó, amontoados numa miséria negra e esquálida em "cidades" petrolíferas indescritíveis, constituídas pelas barracas mais esquálidas sem saneamento ou água.

Em 1936, 17 países estrangeiros estavam ocupados a bombear o petróleo que por direito pertencia ao México. Finalmente, como os trabalhadores mexicanos do petróleo estavam à beira da revolta contra os seus empregadores por causa das suas condições, o Presidente mexicano Lazaro Cardenas exigiu tardiamente melhores condições e salários para eles. Na América, a imprensa anunciou que "o comunismo estava a tentar apoderar-se do México".

As 17 empresas infractoras recusaram-se a ceder às justas exigências dos trabalhadores, e a Cardenas nacionalizou então todas as empresas petrolíferas estrangeiras, como ele tinha o direito de fazer. Tal como tinham feito com o Irão, quando a brutal agressão de Churchill arruinou a economia ao instituir um boicote mundial ao petróleo iraniano, os governos britânico e norte-americano anunciaram que aplicariam um embargo contra qualquer pessoa que enviasse petróleo para fora do México. A PEMEX, a empresa nacional que dirige a indústria petrolífera, foi tão perturbada pelo boicote que se tornou totalmente incompetente e, como o boicote continuou, os empregados da PEMEX começaram a sucumbir ao suborno e à corrupção. Todos estes delitos foram obra do exército privado de agentes e espiões de Rockefeller, que estavam por toda a parte. Em 1966, vários escritores proeminentes procuraram expor o papel desempenhado pelos imperialistas britânicos e americanos no México. Cowdrey contratou então Desmond Young, um escritor proeminente da época, para preparar uma calada das suas actividades, pela qual Young foi pago o preço de entrada para prostitutas.

Para regressar à Europa, pouco antes da Segunda Guerra Mundial. Em 1936, os comunistas tentaram conquistar a Espanha. Foi o seu grande prémio depois de capturarem a

Rússia. Texaco, vendo um vento de sorte, ao lado do General Franco. Os seus petroleiros, carregados com petróleo mexicano, foram desviados para portos espanhóis controlados por Franco.

É aqui que entra Sir William Stephenson, o homem que conspirou para assumir os serviços secretos dos EUA durante a Segunda Guerra Mundial e que mais tarde organizou o assassinato do Presidente John F. Kennedy. Stephenson descobriu o acordo petrolífero Texaco-Franco e apressou-se a contar a Roosevelt sobre o mesmo. Como é costume do governo secreto dos EUA - e há uma longa história disto - quando os governos de direita estão envolvidos numa luta de vida ou morte contra as forças comunistas que tentam derrubá-las (como em Cuba), o CFR ou adopta uma posição de neutralidade, ao mesmo tempo que mina secretamente o governo legítimo e apoia as forças comunistas, ou toma abertamente partido pelas forças insurrectas (como em Espanha e, mais tarde, na África do Sul).

Na guerra espanhola contra o comunismo, conhecida como a Guerra Civil Espanhola, a América era oficialmente 'neutra'. Mas Roosevelt permitiu que o CFR fornecesse secretamente dinheiro, armas e munições aos comunistas contra quem Franco estava a lutar. Quando Stephenson galopou para o seu escritório com as "más notícias", Roosevelt ficou muito zangado e indignado ao ordenar à Texaco que respeitasse as leis de neutralidade e parasse o fornecimento de petróleo a Franco.

Contudo, Roosevelt não impediu o fluxo de dinheiro, armas e alimentos para os comunistas. Também não ordenou aos bolcheviques que não recrutassem homens nos Estados Unidos para lutar pelos comunistas em Espanha.

Os comunistas logo começaram a recrutar voluntários americanos para lutar na "Brigada Abraham Lincoln", em oposição a Franco. Roosevelt não fez qualquer tentativa para processar os responsáveis. Franco nunca foi perdoado por ter esmagado a tentativa comunista de aquisição da Espanha cristã. Nem jamais será perdoado pelos socialistas que constituem a maior parte do Departamento de Estado dos EUA. Embora não tenha desempenhado um papel importante na Guerra Civil

Espanhola, o Conselho da Reserva Federal, o órgão dirigente dos 12 Bancos da Reserva Federal, foi um actor importante na Primeira e Segunda Guerras Mundiais. Sem ela, não teria havido guerras mundiais, nem guerras da Coreia e do Vietname. Os Bancos da Reserva Federal foram criados pelo Senador Nelson Aldrich, a mando e ao serviço dos Rockefellers. O Senador Nelson Aldrich foi comprado e pago pelos Rothschilds e tornou-se o principal impulsionador do projecto de lei para estabelecer um banco central nos Estados Unidos, em violação do seu juramento de defender e defender a Constituição dos EUA.

É justo dizer que o dinheiro de Rothschild e Rockefeller pagou o custo (legítimo, e em subornos) da criação dos Bancos da Reserva Federal. A filha do Senador Aldrich, Abbey Green Aldrich, casada com John Rockefeller Jr. e Abbey sempre foi muito generosa com os seus donativos às instituições comunistas de esquerda e de extrema-esquerda.

O México e a Reserva Federal são duas outras acusações no caso contra a indústria petrolífera. Os Rockefellers são também acusados de canalizar o seu dinheiro do petróleo para leitos comunistas, tais como o Conselho Mundial de Igrejas e a Igreja Rockefeller Riverside em Nova Iorque. Estas duas instituições de esquerda estiveram na vanguarda da campanha para a destruição da igreja cristã na África do Sul.

A indústria petrolífera tornou-se tão imperialista que, com a ajuda de uma vasta rede de espionagem, muito pouco aconteceu sem que os Rockefellers soubessem disso. Muito pouco depois do fim da Segunda Guerra Mundial, o petróleo começou a fluir dos campos sauditas, enquanto o preço da gasolina subiu de $1,02 para $1,43 o galão, sem qualquer razão económica. A pura ganância da indústria petrolífera custou ao consumidor americano milhares de milhões de dólares, para não falar dos milhares de milhões de dólares que os contribuintes americanos tiveram de fornecer para manter a "gansa dourada".

EXXON não mostrou medo do povo americano ou do governo. O executivo secreto do governo sombra de alto nível, conhecido como Conselho das Relações Exteriores, certificou-se de que ninguém ousava levantar um dedo sobre a EXXON e a sua companhia saudita, a ARAMCO.

Como resultado, a ARAMCO conseguiu escapar com a venda de petróleo à França a $0,95 por barril, enquanto cobrava à Marinha dos EUA $1,23 por barril pelo mesmo petróleo. Foi um roubo sem vergonha e arrogante do povo americano. Mas apesar do encobrimento da imprensa e da rádio, em 1948 o senador Brewster decidiu que tinha informação suficiente para desafiar a indústria petrolífera.

Brewster acusou as majors de agirem de má fé,

> ... com um desejo ganancioso de obter lucros enormes, enquanto procuram constantemente a protecção e apoio financeiro dos Estados Unidos para preservar as suas vastas concessões.

As grandes companhias petrolíferas responderam com um memorando à Brewster, no qual declararam arrogantemente que não deviam nenhuma lealdade particular aos Estados Unidos! O "imperialismo" de Rockefeller nunca foi tão ousadamente exposto na face da América como durante as audições de Brewster.

Para além de considerações geopolíticas, as principais companhias petrolíferas eram também culpadas de simples manipulação de preços. O petróleo árabe barato, por exemplo, tinha o preço mais elevado dos EUA quando vendido para a Europa Ocidental e importado para os EUA. Isto foi feito através das chamadas "tarifas de frete sombra".

Um dos melhores relatórios para lançar muita luz sobre a conduta da indústria petrolífera é o "Cartel Internacional do Petróleo; Um relatório compilado pelo pessoal da Comissão Federal do Comércio".[6] Este relatório incisivo deveria ser exigido para todos os membros da Câmara dos Representantes e

---

[6] "O cartel internacional do petróleo; um relatório compilado pelo pessoal da Comissão Federal do Comércio."

do Senado dos EUA.

Surpreende-me que este relatório tenha visto a luz do dia, e suponho que foi razão suficiente para Rockefeller e os seus conspiradores ficarem muito preocupados. Inspirada pelo falecido senador John Sparkman e cuidadosamente moldada pelo Professor M. Blair, a história do cartel petrolífero remonta à conspiração do Castelo de Achnacarry na Escócia.

CAPÍTULO 15

O senador Sparkman assume o império petrolífero de Rockefeller

O Senador Sparkman não poupou esforços, atacando em particular o império petrolífero Rockefeller. O Professor Blair construiu cuidadosamente, e de forma convincente, o caso contra a indústria petrolífera polegada a polegada, acabando por fornecer provas inatacáveis de que as principais companhias petrolíferas estavam envolvidas numa conspiração para atingir os seguintes objectivos:

- Controlo de todas as tecnologias e patentes relacionadas com a produção e refinação de petróleo.

- Para controlar os oleodutos e petroleiros entre sete companhias, "As Sete Irmãs".

- Partilha dos mercados globais e divisão das esferas de influência.

- Controlar todos os países produtores de petróleo estrangeiros no que diz respeito à produção, venda e distribuição de petróleo.

- Actuar em conjunto e de forma solidária para manter os preços do petróleo artificialmente elevados.

O Professor Blair disse que a ARAMCO era culpada, entre outras coisas, de manter os preços do petróleo elevados enquanto bombeava petróleo na Arábia Saudita a preços incrivelmente baixos. À luz das amplas alegações do Senador Sparkman, o Departamento de Justiça iniciou a sua própria investigação sobre as práticas comerciais da ARAMCO para ver se as leis dos EUA estavam a ser violadas. A Standard Oil e os Rockefellers despacharam imediatamente Dean Acheson, o seu mercenário no Departamento de Estado, para fazer descarrilar a investigação. Acheson, que poderia ter sido acusado de traição, é o melhor, ou talvez o pior exemplo de como o governo dos EUA é subornado e virado de cabeça para baixo pela Big Oil. Isto tem acontecido sempre que existe uma tentativa de investigar conspiradores que desde há muito declararam que não devem nenhuma lealdade particular aos Estados Unidos. Ao comparecer perante uma Comissão Seleccionada do Senado em 1952, Acheson citou os interesses do Departamento de Estado como sendo primordiais na protecção dos interesses de política externa da América no Médio Oriente (admitindo assim tacitamente que a Big Oil estava a dirigir a política externa), Acheson pediu à comissão e ao Departamento de Justiça que suspendessem as suas investigações sobre as negociações da ARAMCO, a fim de não enfraquecer as iniciativas diplomáticas dos EUA no Médio Oriente. Acheson utilizou muito inteligentemente a crise de Mossadegh no Irão para fazer valer o seu ponto de vista, e o Departamento de Justiça cumpriu devidamente. Mas o Procurador-Geral da República conseguiu fazer uma observação aguçada, antes de as portas se fecharem sobre as práticas comerciais não salutares da ARAMCO:

> O comércio de petróleo está nas mãos de poucos. Os monopólios petrolíferos não são no melhor interesse do comércio livre. A livre iniciativa só pode ser preservada protegendo-a de excessos de poder, tanto governamentais como privados.

Mas a reprimenda mais dura do Procurador-Geral foi dirigida ao cartel petrolífero, o que ele disse ser "profundamente prejudicial para os interesses da segurança nacional". Um furioso Rockefeller tomou imediatamente medidas de controlo de danos, utilizando o seu cão de ataque, Acheson, para acusar os procuradores antitrust de serem "cães da polícia da secção antitrust do Departamento de Justiça, que não querem lidar com o Mammon e os injustos". O seu tom era beligerante e bombástico.

Ao alinhar os ministérios da defesa e do interior, Acheson declarou o credo imperialista:

"As empresas (as Sete Irmãs) desempenham um papel vital no fornecimento ao mundo livre do seu bem mais essencial. As operações petrolíferas americanas são, para todos os efeitos práticos, instrumentos da nossa política externa em relação a estas nações".

O golpe de mestre de Acheson foi para levantar o espectro de uma possível intervenção bolchevique soviética na Arábia Saudita:

Não podemos ignorar a importância do papel desempenhado pelas companhias petrolíferas na luta para promover os ideais da antiga União Soviética, nem podemos deixar sem resposta a alegação de que estas companhias estão envolvidas numa conspiração criminosa para a exploração predatória.

A posição de Acheson estava completamente errada. O cartel do petróleo estava, e continua a estar, envolvido em violação imperial predatória dos países produtores de petróleo, e as suas actividades de interferência ou tomada de decisões de política externa baseadas nos seus melhores interesses, são um perigo para as boas relações do mundo árabe e islâmico com os EUA, e ameaçam em vez de proteger os nossos interesses de segurança nacional. Quanto ao arenque vermelho soviético de Acheson, desde a revolução bolchevique, a indústria petrolífera, e os Rockefellers em particular, têm desfrutado de uma relação muito confortável e calorosa com a liderança bolchevique. Quando um dos seus membros, Sir Henri Deterding, fez troça de estar em liga com os bolcheviques, foi-lhe mostrada a porta. Os Rockefellers estavam há muito tempo na cama com os bolcheviques numa relação flagrantemente ilícita e, em qualquer caso, não foi Churchill, com a plena aprovação da indústria petrolífera, que convidou os russos a juntarem-se à invasão do Irão e do Iraque? O poder do cartel do petróleo nunca esteve em dúvida. O Procurador-Geral de Truman tinha avisado anos antes que o mundo devia ser libertado do controlo da indústria petrolífera imperial:

> O cartel mundial do petróleo é um poder de domínio autoritário sobre uma indústria global importante e vital nas mãos de indivíduos. Uma decisão de pôr fim à actual investigação seria vista pelo mundo como uma admissão de que a nossa aversão aos monopólios e às actividades restritivas do cartel não se estende à maior indústria do mundo.

Este é, na sua essência, o meu caso contra a indústria petrolífera. Previsivelmente, Rockefeller e a sua equipa jurídica, especialmente a Acheson, ganharam. Sem nada a perder, ao preparar-se para deixar a Casa Branca, Truman pediu ao Procurador-Geral que desistisse do processo contra o cartel "no interesse da segurança nacional".

CAPÍTULO 16

Kuwait criado a partir de terras iraquianas roubadas

Para agradar ao povo americano, embora não fizesse sentido, Truman declarou que o processo civil seria autorizado a continuar. Mas o estratagema foi revelado pelo que foi, quando as companhias petrolíferas se recusaram a aceitar as intimações. O caso foi silenciosamente arquivado quando Eisenhower e Dulles, dois dos principais servidores do Comité dos 300, os Rockefellers e o CFR, substituíram Truman e Acheson. O palco foi assim preparado para a propagação do cancro do imperialismo do petróleo.

Kermit Roosevelt esteve envolvido desde o início na conspiração para derrubar o Primeiro Ministro Mossadegh. Mesmo quando um processo civil contra os seus senhores corruptos estava a ser preparado em Abril de 1953, o Cocas estava em Teerão a supervisionar o próximo golpe contra Mossadegh, que eclodiu a 15 de Abril e foi bem sucedido. A pobre Mossadegh, sem saber que Rockefeller e Eisenhower estavam em caos, continuou a apelar a Eisenhower, que, sendo o patético brinquedo dos Rockefellers e do cartel petrolífero, nada fez para parar as actividades ilegais da CIA no Irão.

Depois da expulsão de Mossadegh, o Xá regressou ao Irão, mas logo se desiludiu quando descobriu - através do trabalho do Dr. Mossadegh - como as companhias petrolíferas americanas estavam a drenar as reservas de petróleo do Irão e a obter grandes lucros com elas.

Com base no precedente das exigências mexicanas e

venezuelanas, e no grande suborno pago à Arábia Saudita, o Xá pensou que era tempo de exigir uma parte muito maior das receitas petrolíferas do que o Irão tinha recebido. O Xá soube que a indústria petrolífera venezuelana tinha sido corrompida por Juan Vincente Gomez, que tinha sido subornado para permitir a um americano escrever as leis petrolíferas da Venezuela, resultando numa greve desastrosa em Maracaibo em 1922. Mas a informação fornecida pelo Xá deveria ser a sua anulação. As acções civis em Washington contra membros do cartel petrolífero começaram a vacilar, e mesmo quando o Cocas Roosevelt atacou em Teerão, Eisenhower pediu ao seu procurador-geral para chegar a um compromisso entre os tribunais e o cartel petrolífero, um compromisso que ele acreditava ser um sucesso,

> "... protegeria os interesses do mundo livre no Médio Oriente como uma importante fonte de abastecimento de petróleo.

Ainda mais espantosamente, Eisenhower instruiu então o Procurador-Geral a "considerar as leis anti-monopólio secundárias aos interesses de segurança nacional a partir de agora". Não admira que o Ayatollah Khomeini tenha chamado aos EUA "o Grande Satã". No que diz respeito à indústria petrolífera, é um epíteto bem merecido. Actuando sob a bandeira dos EUA imperialistas, Eisenhower deu carta branca ao cartel do petróleo para fazer o que lhe apetecesse.

Khomeini teve o cuidado de dizer que o "Grande Satanás" não era o povo americano, mas o seu governo corrupto. Quando consideramos a forma como o governo americano mentiu ao seu próprio povo, a forma como pediu aos filhos e filhas desta nação que sacrificassem as suas vidas no interesse da indústria petrolífera, podemos certamente ver como a Khomeini poderia ser justificada numa tal caracterização.

Ao longo do processo civil farsante contra membros do cartel petrolífero, o Departamento de Estado referiu-se continuamente aos arguidos como "o chamado cartel do petróleo", sabendo perfeitamente que não havia nada "dito" sobre as Sete Irmãs e os participantes na conspiração do Castelo de Achnacarry.

Poderíamos acrescentar que o Departamento de Estado nessa altura estava densamente povoado com simpatizantes de Rockefeller e Rothschild e ainda hoje está.

O pedido de desculpas do Departamento de Estado aos membros do cartel acabou por permitir que o cartel prevalecesse. Assim, a justiça foi pervertida e violada e os conspiradores escaparam com os seus crimes, como ainda hoje o fazem. A alegação do Departamento de Estado de que as Sete Irmãs estavam na vanguarda da repelição da penetração soviética nos campos petrolíferos sauditas e iranianos era uma mentira flagrante numa série de mentiras proferidas pela indústria petrolífera desde os dias de John D. Rockefeller.

Em 1953, as principais companhias petrolíferas da Grã-Bretanha imperial e dos Estados Unidos entraram numa conspiração gigantesca que exigia uma necessidade unificada de agir contra aquilo a que chamou "o problema iraniano". (Lembra-se do México e do "inimigo comum"?) Sir William Fraser escreveu à Mobil, Texaco, Socol, BP, Shell e Gulf Oil, propondo que se realize o mais rapidamente possível uma reunião de mentes para resolver de uma vez por todas as dificuldades com o Irão.

Representantes das principais companhias petrolíferas americanas juntaram-se aos seus homólogos britânicos em Londres (um local de encontro preferido de longa data para aqueles que procuram evitar leis conspiratórias nos EUA). A eles juntaram-se representantes da empresa francesa, Française des Pétroles. Foi acordado que seria formado um cartel - só que seria chamado de "consórcio" para assumir o controlo total do petróleo no Irão. Décadas mais tarde, quando o Xá tentou opor-se ao cartel, foi posto em fuga e depois morto.

Esta carta e o acordo de cartel subsequente constituíram a base da conspiração da Administração Imperial Carter para se livrar do Xá, e foi na realidade uma cópia a papel químico dos métodos utilizados para se livrar do Dr. Mossadegh. Cerca de 60 agentes da CIA da "Bankers Faction" foram enviados para Teerão para minar o Xá. Outro exemplo do poder da indústria petrolífera ocorreu durante a guerra israelo-árabe de 1967.

Em 4 de Junho de 1967, o exército israelita invadiu o Egipto, levando a um boicote árabe de curta duração a todo o Ocidente. Este boicote foi posteriormente reduzido aos principais financiadores de Israel, a Grã-Bretanha e os Estados Unidos. Em vez de abrir novos campos petrolíferos nacionais, as companhias petrolíferas aumentaram o preço do gás quando não havia razão para o fazer. Dizemos que não havia razão para aumentar o preço, porque as companhias petrolíferas tinham um enorme stock de biliões de litros de gasolina refinada a partir de petróleo saudita barato à mão. O Ministro dos Negócios Estrangeiros egípcio sugeriu que

> "...o apoio ao agressor, Israel, que nos atacou, custou ao contribuinte americano milhares de milhões de dólares, não só através de vastos carregamentos de armas para o Estado agressor de Israel, mas também através do aumento do preço da gasolina que o público americano deve agora pagar".

Creio ter estabelecido um forte caso de conspiração criminosa contra a indústria petrolífera, que se envolveu numa conspiração com companhias petrolíferas estrangeiras para saquear, roubar e roubar o povo americano; para minar a política externa do governo eleito e, em geral, para actuar como um governo dentro do governo que cometeu centenas de actos criminosos. Os EUA tornaram-se uma potência imperial em todos os sentidos da palavra.

O outro aliado dos EUA e do Kuwait, a Arábia Saudita, está agora em conflito com o Irão e teme pela sua segurança. Discretamente, e nos bastidores, o Rei Fahd está sob muita pressão dos seus familiares para pedir aos EUA que retirem as suas bases militares do reino. O rei Fahd, ao tentar travar a agitação crescente na nação, deveria instituir uma série de reformas após a Guerra do Golfo. Tal como no Kuwait, as reformas "democráticas" foram longas em retórica e curtas em acção. As famílias no poder não estão prontas a soltar o controlo do país, quanto mais a fazer frente ao cartel petrolífero.

Em Março de 1992, o Rei Fahd declarou que a censura seria levantada como parte das reformas prometidas. Esta declaração seguiu-se ao tratamento brutal de um jornalista saudita, Zuhair al-Safwani, que foi preso a 18 de Janeiro de 1992 e condenado a quatro anos de prisão por fazer uma observação ligeiramente desfavorável sobre a família Abdul Aziz, que a Casa da Arábia Saudita considerou desconfortavelmente próxima da verdade. Além da pena de quatro anos de prisão, al-Safwani recebeu 300 chicotadas que o deixaram paralisado no lado esquerdo do seu corpo.

Tal tortura horrível teria feito manchetes na CNN, ABC, NBC, FOX e no *New York Times* se tivesse ocorrido na África do Sul, Iraque ou Malásia. Quando um jovem americano foi condenado a nove golpes da bengala por um tribunal de Singapura depois de ter sido condenado por tráfico de droga, até o Presidente Clinton apelou à clemência.

Mas porque esta brutalidade horrível ocorreu na Arábia Saudita, os nossos intrépidos gigantes da comunicação social que gostam de dizer a verdade, toda a verdade, têm mantido um silêncio ensurdecedor. Nem uma palavra de condenação da Arábia Saudita veio da CNN, CBS, ABC, NBC e FOX.

O governo dos EUA está em conluio com os déspotas sauditas, razão pela qual apressamos as nossas forças militares se houver qualquer ameaça, real ou imaginária, à "democracia" saudita. O facto é que as tropas norte-americanas estão baseadas em Dhahran, Arábia Saudita, unicamente para proteger e perpetuar um dos regimes mais despóticos do mundo de hoje. A coisa certa a fazer seria trazer as tropas americanas para casa e cancelar os milhares de milhões de dólares em pagamentos "certos para proteger" desde que o programa foi iniciado pelos Rockefellers. O dinheiro pago aos governantes sauditas para induzir as companhias petrolíferas dos EUA a bombear petróleo dos seus poços é deduzido dos impostos sobre o rendimento dos EUA como impostos pagos num país estrangeiro. O povo americano deve suportar injustamente este custo.

Entretanto, as coisas não estavam a correr bem para a indústria petrolífera na Somália. Como revela a minha monografia "What

Are We Are Doing in Somalia",[7] o ex-Presidente Bush, ainda ao serviço da indústria petrolífera, enviou forças armadas americanas para a Somália, ostensivamente para alimentar a população somali faminta. A minha monografia arrancou esta máscara da face da administração Bush, revelando a verdadeira intenção e propósito por detrás da presença de unidades das forças armadas dos EUA na Somália.

A revista *World In Review* relatou que os EUA estavam empenhados em renovar a antiga base na cidade portuária de Berbera, estrategicamente localizada no Mar Vermelho, que atravessava os campos petrolíferos da Arábia Saudita. Também revelou que as forças norte-americanas estavam na Somália para proteger as tripulações de prospecção de petróleo naquele país, que se diz ser abundante. Embora a base de Berbera recentemente remodelada possa ajudar a acalmar os receios xiitas sobre a presença de tropas dos EUA na Arábia Saudita, o lado negativo é uma possível perda de receitas para o reino se e quando o petróleo somali começar a fluir, embora possa levar vinte anos ou mais até que isso aconteça. No entanto, a insistência por parte de elementos religiosos em Riade de que os EUA sejam avisados para deixarem o reino não foi bem sucedida com o Rei Fahd e alguns dos seus filhos.

Ela trouxe à superfície as diferenças familiares dentro do palácio de uma forma muito clara. Com a sua saúde frágil e os apelos a um afrouxamento do controlo da família saudita sobre o país, o que parecia ser um futuro brilhante sem fim para a família real saudita começou a escurecer.

A força da oposição religiosa à continuação do poder absoluto dos sauditas e dos wahhabis era reveladora. Cada dia traz novas provocações dos xiitas e outros fundamentalistas que querem que o rei Fahd cumpra a sua promessa de realizar eleições no futuro imediato, o que ele não está de todo disposto a fazer. No passado, os governantes despóticos da família Abdul Aziz na Arábia Saudita apresentaram uma frente unida a todos os

---

[7] "O que estamos a fazer na Somália?

forasteiros que se opunham ao seu regime ditatorial.

Fontes de informação dizem-me que este já não é o caso. As intensas rivalidades familiares e a morte do rei Fahd ameaçam a frente outrora unida. A isto junta-se a crescente pressão dos fundamentalistas muçulmanos, culminando na detenção de várias centenas dos seus líderes, que Riade descreveu como "radicais religiosos" mas que na realidade são um grupo de mullahs que procuram ter uma palavra a dizer sobre a forma como o país é governado.

A guerra entre o Hezbollah e o exército israelita no Líbano, iniciada em Julho de 2006, teve um efeito preocupante em Riade. Os fundamentalistas queriam que o regime saudita se declarasse abertamente do lado do Hezbollah, que o clã dominante Abdul Aziz esperava evitar. Nas suas constantes guerras petrolíferas contra os estados árabes e muçulmanos produtores de petróleo, a indústria petrolífera depende cada vez mais dos militares norte-americanos para se envolver e travar as suas batalhas petrolíferas.

É preciso lembrar que Bush não tinha autoridade constitucional para enviar tropas dos EUA para combater o Iraque. Só o Congresso pode declarar guerra. O Presidente não tem autoridade para enviar tropas para qualquer lugar e não tem autoridade para manter tropas estacionadas na Arábia Saudita de acordo com a custódia dos bens da BP no Kuwait.

Assim, Bush, que não tem autoridade para enviar tropas americanas para qualquer lugar sem a aprovação do Congresso (sob a forma de uma declaração de guerra), safou-se literalmente de um crime grave, o de violar o seu juramento de posse, pelo qual deveria ter sido processado por não ter cumprido a Constituição e por crimes de guerra, entre outras coisas.

O representante Henry Gonzales listou efectivamente os crimes cometidos por G.H.W. Bush e procurou que ele fosse destituído, mas os seus esforços foram bloqueados pelos Democratas e Republicanos na Câmara, que acharam desleal não concordar com a marcha contra o Presidente Saddam Hussein, mas sim para proteger Bush das acusações de traição. Isto mostra que em questões vitais há pouca diferença entre os dois partidos políticos americanos. Como resultado, a política externa dos EUA deteriorou-se até se tornar uma potência imperialista. Desde 1991, o Congresso aprovou todo o tipo de leis inconstitucionais sob o pretexto de combater o "terrorismo". O Congresso dos EUA deve dar a Bush e ao Departamento de Defesa um duro golpe nas articulações. Qualquer tentativa dos Estados Unidos de interferir nos assuntos soberanos de outras nações só poderia ser vista pelo mundo - e pela maioria dos americanos - como um acto de violência extrema, muito superior, em termos de terrorismo e depravação total, a qualquer benefício marginal que pudesse resultar.

Uma das coisas mais arrepiantes é que não tem havido qualquer protesto público contra George Bush por ter sequer proposto a utilização de armas nucleares contra pequenas nações, e mostra até que ponto os EUA estão no caminho para um governo mundial. Há trinta anos que os EUA vêm dizendo que o uso de armas nucleares deve ser proibido. No entanto, aqui está alguém que não foi eleito pelos eleitores e que está a criar um precedente perigoso ao dizer que não há problema em atacar nações desde que essas nações sejam "estados vermelhos" sentados em cima de valiosas reservas de petróleo. Os nossos militares não devem poder tornar-se os cães de ataque da indústria petrolífera. Certamente aprendemos alguma coisa com a Guerra do Golfo...

Se se estudar o trabalho do grande estudioso constitucional Juiz Joseph Story, Volume III dos *Comentários sobre a Constituição dos EUA*, e em particular o Capítulo Cinco, não há qualquer menção ao facto de o Secretário da Defesa e o Pentágono terem o poder de fazer e implementar a política externa dos EUA. Todos os membros do Congresso deveriam ser obrigados a ler este livro, a fim de poderem acabar com os abusos de poder tão flagrantes como Bush se empenhou no Médio Oriente. A indústria petrolífera pensou que seria uma boa maneira de enfraquecer as duas principais nações produtoras de petróleo e prepará-las para um colapso rápido. O Presidente Bush, sem qualquer autoridade do Congresso, criou um clima de ódio contra o Iraque, pensando que os militares norte-americanos teriam uma desculpa para se envolverem numa guerra imperialista de atrito contra o povo iraquiano, tudo isto em benefício exclusivo da indústria petrolífera. Quando é que esta nação aprenderá que a indústria petrolífera é dirigida pelos globalistas do governo mundial, cuja ganância não conhece limites? Não se pode confiar na indústria petrolífera - os seus líderes são verdadeiros desordeiros, que mergulharão esta nação em todo o tipo de problemas, se for em seu exclusivo benefício.

As últimas baixas entre as tropas dos EUA no Iraque são uma vergonha nacional. As nossas tropas não estão lá a lutar pelos Estados Unidos. Estão em Bagdade a assegurar as reservas petrolíferas do Iraque para o cartel petrolífero. E as nossas tropas estão na Arábia Saudita para manter a dinastia Abdul Azziz no lugar, porque o seu regime é um regime de charlatães que mantém o petróleo a fluir para o gigante americano ARAMCO. Nem um único soldado americano deveria voltar a ser sacrificado no altar da ganância da indústria petrolífera.

Quem colocou os nossos militares nesta zona de perigo e sob que autoridade constitucional foi isto feito? A pressa frenética de George Herbert Walker Bush e do Pentágono em defender o Kuwait, uma das ditaduras mais insalubres do mundo (depois da Arábia Saudita) é reveladora do estado de anarquia e caos em Washington. As tropas e os abastecimentos dos EUA apressando-se a entrar no Kuwait em nome dos banqueiros da British Petroleum e da City de Londres revelaram o nível avançado de lavagem ao cérebro a que o público americano foi levado. Vamos colocar as coisas em perspectiva:

O Kuwait não é um país. É um apêndice da British Petroleum e dos banqueiros da City de Londres. O território conhecido como Kuwait pertenceu ao Iraque e foi reconhecido como parte integrante do Iraque durante mais de 400 anos - até que o exército britânico aterrou, traçou uma linha através das areias do deserto e declarou: "Isto é agora o Kuwait. É claro que a fronteira imaginária estava mesmo no meio dos campos petrolíferos mais ricos da região, os campos petrolíferos de Rumaila que pertenceram ao Iraque durante 400 anos, e que ainda pertencem ao Iraque. O roubo de terras nunca transfere a propriedade.

Citação de "Diplomacia por Engano:"[8]

> Em 1880, o governo britânico fez amizade com um xeque árabe de nome Emir Abdullah al Salam al Sabah, que foi nomeado seu representante na área ao longo da fronteira sul do Iraque, onde os campos petrolíferos de Rumaila tinham sido descobertos dentro do território iraquiano. Na altura, não havia outro país além do Iraque - ao qual pertencia toda a terra, uma vez que a entidade Kuwait não existia.

> A família Al Sabah manteve um olho no rico saque. Em nome do Comité de 300, a 25 de Novembro de 1899 - o mesmo ano em que os britânicos entraram em guerra com as pequenas repúblicas bôeres da África do Sul - o governo britânico chegou a um acordo com o Emir Al Sabah segundo o qual as terras que invadiam os campos petrolíferos iraquianos de Rumaila seriam cedidas ao governo britânico, embora as terras fossem parte integrante do Iraque e nem o Emir Al Sabah nem os britânicos tivessem qualquer direito a elas.

O acordo foi assinado pelo Sheikh Mubarak Al Sabah, que viajou para Londres em grande estilo... O "Kuwait" tornou-se um protectorado britânico de facto. A população local e o governo iraquiano nunca são consultados e não têm uma palavra a dizer. Os Al Sabahs, ditadores absolutos, demonstraram rapidamente uma crueldade implacável. Em 1915, os britânicos marcharam para Bagdad e ocuparam-na no que George Bush teria chamado um acto de "agressão brutal".

O governo britânico criou um "mandato" autoproclamado e enviou o Alto Comissário Cox para o dirigir, que nomeou o antigo rei Faisal da Síria para dirigir um regime fantoche em Bassorá. A Grã-Bretanha tinha agora um fantoche no norte do

---

[8] *Diplomacia por engano - Um relato da conduta de traição dos governos da Grã-Bretanha e dos Estados Unidos*, John Coleman, Omnia Veritas Ltd, www.omnia-veritas.com.

Iraque e outro no sul do Iraque.

Em 1961, o Primeiro Ministro iraquiano Hassan Abdul Kassem atacou ferozmente a Grã-Bretanha por causa da questão do Kuwait, salientando que as negociações prometidas pela Conferência de Lausanne não tinham tido lugar. Kassem disse que o território chamado Kuwait era parte integrante do Iraque e tinha sido reconhecido como tal há mais de 400 anos pelo Império Otomano. Em vez disso, o governo britânico concedeu a independência do Kuwait.

Não havia uma verdadeira fronteira entre o "Kuwait" e o Iraque; era tudo uma farsa. Se Kassem tivesse conseguido retomar as terras ocupadas pelo Kuwait, os governantes britânicos teriam perdido milhares de milhões de dólares em receitas petrolíferas. Mas quando Kassem desapareceu após a independência do Kuwait (há poucas dúvidas de que tenha sido assassinado por agentes britânicos do MI6), o movimento para desafiar a Grã-Bretanha perdeu o seu ímpeto.

Ao conceder a independência ao Kuwait em 1961, e ignorando o facto de que a terra não lhes pertencia, a Grã-Bretanha foi capaz de afastar as justas reivindicações do Iraque. Sabemos que o governo britânico fez a mesma coisa na Palestina, Índia, e mais tarde, na África do Sul.

Durante os 30 anos seguintes, o Kuwait continuou a ser o estado vassalo da Grã-Bretanha, derramando milhares de milhões de dólares nos bancos britânicos com a venda de petróleo iraquiano, enquanto o Iraque não recebeu nada... A apreensão de terras iraquianas pela Grã-Bretanha, a que chamou Kuwait e concedeu a independência, deve ser considerada um dos actos mais ousados de pirataria dos tempos modernos e contribuiu directamente para a Guerra do Golfo.

Fiz grandes esforços para explicar os acontecimentos que conduziram à Guerra do Golfo, para mostrar o poder do Comité dos 300 e a injustiça da atitude dos EUA em relação ao Iraque.

O Presidente G.H.W. Bush repetiu as mesmas tácticas 100% ilegais praticadas pelo Cartel do Petróleo. É este tipo de comportamento que está a levar os EUA à anarquia e ao caos. Desde 1991, mulheres e crianças iraquianas morreram às centenas de milhares, devido a doenças, muitas delas causadas pela radiação de invólucros de urânio empobrecido (DU), e malnutrição resultante do boicote desumano de 19 anos.

O Iraque não tinha dinheiro para comprar alimentos e material médico - o que a UE fez.

O embargo da ONU foi magnanimamente autorizado. Como poderia o Iraque comprar estes bens essenciais quando os seus rendimentos petrolíferos foram reduzidos para níveis abaixo dos níveis de subsistência? A meningite grassava entre as crianças de Bagdade, enquanto a Grã-Bretanha e os EUA jogavam com as vidas de um povo que nunca as tinha prejudicado. O imperialismo contra o Iraque tem reinado supremo durante os últimos 18 anos. Não há justificação para tal e é completamente inconstitucional que os EUA estejam ao serviço do cartel petrolífero. Nenhuma burla é demasiado grande ou demasiado pequena ou demasiado repugnante para o cartel do petróleo.

Em meados de 2008, estamos mais uma vez a testemunhar como o cartel imperial do petróleo é uma lei para si próprio, uma organização implacável que nenhum governo foi capaz de refrear ou controlar. Assistimos a uma situação espantosa em que as reservas de petróleo dos EUA no Alasca estão agora a alimentar regularmente as refinarias na China. Será que os Estados Unidos e a China alguma vez irão sofrer golpes? Isso ainda está para ser visto.

No Médio Oriente, temos testemunhado a política de extermínio pelos gigantes do petróleo, da qual o povo iraquiano é a vítima. Esta contínua história de terror tem sido bem escondida pelos media, para que algumas pessoas não abram os olhos e comecem a questionar o que se está a passar. Nunca esquecer que os EUA e a Grã-Bretanha são hoje os dois países mais imperialistas e decadentes do mundo, e que sob a sua liderança o imperialismo floresceu e alastrou como a peste. O povo americano tolera hoje coisas que não teria tolerado há apenas alguns anos.

Tanto o ex-presidente George Bush como o presidente Clinton foram culpados de interferência. Quando George Bush Sr. unilateralmente, e sem qualquer autoridade ao abrigo do direito internacional e da Constituição dos EUA, estabeleceu duas chamadas "zonas no-fly" sobre o Iraque, agiu em violação da Constituição dos EUA, impondo a sua vontade à nação soberana do Iraque e ao povo americano, sem qualquer autoridade para apoiar as suas acções.

Este acto foi feito supostamente para proteger o povo curdo que estava em perigo de ser invadido por Saddam Hussein. Nunca foi realizado um acto ditatorial mais unilateral em nome do povo americano, reforçado pelo peso das forças armadas americanas. E agora, em 2008, ainda suportamos as acções duvidosas de George Bush como se ele fosse um rei, que o mundo inteiro teme e treme. América, o que lhe aconteceu?

Não existe secretariado da ONU para o número de resolução do Conselho de Segurança que autoriza as zonas de interdição de voo e o Conselho de Segurança não emitiu quaisquer resoluções para cobrir as zonas de interdição de voo. O Sr. Bush deu este passo unilateralmente. O Departamento de Estado não foi capaz de citar uma autorização para "zonas de interdição de voo" em qualquer lei estabelecida nos EUA ou na lei suprema, a Constituição dos EUA. A acção unilateral de George Bush Sr foi um caso claro de ditador imperialista em acção. O respeito de longa data pelo Estado de direito, o respeito pela nossa Constituição, tem sido espezinhado por um Presidente Bush arrogante e imperialista. Os americanos estão aparentemente satisfeitos por deixarem os magnatas do petróleo escapar com conduta ilegal e ilícita.

George Bush Sr. é um dos homens mais importantes da indústria petrolífera; não tem qualquer interesse no bem-estar dos curdos. A indústria petrolífera que este grupo sem lei tem debaixo de olho são as enormes reservas de petróleo inexploradas nos vilayets muçulmanos do Iraque. Coincidentemente, os Curdos, que George Bush queria "proteger", ocupam por acaso as mesmas terras no Iraque sob as quais se encontram os campos petrolíferos Mosul. O magnata do petróleo e amigo da Rainha Elizabeth II, George Bush, declarou, portanto, que nenhum avião iraquiano poderia voar nas "zonas de interdição de voo".

Bush Sr. disse que as "zonas de interdição de voo" deveriam proteger os Curdos. No entanto, a poucos quilómetros de distância, o número de curdos mortos pelo exército turco proporciona um estranho pano de fundo. É claro que isto faz sentido quando sabemos que a política externa dos EUA é ditada pelos gigantes do petróleo, e faz ainda mais sentido quando começamos a compreender que os vilayets do petróleo de Mosul são a verdadeira razão para as "zonas no-fly" e o lançamento de dois mísseis de cruzeiro multimilionários sobre os cidadãos indefesos de Bagdade.

O povo americano é o povo mais ingénuo, iludido, conivente, regimentado e regulamentado do mundo, vivendo numa selva densa de desinformação e ainda mais densa de propaganda sem vergonha. Como resultado, o povo americano não se apercebe que o seu governo é um governo sob a direcção de um órgão paralelo secreto de alto nível, o Comité dos 300, o que permite aos aspirantes a ditadores e tiranos encobrir as suas acções despóticas e inconstitucionais. Qualquer pessoa que questione a política externa de Bush em relação ao Iraque é rotulada de antipatriótica, quando na realidade os antipatrióticos são a família Bush e aqueles que apoiam a sua política de cartel petrolífero em relação ao Iraque e, na verdade, a todo o Médio Oriente. Estas são as pessoas que apoiaram o bombardeamento totalmente inconstitucional e o boicote ilegal (ao abrigo do direito internacional) ao Iraque, o bombardeamento inconstitucional da Sérvia e os actos de agressão contra os povos iranianos e libaneses. Nenhuma nação está a salvo de magnatas do petróleo. A Califórnia tem dezenas de refinarias, de Los Angeles a Bakersfield e à área de São Francisco. Há muito petróleo no Estado. No entanto, durante anos, os cidadãos da Califórnia têm sido enganados pela ganância da indústria petrolífera. Quando a gasolina custava 79 cêntimos por galão no Kansas, os californianos pagavam 1,35 dólares por galão.

Nunca foi justificado, mas com a legislatura da Califórnia nos bolsos, com que é que os magnatas tinham de se preocupar? E assim a goivagem de preços continuou. Os preços da gasolina na bomba subiram para um espantoso $2,65 para gasolina normal e $3,99/10 para gasolina premium. Não houve justificação para estes chocantes aumentos de preços. A ganância foi o factor motivador. As refinarias nunca ficaram sem petróleo bruto e as reservas de gasolina permaneceram a níveis quase normais.

O exército americano é agora um mercenário para o gigantesco monstro da indústria petrolífera. Os militares americanos serão arrastados para uma guerra regional após outra, no interesse da ganância e do lucro dos monstros da indústria petrolífera. Os contribuintes americanos continuarão a financiar o "preço do barulho", o que permite à ARAMCO continuar a bombear petróleo na Arábia Saudita. O que é necessário é um grande despertar do povo americano. Como um velho despertar religioso, é necessário um espírito de lei e ordem e amor pela Constituição americana para varrer esta outrora grande nação e restaurá-la como uma nação de leis, não de homens.

Os barões ladrões dos tempos modernos estão a goivar o povo americano na bomba da forma mais descarada e sem vergonha na sua longa história. O cartel petrolífero é impiedoso, bem organizado e não tolera qualquer interferência do governo, seja do governo dos EUA ou de qualquer outra nação. Os contribuintes americanos são forçados a suportar o custo dos subornos pagos à família governante saudita através dos seus agentes no governo, que compraram e pagaram e ainda pagam por cada vez que enche o seu carro.

Os americanos precisam de saber o que é este cartel gigante que desrespeita as leis de muitos países, incluindo as suas próprias, e com conhecimento virá um desejo de tomar medidas correctivas e um protesto público pressionando os legisladores para quebrar o monopólio. Por detrás deste cartel está o poder da Agência Central de Inteligência (CIA). Qualquer pessoa que se oponha a este cartel todo-poderoso não pode estar a salvo. Impuseram "grandes roubos, gasolina" ao povo americano sem qualquer oposição significativa por parte dos nossos representantes eleitos em Washington. Esta é uma história de corrupção que ultrapassa tudo o que foi feito na história moderna.

Ou a Câmara e o Senado não farão nada para impedir os magnatas de consumirem as nossas vidas, ou eles têm tanto medo do seu poder que não farão a mínima tentativa de o limitar.

Deixem a indústria petrolífera americana produzir gráficos e gráficos e dizer o quanto quiserem; deixem os seus economistas explicar porque temos de suportar o custo do seu negócio; os negócios obscuros; porque o povo americano tem de pagar os salários da CIA empenhada em manter o seu monopólio, mas torna-se óbvio que os seus esforços equivalem a uma grande mentira quando conhecemos os factos!

Quais são os factos? Devido à forma como o cartel manipulou as leis fiscais, desde 1976 não foram construídas novas refinarias de petróleo na América, enquanto que na Arábia Saudita, graças aos impostos americanos pagos em subornos à família real saudita, milhares de milhões de dólares foram investidos na expansão das instalações petrolíferas.

Entre 1992 e hoje, nada menos que 36 refinarias americanas fecharam. Entre 1990 e hoje, o número de plataformas petrolíferas dos EUA caiu de 657 para 153. O número de americanos envolvidos na exploração petrolífera na América caiu de 405.000 para 293.000 no espaço de dez anos. Então de onde vem o petróleo que utilizamos em quantidades crescentes? O Médio Oriente! Assim, somos atingidos com três golpes:

* A estrutura fiscal dos EUA torna impossível aos perfuradores independentes permanecerem no negócio da exploração petrolífera.

* A refinação e distribuição do produto acabado é um monopólio.

* O beneficiário desta traição é a ARAMCO, que pode cobrar mais pela gasolina de fontes sauditas e colher lucros obscenos à custa do automobilista americano.

A sua barulheira é tal que a riqueza de todas as "famílias" mafiosas na América é como a mudança de massa, o que talvez faça com que os membros do cartel petrolífero extorquem os seus membros. Porque é que a lei RICO não é aplicada contra a indústria petrolífera? Graças aos seus agentes na legislatura, conseguiram escapar ao "roubo de gás" durante décadas.

Que os legisladores retomem este caso deplorável e ponham fim ao roubo desenfreado nas bombas de gás, que, devido ao seu silêncio, se tornou uma característica permanente da paisagem americana. Certifique-se de uma coisa, os extorsores do cartel petrolífero não vão parar até nos imporem um preço de 4,50 dólares por galão.

CAPÍTULO 17

Rockefeller queixa-se ao Departamento de Estado A Grã-Bretanha invade o Iraque

A história da luxúria britânica e americana pelo petróleo iraquiano remonta a 1912, quando o grande e mau Presidente Saddam Hussein, que foi enforcado por um tribunal fantoche, ainda não tinha nascido, e Henri Deterding, fundador da Royal Dutch Shell Company, tinha recebido concessões petrolíferas em vários estados produtores de petróleo. Em 1912, Deterding interessou-se pelos interesses petrolíferos americanos na Califórnia ao adquirir uma série de grandes e pequenas empresas petrolíferas, incluindo a California Oil-Field Company e a Roxana Petroleum.

Naturalmente, John D. Rockefeller's Standard Oil Company apresentou uma queixa contra Deterding ao Departamento de Estado, mas Deterding permitiu que a Standard comprasse acções de empresas da Shell na Califórnia, a fim de anular a queixa. O que o velho John D. não parecia ter percebido é que ao apressar-se a aceitar as ofertas de Deterding, estava a subsidiar os esforços da Shell para encurralar o mercado americano. Mas tudo mudou em 1917 quando o Presidente Wilson, em flagrante violação do seu juramento, arrastou a América para a Primeira Guerra Mundial.

De repente, de um dia para o outro, a Grã-Bretanha, que tinha atacado o Standard e especialmente o Deterding da Royal Dutch Shell, dá meia volta. O vilão da peça torna-se Kaiser Wilhelm II e Henry Deterding torna-se subitamente um importante aliado.

Apenas um ano antes desta mudança de opinião, os britânicos

invadiram o Iraque em flagrante violação do direito internacional, mas não conseguiram chegar a Mosul quando foram abandonados pela França, cujas tropas não apoiaram os invasores britânicos. Em vez de ajudar os britânicos, a França assinou um acordo com a Turquia, cedendo parte dos campos petrolíferos de Mosul a este último. Imagine a coragem destes agressores! Chamaram a Estaline "ditador", mas ninguém agiu mais ditador em relação ao Iraque do que a Grã-Bretanha, França, Turquia e, mais recentemente, os Estados Unidos.

A disputa entre os alegados ladrões iraquianos de petróleo continuou até à conferência de San Remo de 24 de Abril de 1920, na qual a Grã-Bretanha, França e Turquia concordaram que a maioria dos muçulmanos seria cedida à Grã-Bretanha em troca de certas considerações sobre um conglomerado petrolífero, que não incluía o Iraque e do qual o Iraque não retirou qualquer benefício. O governo iraquiano não foi consultado em momento algum.

Em Maio de 1920, o Departamento de Estado foi ao Congresso dos EUA queixar-se da apreensão britânica de Mosul e de vários outros campos petrolíferos importantes. Não que o Departamento de Estado se tenha preocupado com os direitos do povo iraquiano. Repito, o Iraque nunca foi consultado enquanto as suas terras e riquezas petrolíferas estavam a ser distribuídas e vendidas ao licitante com a oferta mais alta - os membros do cartel petrolífero. Pelo contrário, o que preocupava o Departamento de Estado era que John D. Rockefeller e a Standard Oil estavam completamente excluídos do "negócio" Mosul.

O Departamento de Estado pressiona e pressiona para uma nova conferência multipartidária em Lausanne. Sob o pretexto de concordarem aparentemente em encontrar-se com os EUA e outras "nações interessadas", os britânicos aproveitam a oportunidade para lançar uma nova invasão do Iraque, e desta vez as tropas britânicas conseguem alcançar e tomar o controlo de Mosul. Finalmente, a Grã-Bretanha deitou as mãos ao grande prémio! A imprensa mundial não disse nada sobre este acto descarado de agressão.

Se havia alguma dúvida sobre a agressão das forças imperiais britânicas na África do Sul na sua implacável busca para obter o controlo do ouro da República Transvaal da África do Sul, esta foi dissipada anos mais tarde pelas acções das forças armadas britânicas no Iraque.

A busca de ouro iniciada por Cecil John Rhodes em nome dos seus mestres, os Rothschilds, está agora a ser repetida no Iraque, desta vez por "ouro negro". Não houve nenhuma tentativa de convidar o Iraque para Lausanne para suavizar a imagem do "grande roubo de petróleo bruto". De facto, a imprensa britânica estava a gabar-se do sucesso da chamada diplomacia Whitehall.

Por muito que a Turquia tentasse, não conseguia desalojar os britânicos daquilo que considerava ser o seu legítimo direito ao petróleo iraquiano! Pense nisso por um momento. Foi apenas a 23 de Abril de 1921, na segunda Conferência de Lausanne, que a Turquia admitiu que a Grã-Bretanha tinha aquilo que descreveu pitorescamente como "posse legal" de Mosul, e isto sem o consentimento do povo iraquiano, a quem Mosul pertencia. Assim, apenas em virtude do seu poder militar superior, a Grã-Bretanha apreendeu Mosul e os campos petrolíferos super-ricos de Ahwaz e Kirkuk.

Não admira que o correspondente britânico do *Financial Times* de Londres tenha ficado encantado:

> Nós, os britânicos, teremos a satisfação de saber que três enormes campos em estreita proximidade, e capazes de suprir as necessidades petrolíferas do Império durante muitos anos, são quase inteiramente desenvolvidos pela empresa britânica.

Fonte: The Financial Times of London,
O Museu Britânico em Londres

Mas o triunfo britânico foi de curta duração. Quando a Liga das Nações foi forçada a reunir novamente por uma França, Rússia e Turquia enraivecidas, recusou-se a reconhecer como legítima a agressão armada britânica e a aquisição de Mosul, e devolveu a cidade aos seus legítimos proprietários, o povo iraquiano. Desde então, a Grã-Bretanha e os EUA têm tentado roubar Mosul ao Iraque e a luta contra o Iraque hoje em dia está na esperança de que o seu sonho se torne realidade.

Talvez tenhamos agora uma visão mais equilibrada das razões pelas quais George Bush Sr. ordenou às forças norte-americanas que atacassem o Iraque, mesmo sabendo que não tinha mandato no Congresso, e por isso estava a violar o seu juramento de posse e o direito internacional. A Câmara dos Representantes e o Senado dos EUA não conseguiram impedir esta acção ilegal, cortando o financiamento, uma acção constitucional que tinham demasiado medo de tomar; medo de retaliação por parte do Comité dos 300. O medo tem um papel enorme no destino das nações. O medo não desapareceu. Quando os Rothschilds ordenaram a um grupo de homens que assustasse o governo francês a aceitar as suas condições para o controlo financeiro da nação, uma grande força de comunistas impiedosos correu para as Comunas de Paris. Assustado com a demonstração de força, o governo francês capitulou com as exigências dos Rothschilds. Parece que o Congresso americano se viu na mesma situação difícil - demasiado receoso do cartel petrolífero para agir contra ele. Se os Estados Unidos da América não fossem liderados pelo Comité dos 300, os Rothschilds, os Rockefellers e o seu cartel petrolífero, apoiados pelo poder dos banqueiros internacionais, e se tantos membros-chave da Câmara e do Senado dos EUA não fossem ditados pelo Conselho das Relações Exteriores (CFR), a Câmara e o Senado dos EUA teriam travado a guerra genocida contra o Iraque. A seguinte lista parcial disponível para nós é para 2006, mas dá alguma indicação do controlo do CFR, que deve ter-se intensificado nos últimos dois anos:

A Casa Branca	5
O Conselho Nacional de Segurança	9
Departamento de Estado	27

Embaixadores dos EUA ao serviço do estrangeiro	25
Departamento de Defesa	12
Os Chefes de Estado-Maior das Forças Armadas	8
Departamento de Justiça	6
Senado	15
Câmara dos Representantes	25

Uma vez que a Câmara e o Senado dos EUA não declararam guerra ao Iraque, nem deram o devido consentimento constitucional sob a forma de uma declaração de guerra vinculativa, a invasão do Iraque em 1991 e 2003 foi claramente ilegal c ilegal, e transformou os EUA numa nação de bandidos sob o controlo do padrinho de todos os bandidos, os magnatas do cartel do petróleo. Os homens do cartel petrolífero, cujo lema é "Lutamos pelo petróleo", não negligenciaram outras áreas: China, Alasca, Venezuela, Indonésia, Malásia e o Congo. Chegará a sua vez.

CAPÍTULO 18

O ambiente perde o Alasca para o petróleo

Em Abril de 1997, WIR relatou um "acordo" com ramificações e alcance muito mais vastos do que qualquer outro que estivesse na obra. Para que Tommy Boggs, o lobista que dirige o negócio, e o Governador Tony Knowles conseguissem libertar as enormes reservas de petróleo sob os parques estatais do Alasca para exploração final pela British Petroleum (BP), precisavam da total cooperação do Secretário do Interior Bruce Babbitt.

Knowles discutiu o plano de jogo de Tommy Boggs com o Presidente Clinton num "café" da Casa Branca, e foi convidado a passar a noite em Janeiro de 1995. O plano de jogo foi então detalhado pelo Tenente Governador do Alasca Fran Ulmer noutro destes infinitos "cafés", desta vez, de forma bastante apropriada, na Sala do Mapa da Casa Branca, na manhã de 28 de Fevereiro de 1996.

Depois de definir a linha de acção - vender as reservas nacionais de petróleo do Alasca à British Petroleum, que utilizaria o petróleo para satisfazer a necessidade sempre crescente de petróleo bruto da China - Knowles começou por se destacar, utilizando a sua mensagem de Estado do Estado de 1996 como fórum:

> Há apenas cinco anos atrás, disseram que apagaríamos as luzes na indústria que emprega mais pessoas no estado. Hoje, o nosso lema deveria ser aquele velho autocolante: 'Senhor, que haja mais um boom petrolífero, e prometo-te que não o vamos estragar'".

Knowles obteve uma resposta à sua oração: a 7 de Fevereiro, o

Secretário de Estado do Interior, Bruce Babbitt, apareceu no prato do batedor na altura certa. Aproveitando as luzes da ribalta, Babbitt tentou desculpar colocar o carro à frente dos bois - que um estudo ambiental da nova área de perfuração proposta deveria ter sido realizado em primeiro lugar, e Babbitt disse que iria assegurar que o ambiente fosse respeitado, apesar de estar agora pronto para aprovar o empreendimento, antes mesmo de qualquer estudo ter começado, quanto mais de ter sido concluído.

Babbitt anunciou uma nova forma de fazer negócios com os ditadores da indústria petrolífera, ao mesmo tempo que coloca o Congresso no seu lugar, ignorando a Lei Nacional de Política Ambiental, que afirma claramente que tais estudos devem ser conduzidos e reportados ao Congresso antes que qualquer perfuração possa começar em terras de parques nacionais. Com a sua auréola brilhante, Babbitt disse ao povo do Alasca e à nação:

> Gostaríamos de quebrar o estilo contraditório e ver se conseguimos pôr em prática uma nova forma de fazer negócios com a indústria petrolífera. Penso que temos muitas possibilidades.

Mais uma vez, não foi mencionado que o beneficiário final seria a British Petroleum (BP). O "nós" a que Babbitt se referiu foi o gigante Shell Oil e um grupo de companhias petrolíferas multinacionais que sempre demonstraram desprezo pelas leis das nações a que frequentemente desobedecem.

O cartel do petróleo coloca o "nós temos" em perspectiva e prova sem margem para dúvidas que é um grupo voraz, uma cabala, capaz de causar grandes danos sem ter em conta as consequências dos seus actos, e de atingir sempre o seu objectivo, independentemente de quem se lhe oponha ou de como ameace a segurança nacional dos EUA.

O Congresso tem a obrigação constitucional de levar os barões ladrões dos tempos modernos perante comités especiais para proteger um bem importante do povo dos Estados Unidos e levantar sérias objecções à exportação de petróleo do Alasca para a China, uma nação comunista. Mas o Congresso falhou miseravelmente no cumprimento do seu dever.

Continuando a charada, disse Babbitt:

> Quero sair para o campo este Verão e examinar cada centímetro quadrado (23 milhões de acres) da Reserva Nacional de Petróleo. Tenciono voar até Anchorage, mudar de avião em Barrow, e depois desaparecer na NPR durante o tempo necessário para compreender cada estrutura geológica, cada lago, e examinar cada problema da vida selvagem, de modo a estar preparado para participar de uma forma significativa neste processo.

Este é um exemplo perfeito de como o povo americano é o povo mais cúmplice e enganado do planeta. Podemos ver como a declaração de intenções de Babbitt era enganadora, quando consideramos o tempo que levaria a explorar "cada centímetro" de 23 milhões de acres. A Reserva Nacional de Petróleo (NPR) é do tamanho de Indiana, mas o Secretário não explicou como se propôs "explorar cada centímetro" da mesma, nem como se podia dar ao luxo de estar afastado do seu escritório durante pelo menos um ano. O Secretário seria acompanhado por representantes da British Petroleum e teria toda a Baía de Prudhoe encerrada, da qual seriam sumariamente expulsas pequenas empresas de exploração petrolífera?

O povo americano iria descobrir em breve: A DNR estava prestes a tornar-se a reserva da BP, Shell (duas das maiores companhias petrolíferas estrangeiras do mundo), Mobil, ARCO e o resto dos conspiradores de Jackson Hole, Wyoming, em benefício das "Sete Irmãs". Este foi um caso claro de lucro sobre a segurança nacional dos EUA. Noutros tempos, isto ter-se-ia chamado traição.

O Presidente Clinton tornou-se então propriedade pessoal do cartel do petróleo, como evidenciado pelo seu discurso de levantamento de cortinas em nome deles:

> Muitos americanos não o sabem, mas uma percentagem significativa do petróleo e gás natural produzido nos Estados

Unidos provém de terras federais. Até agora, a burocracia regulamentar e as decisões judiciais contraditórias têm desencorajado muitas empresas de tirarem o máximo partido destes recursos.

Deveria também ter assinalado que o negócio do petróleo do Alasca envolvia petróleo da nossa Reserva Nacional de Emergência, que não deve ser tocado. É uma das nossas reservas estratégicas nacionais! O que se seguiu foi um dos maiores embustes da história dos EUA, um dos que anula o escândalo Tea Pot Dome, e adequadamente, foi a ARCO que engoliu a antiga empresa de Harry Sinclair em 1969. Aquilo a que Clinton se referia era a trapaça, a chicana, o engano e a escravatura empreendidos nos últimos dias da sessão de verão de 1996 do Congresso 104. Este Congresso, sem qualquer impedimento da imprensa, sem qualquer protesto de grupos ambientalistas, sem qualquer protesto da ABC, NBC, CBS ou qualquer outro chacal dos meios de comunicação social, passou um dos projectos de lei mais arrogantemente intitulados e enganosos de sempre para manchar os corredores do poder, "The Federal Oil and Gas Simplification and Fairness Act". Este projecto de lei foi o trabalho dos lobistas do petróleo que infestam o Congresso.

O que a "Fairness Act" fez foi deitar dinheiro num fluxo constante nos cofres já cheios das grandes companhias petrolíferas. Como disse anteriormente, este escândalo ofusca o escândalo do Teapot Dome, um caso de dois bits comparado com a Lei Federal de Simplificação e Equidade do Petróleo e do Gás.

A forma como o sistema funciona é que foi declarada uma moratória sobre auditorias federais por um período de sete anos sobre o pagamento de royalties ao Tesouro pelo petróleo extraído de terras federais. Mais do que isso - e tivemos de esfregar os olhos para nos certificarmos de que o que estávamos a ler estava de facto na lei - há uma cláusula que prevê que as companhias petrolíferas podem processar o governo federal por "pagamento excessivo" de royalties! E isso não é tudo. A lei permite que os barões ladrões estabeleçam o seu próprio "preço de mercado justo" para o petróleo extraído de terras federais pertencentes ao povo americano. Talvez os leitores não acreditem nesta incrível cláusula? Nem eu, mas depois de ler o projecto de lei várias vezes, vi que diz exactamente o que vai fazer: permitir enormes benefícios a duas das maiores companhias petrolíferas estrangeiras do mundo (BP e Shell) numa placa de ouro do Congresso.

O preço de mercado do petróleo bruto determina o montante de royalties que as companhias petrolíferas devem pagar ao governo federal, mas uma disposição legal aprovada pelo Congresso permite que as companhias petrolíferas estabeleçam o seu próprio preço, o que em anos futuros privará os cidadãos de milhares de milhões de dólares em royalties. É um esquema que começa a assemelhar-se à Lei da Reserva Federal de 1912. Esta foi a agenda da reunião de conspiradores em Jackson Hole, na qual Clinton desempenhou o papel de anfitrião genial. Assim, por uma quantia relativamente pequena de doações de campanha - 350.000 dólares no caso da ARCO - milhares de milhões de dólares foram entregues às grandes companhias petrolíferas que iriam participar no esquema do petróleo do Alasca para a China. Pobre povo americano, sem um líder no Congresso, sem um campeão para defender o que é melhor para os EUA; à mercê de um bando de super-charlatães que praticam uma coisa e pregam outra; como poderiam eles saber como estavam enganados, quando Clinton prometeu vetar qualquer lei que abrisse o deserto de 17 milhões de hectares do Árctico aos perfuradores, enquanto com a sua outra mão, nas suas costas, abriu a porta a um prémio muito mais rico, o petróleo sob reservas do parque nacional, preservado exclusivamente para combustível de emergência nacional.

O encontro em Jackson Hole, Wyoming, o parque infantil da família Rockefeller, destinava-se a preparar o palco para o negócio petróleo-China. O Presidente Clinton desempenhou o papel de gracioso anfitrião e anunciou as suas intenções aos seus ilustres convidados, contente por tais estimados personagens terem concordado em desfrutar da sua hospitalidade, num cenário muito semelhante ao de um padrinho da máfia que reúne os chefes de "famílias" na sua propriedade nas margens do Lago Tahoe, e os recebe como realeza. De facto, a realeza não poderia ter feito melhor se o local tivesse sido o Castelo de Balmoral.

Assim, apenas alguns anos depois de prometer aos líderes chineses que teriam o petróleo da nossa Reserva Nacional de Emergência do Alasca, a administração Clinton cumpriu a sua promessa. Não espere que os republicanos reneguem o acordo BP, Shell, Mobil e ARCO. A política petrolífera não conhece linhas partidárias. O dinheiro grande é móvel. Veja-se o que aconteceu no auge da Guerra do Vietname.

Em troca de concessões petrolíferas ao largo da costa do Vietname, a Rockefeller's Standard Oil enviou médicos a Haiphong, no norte do Vietname, para verem o Ho Chi Min, muito doente. Estes eram médicos americanos, que deveriam ter sido julgados por traição. Não temos uma segunda fonte para verificação, mas a fonte indicou que a Kissinger Associates intermediou o acordo. Em qualquer caso, aqui tínhamos americanos a negociar com o inimigo em tempo de guerra enquanto os nossos soldados morriam nas selvas e campos de arroz do Vietname do Sul. Veja-se a arrogância do cartel do petróleo. Eles já sabiam que os EUA iam perder a guerra! Como poderia isto acontecer? Simplesmente porque Henry Kissinger teve de ir a Paris para fazer um acordo de "paz" com os norte-vietnamitas, que já sabiam a data em que iria a Paris e sabiam precisamente como entregaria o Vietname ao controlo comunista.

George Bush Sr. esteve envolvido desde o início, tendo mantido uma boa relação com Kissinger durante toda a guerra. Kissinger podia ser chamado de traidor, mas estava ao serviço de um presidente republicano. Não foi por acaso que o homem do petróleo George Bush foi enviado para a China, quando havia outros mais qualificados para fazer o trabalho. Mas Bush conhecia o negócio do petróleo, e o petróleo era o que a China precisava.

No regresso da sua visita à China, Bush pôs as rodas em movimento para e em nome do governo chinês, ao qual tinha sido prometida a parte de leão do petróleo do Alasca. E agora passamos do Médio Oriente para o Alasca, onde encontramos o

Cartel do Petróleo ocupado a roubar ao povo americano as suas reservas de petróleo do Alasca, desafiando a lei; provando mais uma vez, como se fosse necessário provar, que o Cartel do Petróleo era uma lei para si mesmo, fora do alcance de qualquer governo deste planeta.

A China tem muitos bons amigos em altos cargos da indústria petrolífera voraz, que não conhecem nem respeitam as fronteiras nacionais e internacionais nem a soberania nacional.

Um desses amigos é a ARCO, que está no topo do Comité de 300 empresas e que, juntamente com outra jóia na coroa do Comité de 300 empresas petrolíferas, a BP, começou a esquematizar e a conspirar para enviar petróleo bruto do Alasca para a enorme refinaria Zhenhai, nos arredores de Xangai, que estava pronta para iniciar as operações.

Lodwrick Cook foi o antigo CEO da ARCO e, tal como velhos soldados ou líderes de partidos políticos que nunca desvanecem, Cook esteve activo em 1996, fazendo campanha para a reeleição do seu velho amigo, Bill Clinton, o "forasteiro" do Arkansas. Em 1994, no mesmo ano em que Cook conseguiu que Tony Knowles fosse eleito governador do Alasca, foi convidado para a Casa Branca para celebrar o seu aniversário com Bill Clinton, que deu ao seu amigo um bolo de aniversário gigantesco e depois o autorizou a viajar para a China com o Secretário do Comércio Ron Brown, onde os dois homens disseram ao governo chinês que a ARCO iria investir milhares de milhões na nova refinaria de Zhenhai. Em resposta a perguntas da delegação do governo chinês, as fontes disseram que Cook lhes assegurou que o petróleo bruto do Alasca estaria disponível para a refinaria de Zhenhai, apesar do facto de em Agosto de 1994 haver uma proibição permanente da exportação de petróleo do Alasca. Cerca de um ano após a viagem de Brown-Cook à China, Robert Healy, presidente de assuntos governamentais da ARCO, foi convidado para um café na Casa Branca do Café com Al Gore e Marvin Rosen, então presidente financeiro do Comité Nacional Democrático. Para mostrar a gratidão de ARCO, Healy deixou uma "gorjeta" de $32.000 para o DNC.

É aqui que entra Charles Manatt, antigo presidente e director do Partido Democrata de Manatt, Phelps e Phillips, antiga alma mater de Mickey Kantor, uma empresa de lobbying que atende e faz frente às grandes companhias petrolíferas, EXXON, Mobil, BP, ARCO e Shell. A 26 de Maio de 1995, Manatt foi convidada para outro café da Casa Branca para uma reunião com Clinton.

Manatt pagou $117.150 como agradecimento, e depois, de forma bastante independente, claro, Kantor, como membro do gabinete Clinton, fez ouvir a sua voz para pedir que a proibição de exportar petróleo do Alasca fosse levantada. Até agora, a lei federal proibia a exportação de petróleo da Reserva Nacional de Petróleo, porque era suposto constituir uma reserva de reserva para emergências nacionais.

No meu livro "Environmentalism: The Second Civil War Has Begun" de 1987, Big Oil está exposto como o maior contribuinte dos movimentos ambientais "Earth First" e "Greenpeace". As razões para a aparente contradição entre as décadas de apoio ao movimento ambiental e as grandes somas de dinheiro contribuídas pela Big Oil são explicadas em pormenor. O ambientalismo é um ardil quando se trata de terras petrolíferas.

As grandes companhias petrolíferas queriam que as terras de reserva nacionais, muitas das quais continham enormes reservas de petróleo, fossem mantidas a salvo de "forasteiros" para que quando chegasse o momento, pudessem entrar e tomar posse das reservas de petróleo sob as terras do parque nacional a preços de saldo. No caso dos refúgios nacionais de vida selvagem do Alasca, esse dia chegou em 1996. As majores petrolíferas hipócritas têm demonstrado pouca ou nenhuma preocupação com a ecologia ou protecção da vida selvagem destas áreas, tal como evidenciado pelo que fizeram na Baía de Prudhoe.

Em 1996, o famoso lobista Tommy Boggs foi chamado para trabalhar no oráculo de levantamento da proibição do petróleo bruto do Alasca. Boggs é o filho do falecido Senador Hale Boggs, cujo misterioso desaparecimento no deserto do Alasca em 1972 nunca foi resolvido. Tommy Boggs é o principal lobista de Washington para a firma de advogados Patton Boggs e os seus clientes incluem ARCO, EXXON, BP, Mobil e Shell e, por mero acaso, era um amigo próximo de Bill Clinton para o golfe.

Formidável lobista, Boggs é considerado o principal responsável por conseguir que o 104º Congresso revogasse a proibição das exportações de petróleo bruto do Alasca, e assim em 1996 Clinton assinou uma ordem executiva para levantar a proibição, como Ron Brown e Lodwrick Cook tinham prometido ao governo chinês dois anos antes. Ter-se-ia de ser cego para não ver que os movimentos para privar a nação das suas reservas de petróleo do Alasca foram postos em marcha em 1994. Em 1996, depois dos "cafés" na Casa Branca, o Presidente Clinton deu às grandes companhias petrolíferas envolvidas na China e no Alasca uma recompensa espantosa. A imprensa deveria ter gritado sobre esta venda, mas Dan Rather, Peter Jennings e Tom Brokaw, já para não falar de Larry King, calaram-se tanto como o túmulo sobre este importante acontecimento. Silenciosamente, e sem alarido, Clinton pôs fim à proibição de exportar as nossas reservas de petróleo sob o deserto do Alasca e deu aos gigantes do petróleo uma prenda multi-bilionária gratuita.

Com os preços do petróleo e dos combustíveis a um máximo histórico em 1996, Clinton e os seus controladores estavam ocupados a vender os EUA espezinhando os nossos direitos em troca de grandes contribuições em dinheiro para o seu fundo de campanha de reeleição.

Na expectativa deste desastre nacional - mas ele não lhe chamou isso - Tommy Boggs escreveu um memorando aos seus clientes prevendo que ele conseguiria que o Congresso levantasse a proibição das exportações de petróleo do Alasca.104

Mas este não foi o único choque que o povo americano recebeu; no último dia da sessão de Verão de 1996 do Congresso, Clinton também assinou o Federal Oil and Gas Simplification and Fairness Act. Como o nome sugere, este projecto de lei foi concebido para enganar e era outra forma de fraude em grande escala. A parte da "justiça" não se destinava a beneficiar o povo americano. De facto, a legislação foi uma traição total ao povo americano por parte da administração Clinton. Por outras palavras, a legislação tratava de jogar rápido e solto com o preço do petróleo pelo qual as empresas tinham de pagar royalties ao governo federal.

Este roubo maciço, sancionado pelo governo, do povo americano deu às majors petrolíferas milhares de milhões de dólares absolutamente grátis. Esta lei é um dos mais audaciosos assaltos à luz do dia jamais perpetrados pela indústria petrolífera. E ao longo deste grande roubo, os chacais dos meios de comunicação - tanto impressos como electrónicos - têm permanecido mortalmente silenciosos.

É aqui que Tony Knowles, o Governador do Alasca, entra. Não esqueçamos que a ARCO fez $352.000 em contribuições durante as eleições de 1996. Em 1994, Knowles recebeu 32.000 dólares e isto contribuiu para a sua eleição como primeiro governador democrata do Alasca, provavelmente também o primeiro governador de um estado adormecido na Casa Branca, tudo parte da conspiração global para roubar ao povo americano.

CAPÍTULO 19

O petróleo líbio e o bombardeamento de Pan Am

Isto não é o fim da história do desvio do petróleo do Alasca por parte da Big Oil. Pelo contrário, é o primeiro capítulo de uma saga em curso que terminará com o povo americano como perdedores, enquanto a China e o cartel petrolífero se afastam com milhares de milhões de dólares em saques ilícitos.

O próximo capítulo da nossa saga da indústria petrolífera tem lugar na Líbia, pois os intrépidos membros do cartel, que nunca dormem e estão sempre em movimento, sendo o seu slogan "Lutamos pelo petróleo", há muito que viam o petróleo líbio como uma bênção, se ao menos pudessem deitar-lhe as mãos. O líder líbio Muammar Gaddafi provou ser mais do que um adversário dos homens do cartel petrolífero, e com todos os seus esforços para o depor terem falhado, estão constantemente a ser procurados novos métodos e oportunidades.

Não o podiam envenenar; Gaddafi sempre teve a sua comida provada. Assassinato seria difícil, porque só viajava com os seus guardas de confiança, livre de subornos, e nunca usava transportes públicos. Depois, muito inesperadamente, surgiu a oportunidade com o bombardeamento do voo 103 da Pan Am, que caiu sobre Lockerbie, na Escócia, matando todas as 270 pessoas a bordo. Ajudados (como sempre) pela CIA, os homens do cartel foram trabalhar.

Na sua determinação em obter o controlo do petróleo líbio dos seus legítimos proprietários, os homens do Cartel do Petróleo aproveitaram a oportunidade para culpar Muammar Gaddafi pelo trágico bombardeamento do voo 103 da Pan Am. Na prossecução do seu objectivo, os homens do Cartel do Petróleo convenceram facilmente o Presidente Ronald Reagan de que era desejável e necessário que a Força Aérea norte-americana bombardeasse a capital líbia de Trípoli. Para este fim, os bombardeiros americanos foram lançados de bases na Grã-Bretanha, e bombardearam Trípoli em flagrante violação da Constituição dos EUA, da Lei de Neutralidade de 1848, das quatro Convenções de Genebra, e da Convenção de Haia sobre bombardeamentos aéreos, da qual os EUA são signatários. O poder do cartel do petróleo é tal que este ataque inconstitucional a um país contra o qual os EUA nunca declararam guerra, um país que nunca se envolveu num acto comprovado de beligerância contra os EUA, não foi condenado como um acto ilegal, mas foi saudado pelo povo americano, há muito tempo pelas vítimas da máquina de lavagem cerebral infernal do Instituto Tavistock, e pelos chacais da imprensa. Gaddafi perdeu um membro da família no ataque, o que abalou a sua determinação em manter a Líbia independente. A tragédia da Pan Am 103 nunca será totalmente explicada porque a vasta máquina de propaganda à disposição dos governos americano e britânico irá assegurar que a verdade sobre este crime contra o povo americano nunca seja revelada. A observação de Benjamin Disraeli em 1859, um agente de Lionel Rothschild, merece ser citada:

> Todos os grandes acontecimentos foram distorcidos, a maioria das causas importantes foram ocultadas, alguns dos principais actores nunca aparecem, e todos aqueles que aparecem são tão mal compreendidos e distorcidos que o resultado é uma completa mistificação. Se a história da Inglaterra for alguma vez escrita por alguém com o conhecimento e a coragem, o mundo ficará espantado.

Os governos britânico e americano demonstraram a sua incomum capacidade de prevaricar e ofuscar da forma mais convincente. Este talento não é novo, mas foi consideravelmente aperfeiçoado pelos empregados da Wellington House, da qual Bernays, um parente dos Rothschilds, foi o principal propagandista. Esta grande fábrica de propaganda foi desenvolvida no início da Primeira Guerra Mundial, para contrariar a falta de entusiasmo do povo britânico pela guerra contra a Alemanha.

A história do atentado à bomba Pan Am 103 começou a 3 de Julho quando um Airbus da Iranian Airways, transportando 290 passageiros a caminho do Haj em Meca, foi abatido pelo USS Vincennes. O Airbus, que tinha descolado do aeroporto civil de Bandar Abbas no Irão, tinha acabado de atingir altitude de cruzeiro quando um míssil Aegis disparado pelo USS Vincennes o atingiu. O Airbus despenhou-se, matando toda a gente a bordo. A tripulação do Vincennes sabia que o seu alvo era uma companhia aérea civil? Todos os consultados sobre o ataque, sem excepção, confirmaram que o Airbus não podia ser confundido com outra coisa que não fosse uma companhia aérea civil. Um Khomeini ultrajado manteve uma relativa calma, mas tinha secretamente ordenado ao chefe dos Pasdaran (serviços secretos) que seleccionasse quatro companhias aéreas americanas para atacar por vingança. O chefe Pasdaran relatou a Ali Akbar Mohtashemi que ele tinha escolhido a Pan American Airways como alvo.

O plano foi apresentado a Mohtashemi em Teerão a 9 de Julho de 1988 e aprovado por ele para acção imediata. Foi depois entregue a um antigo oficial do exército sírio, o Coronel Ahmed Jabril, que comandou a Frente Popular de Libertação da Palestina (FPLP), com sede em Damasco, sob a protecção do falecido Presidente Hafez al Assad.

O dado foi lançado quando Jabril alvejou o voo 103 da Pan Am, partindo de Frankfurt, Alemanha, com uma escala em Londres - o destino final sendo Nova Iorque. Embora a Grã-Bretanha e os EUA o tenham negado mais tarde, o próprio Jibril alegou ter recebido 10 milhões de dólares para levar a cabo a sua missão, e alguns relatórios afirmaram que a CIA tinha de facto rastreado 10 milhões de dólares em transferências para uma conta numerada da Suíça detida pelo Jibril.

A perícia de Jibril é inquestionável: era conhecido como um

mestre bombista que tinha levado a cabo uma série de ataques bombistas a aviões britânicos, suíços e americanos desde 1970. Além disso, Jibril orgulhava-se muito dos seus interruptores de bomba, que carregavam a sua própria marca e método de activação, o que, segundo os especialistas em inteligência, tornava o seu "trabalho" indiscutível.

Dois cidadãos líbios, Abdel Basset Ali al-Megrahi e Lamen Khalifa Fhimah, foram acusados do atentado, apesar de não terem experiência no fabrico de bombas e de não terem as instalações necessárias para fabricar uma bomba tão sofisticada. Nunca houve qualquer prova positiva, nenhuma prova que ligasse a bomba e a queda da Pan Am 103 aos dois arguidos. Pelo contrário, havia amplas provas para estabelecer que o bombardeamento foi obra de Jibril e do PFLP. Ficou claro que a equipa da Jibril era constituída por peritos em fabrico de bombas, Hafez Kassem Dalkamoni e Abdel Fattah Ghadanfare, ambos a viver em Frankfurt, Alemanha. A 13 de Outubro, Dalkamoni foi acompanhado por outro perito em fabrico de bombas, um tal Marwan Abdel Khreesat, cuja residência era em Amman, Jordânia. Khreesat era conhecido entre os oficiais sírios e o PFLP como o melhor "perito em explosivos". Mais do que isso, Khreesat tinha recentemente começado a trabalhar de ambos os lados - era também um informador do serviço secreto alemão, o BKA. Publiquei a história completa sob o título "PANAM 103, um rasto mortal de engano", em 1994.

Foi lançada uma campanha internacional de calúnia e denigração contra a Líbia pela sua responsabilidade nos bombardeamentos. Nunca foi fornecida qualquer base factual, a não ser os nomes dos dois líbios acusados do crime. Quando a Líbia se recusou a entregar o "acusado" a um tribunal escocês, foi instituído um boicote internacional contra a venda de petróleo bruto líbio, acompanhado de uma guerra de palavras contra a Líbia, a qual não se via desde a Segunda Guerra Mundial.

Como mencionado anteriormente, um Presidente Reagan impressionável foi facilmente convencido a concordar com um bombardeamento em Trípoli. Todos os activos líbios em bancos estrangeiros, onde poderiam estar localizados, foram congelados. Na verdade, foi lançada uma guerra total contra o país. Um avião civil líbio a caminho de Tripoli vindo do Sudão foi abatido por "forças desconhecidas" na crença errada de que Kadhafi estava a bordo. Todo o comércio entre a Líbia e o Ocidente foi interrompido.

A Líbia foi falsamente acusada de fabricar "armas de destruição maciça" e colocada na lista do Departamento de Estado de países que patrocinam oficialmente o terrorismo internacional. Entretanto, foi mantido e aumentado o clamor internacional para que a Líbia entregasse os dois "suspeitos" à Grã-Bretanha ou à Escócia. Acusações selvagens e sem fundamento contra a Líbia vêm de todos os lados. Entretanto, a Líbia continuou a vender petróleo à Europa Ocidental e à Rússia, mas alguns países, como a França e a Itália, começaram a ressentir-se das restrições e negociaram em privado o fim do boicote. Mas a Grã-Bretanha e os Estados Unidos não têm nada disso, e Robin Cook (Ministro dos Negócios Estrangeiros britânico) diz aos ministros da UE que Kadhafi concordou em entregar os dois "suspeitos", desde que sejam julgados num tribunal escocês, um anúncio de que Kadhafi chama inicialmente uma "mentira". A Rússia começou a aumentar as suas compras de crude líbio, ao ponto de a Grã-Bretanha e os EUA se terem apercebido de que o boicote não será eficaz por muito mais tempo.

Uma equipa de negociadores americanos foi a Trípoli para fazer um acordo com Kadhafi que permitiria às duas grandes potências salvar a face e à Líbia sair do gancho, ao mesmo tempo que parecia cumprir as exigências de entregar os dois "suspeitos" a um tribunal escocês em território neutro. Isto satisfaria a lei muçulmana de que os cidadãos líbios nunca são extraditados para serem julgados em países estrangeiros por um crime, o que é uma solução que se pode esperar de mentes desonestas.

O "Tribunal Escocês" reuniu-se no Camp Zeist, Holanda, uma vez que a Holanda não estava entre os países acusadores que pretendiam processar os dois líbios. Isto resolveu a questão da lei muçulmana. O Camp Zeist foi declarado "território escocês" num espectáculo de magia que teria deixado Las Vegas orgulhosa. Os dois "suspeitos" e depois "voluntariaram-se" para serem julgados e foi marcada uma data para a abertura de um processo contra eles.

Porque é que a jurisdição era a lei escocesa? A resposta é que, para além do facto de a causa da acção ter surgido na Escócia, a lei escocesa permite um terceiro veredicto especial, o de "não provado", que se situa entre a culpa e a inocência. Foi garantido a Kadhafi que as provas apresentadas pela acusação não seriam suficientes para condenar os líbios. Assim, enquanto a "justiça" seria vista como feita, os líbios seriam livres. Mas a promessa não foi cumprida.

Este foi o contexto para o julgamento, que começou com um estrondo. O processo do procurador contra al-Megrahi e Khalifa foi fraco. O advogado de defesa esperou até ao início do julgamento para anunciar a sua defesa. Iam apresentar provas de que Jabril e o PFLP tinham cometido o ataque e chamar 32 testemunhas para apoiar a sua defesa. Os peritos com quem falei foram da opinião de que se se verificasse que as testemunhas do PFLP iriam de facto aparecer, o julgamento seria interrompido com base em "não provado". A última coisa que a Grã-Bretanha e os EUA queriam era que todos os factos fossem revelados num tribunal aberto. Em troca da sua "cooperação", Gaddafi teve a garantia de que o boicote contra a Líbia seria levantado e que a torneira sobre o petróleo bruto líbio seria aberta novamente.

Os principais beneficiários seriam, evidentemente, os membros do cartel petrolífero. O verdadeiro vilão responsável pelo hediondo crime Pan Am nunca foi acusado. E o USS Vincennes e o Airbus iraniano que destruiu? Isso também fazia parte do acordo feito pelo governo sombra. Seria oficialmente declarado que a tripulação do Vincennes acreditava erradamente que estava a ser atacada por um avião militar.

Os únicos a beneficiar foram o cartel petrolífero, que quase imediatamente começou a obter lucros enormes com a venda do crude líbio. Quanto aos familiares dos que morreram às mãos do PFLP de Jabril, não obtiveram a resolução que procuravam há doze anos, embora o veredicto oficial tenha considerado dois homens inocentes culpados do hediondo ataque.

Uma outra nota deve ser acrescentada, nomeadamente o papel desempenhado por George Bush e Margaret Thatcher na garantia de uma cobertura para qualquer investigação completa sobre o atentado à bomba Pan Am 103 que possa ser solicitada mais tarde. O deputado escocês Tom Dalyell disse à Câmara que

> "as autoridades britânicas e americanas não estão interessadas em descobrir a verdade porque isso as deixaria desconfortáveis".

Dalyell é o deputado que, sozinho, processou Thatcher pelo seu acto criminoso de ordenar que um submarino britânico torpedeasse e afundasse o navio de cruzeiro argentino "Belgrano" em águas internacionais, em clara violação da Convenção de Genebra.

Devido à persistência de Dalyell, Thatcher perdeu a confiança dos seus controladores e foi forçada a abandonar o cargo em desgraça e a retirar-se prematuramente da vida pública. Não há dúvida de que as duas pessoas que sofreriam mais embaraços se a verdade se soubesse seriam George Bush e Margaret Thatcher. Um tipo diferente de terrorismo foi então encenado na fronteira Kuwait-Iraque. O corrupto regime ditatorial Al Sabah conquistou um grande triunfo ao persuadir George Bush a ordenar por procuração uma nação cristã civilizada para chover mísseis de cruzeiro sobre um Iraque que já sofre novamente como castigo colectivo por uma alegada tentativa de assassinato de Bush Sr. Nem todos aceitam a palavra dos impiedosos ditadores de Al Sabah de que o alegado plano de assassinato de Bush era genuíno. Muitos países expressaram sérias dúvidas sobre a validade da alegação de Al Sabah. Eis o que disse uma fonte de inteligência:

> ... As "provas" alegadamente detidas pelos Al Sabahs seriam rejeitadas por qualquer tribunal americano ou britânico. A "prova" é tão manipulada que não é de admirar que o governo dos EUA não se atreva a revelá-la num fórum aberto. Este caso (o alegado atentado contra a vida de George Bush por

cidadãos iraquianos) é de tal forma manipulado e escandaloso que se admira com a profundidade da depravação a que os EUA desceram. Se houvesse senadores independentes, eles deveriam ter exigido que Clinton lhes apresentasse as suas provas numa audiência aberta da comissão, mas claro que Clinton não tem provas que resistissem ao escrutínio num tribunal aberto com testemunhas sob juramento, pelo que os senadores puderam fugir ao seu dever.

Um observador que assistiu ao julgamento disse:

> Os iraquianos que foram acusados eram contrabandistas comuns sem qualquer experiência de inteligência ou explosivos. Seria difícil encontrar um grupo mais improvável - não o tipo de pessoas que o governo iraquiano empregaria se quisesse matar George Bush. O camião supostamente contendo explosivos estava de facto cheio de contrabando e foi "encontrado" a milhas da Universidade do Kuwait, o local onde os "agentes dos serviços secretos iraquianos" deveriam ir para realizar a "conspiração" para assassinar George Bush.

O caso contra os dois contrabandistas iraquianos está tão cheio de buracos, e tão envolto em conversa dupla, ofuscação, e "provas" fabricadas, que faria uma boa conspiração para uma comédia Laurel and Hardy se não fosse tão trágica. Os investigadores norte-americanos entrevistaram os dois homens que confessaram ter tentado realizar um ataque a George Bush, mas qualquer confissão obtida enquanto os arguidos estavam nas mãos dos Al Sabahs teve de ser tratada com o maior cepticismo. O Kuwait tem uma história infame de tortura, linchamento, ódio aos estrangeiros - especialmente aos iraquianos - propaganda inteligente e mentiras directas. A família Al Sabah é tão cruel, vingativa, ditatorial e bárbara como qualquer outra no mundo de hoje. Não se pode confiar na sua palavra. Todo este episódio é um golpe apressado e desajeitado para fazer parecer que Bush estava em perigo.

Em todo o caso, suponhamos por um momento que os pretensos terroristas ineptos vieram ao Kuwait com a intenção de assassinar George Bush. Por que razão então o Iraque não foi levado perante as Nações Unidas ou o Tribunal Internacional de Justiça em Haia?

Se Bush e os Al Sabahs estavam tão ansiosos por encerrar as suas acções no manto das Nações Unidas, porque é que os EUA e o Kuwait não foram a Haia e ao Conselho de Segurança da ONU para apresentar o seu caso? Os EUA não deveriam ter feito parte desta cruel charada. No "julgamento" destes dois pobres bodes expiatórios convenientes não foi produzida nenhuma prova verificável. Todo este caso foi uma vergonha, um acto político, que nada teve a ver com a punição judicial de um crime.

Os EUA começaram agora a punir qualquer nação que se atreva a discordar dela, e operamos sob a premissa duvidosa de que a possibilidade está certa. Estamos a tornar-nos o rufia número um do mundo. É do conhecimento geral que os magnatas do cartel petrolífero pagaram a vários países grandes somas de dinheiro para participar na guerra ilegal contra o Iraque. Os países que receberam um suborno foram listados em relatórios, incluindo os montantes pagos.

Um destes relatórios tratava do acordo de Al Sabah com Hill and Knowlton, a famosa agência de publicidade, pelo qual recebeu a soma de 10 milhões de dólares para convencer o povo americano de que os ditadores de Al Sabah deveriam ser salvos.

Foi através da bem treinada e bem ensaiada Nayira Al Sabah que Hill e Knowlton venderam o seu caso distorcido à América, com o apoio das prostitutas mantidas dos meios de comunicação controlados. Depois uma fonte muito fiável, o *Financial Times* de Londres, confirmou as alegações feitas contra os ditadores Al Sabah e os seus capangas americanos em 1990 e 1991. Segundo o *Financial Times* de 7 de Julho, os Al Sabahs utilizaram o Gabinete de Investimento do Kuwait (KIO) em Londres para distribuir dinheiro a países dispostos a serem subornados para defender o Kuwait na Guerra do Golfo. O *Financial Times* disse que "300 milhões de dólares foram utilizados na ONU para comprar votos para o Kuwait", o que foi noticiado no auge da febre da Guerra do Golfo. "Isto (votos da ONU) forneceu a base legal para a libertação do Kuwait pelas forças multinacionais".

O Al Sabah, apanhado em flagrante, lançou um furioso contra-ataque contra o artigo do *Financial Times*. O Ministro das Finanças Nasser Abdullah al-Rodhan afirmou:

> O Kuwait nunca recorreu a estes meios, nem no passado nem hoje. A acusação visava manchar a imagem do país e o seu direito a restabelecer a sua soberania após a invasão iraquiana de 1990.

O ministro das finanças prosseguiu dizendo que os 300 milhões de dólares foram roubados da Organização das Indústrias Culturais e que os perpetradores estavam simplesmente a tentar cobrir os seus rastros acusando o Kuwait de comprar votos. As comissões responsáveis do Senado tinham o dever de investigar estas acusações e um dever ainda maior de descobrir a razão pela qual os Estados Unidos alinharam com os déspotas no Kuwait e lançaram mísseis de cruzeiro em Bagdade duas vezes, quando não tínhamos o direito constitucional, legal ou moral de tomar tal acção. É absolutamente necessário, mesmo a esta hora tardia, que a verdade sobre o Kuwait e o Iraque seja apresentada ao povo americano, o que os magnatas do petróleo estão determinados a evitar. Eles moverão o céu e a terra para proteger os ditadores de Al Sabah, e continuarão a mentir sobre o Iraque durante o tempo que for necessário. O remédio está nas mãos de Nós, o Povo. A forma como o Congresso se tem mostrado disposto a curvar-se e a lutar contra os ditadores do Al Sabah não é nada menos que uma vergonha nacional.

CAPÍTULO 20

Uma história que precisa de ser contada

A história da Venezuela merece ser contada, pois é um país onde o desequilíbrio entre a pobreza extrema e a riqueza extrema é mais evidente do que o habitual. A Venezuela sempre foi desavergonhadamente explorada e sangrada pelo cartel do petróleo, sem qualquer benefício para o país ou para a sua população. Esta foi a situação quando em 1998 os pobres foram federados por um antigo pára-quedista, Hugo Chavez, e encorajados a ir às urnas em números recorde. Chávez foi eleito presidente numa vitória esmagadora que abalou os senhores do cartel petrolífero.

Uma vez no poder, Chávez não perdeu tempo em cumprir as suas promessas eleitorais. O Congresso venezuelano, nos bolsos dos barões do petróleo durante 30 anos, foi dissolvido. Chávez denunciou os EUA como o inimigo dos pobres da nação. O novo presidente instituiu uma lei sobre hidrocarbonetos muito semelhante à lei aprovada pelo patriota mexicano, o Presidente Carranza, que tomou o controlo da indústria petrolífera do cartel petrolífero e a colocou directamente nas mãos do povo da Venezuela.

Depois Chavez atingiu o cartel petrolífero onde mais prejudicou - na carteira - ao introduzir um aumento de 50% nos royalties a serem pagos pelas companhias petrolíferas estrangeiras. A empresa estatal Petroleos de Venezuela passou por uma remodelação que deixou desempregados a maioria dos líderes empresariais pró-EUA. Isto foi um golpe para os EUA e mesmo para o resto do mundo.

A Venezuela não é um pequeno actor na indústria petrolífera. Em 2004, foi o quarto maior exportador de petróleo do mundo e o terceiro maior fornecedor de petróleo bruto para os EUA. A Petroleos de Venezuela emprega 45.000 pessoas e tem um volume de negócios anual de 50 mil milhões de dólares. O antigo pára-quedista com a voz trovejante subiu corajosamente à sela de um cavalo selvagem. A grande questão era quanto tempo levaria até que os magnatas do cartel do petróleo o destituíssem. Ao assumir o controlo desta grande indústria, Chavez estabeleceu-se subitamente na cena mundial como um homem a ser considerado, um pouco como o Dr. Mossadegh.

Maracaibo é o centro do poder de Chavez. Os trabalhadores do petróleo apoiaram-no fortemente e, embora sem dinheiro, tiveram uma maioria nas eleições. Tal como o enorme géiser petrolífero que rebentou da terra em 14 de Dezembro de 1922 (cem mil barris por dia derramados no ar durante três dias antes de serem contidos), os trabalhadores do petróleo precisam de ser organizados e controlados. Chavez teria muito trabalho a fazer para parar o petróleo.

Nos quarenta anos seguintes, a Venezuela deixou de ser um país pobre e indigente da América do Sul para passar a ser um dos países mais ricos do continente. O embargo petrolífero da OPEP triplicou o orçamento nacional da Venezuela, atraindo a atenção dos tubarões predadores que cruzam as suas águas internacionais. Os agentes do cartel do petróleo persuadiram o país a gastar em excesso. O Fundo Monetário Internacional (FMI) inundou o governo venezuelano com enormes empréstimos.

O cenário estava preparado para a sabotagem económica e veio com o colapso dos preços mundiais do petróleo bruto. A Venezuela estava prestes a descobrir que os simpáticos homens de fato de negócios com pastas carimbadas "FMI" também transportavam punhais afiados. As medidas de austeridade mais impossíveis foram impostas à Venezuela. Como resultado, os pobres tiveram de pagar os empréstimos e o rendimento per capita do país caiu quase 40%.

O modelo clássico de aquisição pelo cartel do petróleo estava a ser criado. O ressentimento e a raiva cresceram lado a lado até que a pressão já não podia ser contida. Eclodiram motins, nos quais mais de duzentas mil pessoas foram mortas. A classe média emergente foi a mais atingida e a maioria das pessoas foi reduzida à pobreza durante os dois anos seguintes. Surpreendentemente, Chavez agarra-se ao poder. Será que os EUA montariam outra operação do tipo "Cocas Roosevelt" ou o país seria simplesmente invadido por mercenários militares americanos? Mas enquanto o cartel do petróleo pesava as suas opções, o 11 de Setembro interveio. A Venezuela teve de esperar. Mas não esperou muito tempo. Os primeiros tiros foram disparados pelo *New York Times,* que retratou Chávez como um inimigo da liberdade. Os comentadores americanos previram uma grande agitação laboral que conduziria à queda de Chávez. Qualquer analista digno do seu sal podia ver que o modelo iraniano estava a ser aplicado à Venezuela; de facto, Washington não parecia inclinado a escondê-lo.

Tal como no caso do General Huyser em Teerão, os agitadores americanos instaram os trabalhadores do petróleo à greve, e fizeram-no. O *New York Times* mal conseguiu conter o seu contentamento. Manchetes de gritaria declaradas:

> Centenas de milhares de venezuelanos encheram hoje as ruas declarando o seu compromisso de uma greve nacional, agora no seu 28° dia, para forçar a expulsão do Presidente Hugo Chavez. Nos últimos dias, a greve chegou a um impasse, com o Sr. Chavez a utilizar trabalhadores não grevistas para tentar normalizar o seu funcionamento da companhia petrolífera estatal. Os seus opositores, liderados por uma coligação de líderes empresariais e sindicais, dizem que a sua greve vai empurrar a empresa, e portanto o governo Chavez, para o colapso.

Se se sobrepusesse o plano de Kermit Roosevelt, da CIA e do General Huyser (o homem que derrubou o Xá), sobre a situação em Caracas, ele encaixaria perfeitamente. Os provocadores treinados nos EUA estavam a trabalhar. Mas desta vez não foi o Cocas Roosevelt, mas sim Otto J. Reich, um veterano rabble-rouser com vasta experiência no fomento de revoluções na Guatemala, Equador, Filipinas, África do Sul, Chile, Nicarágua, Panamá e Peru. Em Washington, a administração Bush levantou taças de champanhe para celebrar o sucesso do Reich na Venezuela. Mas a sua celebração foi de curta duração. Reunindo os seus mais duros apoiantes entre os trabalhadores do petróleo, Hugo Chavez, o ex-paraquedista, é capaz de manter os militares do seu lado. Todas as tentativas do Reich de virar o corpo de oficiais contra o seu presidente caíram por terra. Reich teve de regressar com a cauda entre as pernas e voar para Washington à pressa.

Setenta e duas horas depois, o Presidente Chavez tomou o controlo firme do seu governo e começou imediatamente a eliminar os traidores e mercenários do agente Otto Reich. Os executivos da companhia petrolífera que tinham trocado prematuramente de lado foram expulsos do país, juntamente com um punhado de oficiais desleais do exército. Dois dos líderes do golpe, que admitiram a sua cumplicidade com o Reich e os seus chefes de Washington, foram condenados a vinte anos de prisão. Por uma vez, a CIA teve de se afastar com um olho negro.

Noutro país, sob ataque dos magnatas do cartel do petróleo, o Irão estava envolvido numa batalha com os herdeiros dos Illuminati. Os seus planos cuidadosamente elaborados tiveram um sucesso aparente com a ascensão ao poder do líder fundamentalista Ayatollah Khomeini, e deveriam servir de modelo para futuros ataques a outros estados-nação seleccionados com recursos naturais cobiçados.

Neste livro, vamos examinar quem eram os conspiradores, quais eram os seus motivos e o que ganharam ao destruir o Xá e instalar um fundamentalista fanático no seu lugar. Vou tentar desvendar o mistério de como o Irão regressou à idade das trevas da qual tanto se esforçara por emergir sob a liderança do Xá, com base na modernização da sua indústria petrolífera.

Os conspiradores são herdeiros da ordem secreta do século XVIII, cujo projecto foi traçado por Adam Weishaupt e a sua ordem Illuminati, os Illuminati. A lista de homens proeminentes do cartel petrolífero que são membros dos Illuminati nunca foi tornada pública, mas todas as indicações são de que se trata de um número significativo. Limitar-nos-emos aqui a um breve relato sobre os Illuminati.

O objectivo do Iluminismo é estabelecer um governo mundial único, derrubando a ordem existente e destruindo todas as religiões, especialmente o Cristianismo. Exige uma nova ordem mundial, o "Novus Seclorum" impresso no verso das notas de $1 da Reserva Federal. Exige o regresso do homem à idade das trevas, sob um sistema feudal, onde se exerce um controlo absoluto sobre todas as pessoas do mundo. Tal sistema foi experimentado na União Soviética, dirigido pelos senhores feudais do Partido Comunista, e quase replicado pelos EUA, Grã-Bretanha e URSS antes do seu colapso, pois foi considerado impraticável. Foi contra este sistema que George Orwell alertou.

Os conspiradores são conhecidos por vários nomes diferentes: a nobreza negra veneziana, os aristocratas e famílias reais, o Conselho de Relações Exteriores, a Fundação Cini, a Fondi, etc. As antigas famílias exerceram o poder absoluto nos últimos cinco séculos, quer na Europa, México, Grã-Bretanha, Alemanha ou Estados Unidos. Na União Soviética, as velhas famílias ("raskolniks") foram derrubadas e substituídas por um novo conjunto de aristocratas muito mais repressivos. O plano é que todas as nações sejam colocadas sob a liderança do "Comité dos 300".

A maioria dos membros da antiga nobreza europeia professam o cristianismo como a sua fé, mas na realidade não acreditam nele e não praticam os seus princípios. Pelo contrário, a maioria deles são adoradores de cultos. Eles não acreditam que Deus exista realmente. Eles pensam que a religião é apenas um instrumento a ser utilizado para manipular as massas de pessoas comuns e assim manter o seu controlo sobre a população.

A Karl Marx é erroneamente atribuído o crédito de dizer que a religião é o ópio das massas. Mas esta doutrina foi formulada e seguida centenas de anos antes, pelas famílias reais que frequentavam regularmente a Igreja Cristã, com uma demonstração exterior de pompa e cerimónia, muito antes de Marx ser autorizado a copiar o plano de Weishaupt e reivindicá-lo como seu.

Um dos cultos mais antigos que a Nobreza Negra segue de perto é o culto de Dionísio, que ensina que certas pessoas são colocadas na Terra como governantes absolutos do planeta, e que todas as riquezas e recursos naturais da Terra lhes pertencem. Esta crença enraizou-se há cerca de 4000 anos, e então, como agora, os seus seguidores são chamados de Olimpíadas.

Os Olimpíadas fazem parte do Comité dos 300. A perpetuação da linha familiar e do seu reinado é o primeiro artigo de fé dos Olimpíadas. Estão convencidos da escassez de recursos naturais, especialmente do petróleo, que está reservado à sua propriedade exclusiva. Afirmam que os recursos petrolíferos estão a ser consumidos e esgotados demasiado depressa por uma população em rápida expansão de "comedores inúteis", pessoas de pouco valor. Os Olimpíadas diferem de Weishaupt porque, enquanto Weishaupt queria um grupo formalizado, um Novus Seclorum, um corpo, que governaria a terra abertamente, os Olimpíadas conformaram-se com uma organização solta que é difícil de identificar. Os Olimpíadas de hoje recomeçaram onde Weishaupt parou, e vão por vários nomes: o Clube de Roma, os comunistas, os sionistas, os maçons, o Conselho das Relações Exteriores, o Instituto Real para os Assuntos Internacionais, a Mesa Redonda, o Grupo Milner, o Trilateral, o Grupo Bilderberg, e a Sociedade Mont Pelerin, para citar alguns dos principais. Existem muitos outros órgãos conspirativos interligados e sobrepostos. Os membros seleccionados formam o Comité dos 300 com as cabeças coroadas da Europa. Todas estas organizações têm uma coisa em comum, nomeadamente o controlo de todos os recursos naturais, com o petróleo no topo da sua lista.

O Clube de Roma é a principal organização de política externa que supervisiona todos os outros organismos conspiratórios do mundo.

A lavagem ao cérebro de nações inteiras é a especialidade do

Instituto Tavistock, utilizando métodos desenvolvidos pelo Brigadeiro-General John Rawlings Reese em 1925, e ainda hoje em uso em 2008. Foi um dos estagiários de Reese que conseguiu fazer o povo americano acreditar que um político pequeno e obscuro da Geórgia, James Earl Carter, poderia conseguir liderar a nação mais poderosa do mundo. A crença era que Carter seria a ferramenta das companhias petrolíferas.

Foi a decisão do Xá de libertar o seu país do estrangulamento que as companhias petrolíferas imperialistas britânicas e americanas, lideradas por proeminentes membros dos Illuminati, tiveram sobre o Irão que levou à sua queda - como nos casos do Dr. Verwoerd da África do Sul e do General Somoza da Nicarágua.

Como detalhado neste livro, o Xá fez um acordo separado com a empresa italiana ENI através do seu presidente, Enrico Mattei. Fê-lo apesar das ordens britânicas para lidar apenas com a Philbro, um conglomerado gigante, e a British Petroleum, que fazem parte do que Mattei chamou as "sete irmãs" das companhias petrolíferas. O Xá também embarcou num programa de energia nuclear no valor de 90 mil milhões de dólares, desafiando as ordens dos executivos petrolíferos britânicos e americanos Illuminati para não o fazer. Averell Harriman, o reitor do corpo diplomático, é enviado para Teerão para entregar uma mensagem pessoal de Washington ao Xá: "faça o que tem a fazer ou será o próximo". Entre os desordeiros nas ruas de Teerão estava um mullah chamado Ayatollah Khomeini, mas desta vez revoltou-se contra o Xá, não em seu próprio nome. Para garantir que o Xá receba a mensagem, uma greve de professores de Teerão é organizada por Richard Cottam, professor na Universidade de Pittsburgh. Assim, os Estados Unidos interferiram nos assuntos soberanos do Irão em flagrante violação da Constituição dos EUA e do direito internacional, tudo em nome do poder dos "líderes Illuminati" do cartel petrolífero.

Em resposta a esta traição do poder imperial americano, o Xá telefonou a Kennedy e foi convidado para a Casa Branca em

1962. Foi alcançado um acordo entre Kennedy e o Xá. O Irão terminaria as negociações independentes com empresas como a ENI e trabalharia apenas com a BP e Philbro; em troca, o Xá seria autorizado a demitir o Primeiro-Ministro Amini.

Mas no seu regresso a Teerão, o Xá não honrou a sua parte do acordo. Despediu a Amini e continuou a lidar com a ENI enquanto procurava activamente negócios petrolíferos com vários outros países. Furioso por ser traído, Kennedy trouxe o General Bakhtiar, depois no exílio em Genebra. Bakhtiar chegou a Washington em 1962 e foi directamente para a Casa Branca.

Pouco depois, eclodiram graves motins em Teerão, com o Xá a denunciar os senhores feudais que queriam devolver o Irão à idade das trevas de um estado laico. No total, cerca de 5.000 pessoas morreram em resultado dos motins fomentados por Bakhtiar e pelos EUA. Mas em 1970, a sorte de Bakhtiar acabou; aproximou-se demasiado da fronteira com o Iraque e foi alvejado por um atirador furtivo.

A imprensa mundial declarou-o um "acidente de caça", uma capa para as actividades de Bakhtiar contra o Xá, que nas suas memórias "Em Resposta à História" escreveu:

> "Não o sabia na altura, talvez não o quisesse saber - mas é claro para mim agora que os americanos queriam que eu desaparecesse. O que é que eu ia fazer com a súbita nomeação do Ball para a Casa Branca como conselheiro do Irão? Eu sabia que o Ball não era amigo do Irão. Compreendi que a Ball estava a trabalhar num relatório especial sobre o Irão. Mas nunca ninguém me informou das áreas que o relatório deveria cobrir, quanto mais das suas conclusões. Li-os meses depois, quando estava no exílio, e os meus piores receios foram confirmados. O Ball foi um daqueles americanos que quiseram abandonar-me, e por fim ao meu país."

O Xá percebeu demasiado tarde que qualquer pessoa que fizesse amizade com a América estava condenada à traição, como mostram os exemplos do Vietname, Coreia, Zimbabué (Rodésia), Angola, Filipinas, Nicarágua, Argentina, África do

Sul, Jugoslávia e Iraque. Neste momento, é necessário mencionar novamente o nome do General americano Huyser. De 4 de Janeiro a 4 de Fevereiro de 1972, o General Huyser esteve em Teerão. O que é que ele estava lá a fazer? O seu papel nunca foi explicado, nem pelo próprio general nem por ninguém do governo, mas mais tarde verificou-se que estava a trabalhar com a CIA para conduzir uma operação de "perturbação". O exército iraniano foi privado do seu comandante-chefe, o Xá, e portanto sem um líder, enquanto Huyser preenchia o vazio, desempenhando o papel de Judas.

Convenceu o Xá a deixar Teerão para umas "férias", que ele acreditava que iriam ajudar a arrefecer o temperamento das multidões. O Xá aceitou o que pensava ser um conselho amigável e partiu para o Egipto. Foi nesta altura que o General Huyser falava diariamente com os generais iranianos. Disse-lhes que não devem atacar os desordeiros, ou os EUA cortariam os abastecimentos militares, peças sobressalentes e munições. A seu tempo, Washington daria a ordem, através do Xá, de atacar os desordeiros, disse Huyser. Mas essa ordem nunca chegou.

O exército de 350.000 homens do Irão foi efectivamente posto de lado, e o homem que realizou este espantoso feito foi o General Huyser, que nunca foi chamado a prestar contas, nem sequer pelo Senado dos EUA. Quando o Presidente Reagan veio à Casa Branca nos anos que se seguiram, ele queria sinceramente chegar ao fundo da história iraniana; ele poderia ter ordenado ao General Huyser que comparecesse perante uma comissão do Senado para explicar o seu papel. Mas o Presidente Reagan não fez nada. Nos bastidores, o marionetista James Baker III da Baker and Botts estava a puxar os cordelinhos. Esta antiga firma de advogados de Houston estava no centro da "protecção" dos interesses dos seus poderosos clientes da companhia petrolífera no Irão.

James Baker III deveria desempenhar um papel decisivo na construção da Guerra do Golfo de 1991. Em 1990, James Baker III fez saber ao mundo porque é que os EUA cobiçavam o petróleo iraquiano e iraniano:

A linha de vida económica do mundo industrial vem do Golfo e não podemos permitir que um ditador como este (Saddam Hussein) se sente nessa linha de vida. Para reduzir isto ao nível do cidadão americano médio, eu diria que significa empregos. Se quiser resumir numa palavra, são empregos.

A Constituição dos EUA declara que os EUA não se podem imiscuir nos assuntos de uma nação soberana, mas Baker and Botts, através de James Baker III, acredita que não tem de obedecer à Constituição. O Xá estava a meter-se no caminho das grandes companhias petrolíferas e não podia ser autorizado a "sentar-se nas suas mãos" nesta "linha de vida económica".

Igualmente preocupante é o papel desempenhado pela administração Carter no derrube do Xá. O Presidente Carter sabia antecipadamente que a embaixada dos EUA seria invadida se o Xá fosse admitido nos EUA, mas não fez nada para proteger a embaixada de ataques. De facto, após o regresso de Khomeini ao Irão, os EUA transportaram armas e peças sobressalentes para o Irão, utilizando aviões de carga Hercules e 747 de Nova Iorque, com paragens para reabastecimento nas ilhas dos Açores.

O porta-voz do governo britânico, o *Wall Street Journal*, e o *Financial Times* de Londres admitiram-no mais tarde. Revelaram também que David Aaron da CIA tinha reunido uma equipa de sessenta agentes, que foram enviados para o Irão em Janeiro de 1979, tal como o General Huyser chegou a Teerão. Foi sobretudo o Instituto Aspen, sede do Comité dos 300 na América, que traiu a confiança do Xá. Lisonjeou-o como um líder moderno, e se o Xá tinha um calcanhar de Aquiles, era a sua susceptibilidade à bajulação. Como resultado da lisonja de Aspen, doou vários milhões de dólares ao instituto. Aspen prometeu organizar um simpósio no Irão sobre o tema "Irão, passado, presente e futuro". Aspen cumpriu a sua promessa e o simpósio teve lugar em Persepolis, Irão. Foi um evento de gala, uma vez que o Xá e a sua esposa trataram a distinta reunião dos participantes numa refeição. Se o Xá tivesse sido devidamente informado, tê-los-ia mandado embora imediatamente. Mas os verdadeiros contadores de verdades são penalizados; não ocupam as prestigiadas cátedras de universidades famosas.

O Xá recebeu um retrato verbal brilhante da sua regra iluminada. Mas, nos bastidores, surgiu um quadro muito diferente. Dez importantes membros do Clube de Roma, incluindo o seu chefe, Aurelio Peccei, estão presentes em Persepolis.

Outros notáveis incluem Sol Linowitz da firma de advogados Coudet Brothers e o homem que mais tarde nos deu o nosso Canal do Panamá (membro do Comité de 300), Harlan Cleveland e Robert O. Anderson. Ambos os homens eram membros proeminentes do Instituto Aspen.

Outros com conhecimento do enredo foram Charles Yost, Catherine Bateson, Richard Gardner, Theo Sommer, John Oakes e Daniel Yankelovitch, o homem que molda a opinião pública através de actividades de sondagem. O MI6 chamou a este evento o início da "reforma" do Médio Oriente.

CAPÍTULO 21

A Reforma e um olhar sobre a história

No século XX, a "reforma" é impulsionada pelos auspícios dos anglófilos americanos - as elites dominantes - que estavam centrados num grupo central em torno dos Handyside Perkins, Mellon, Delano, Astor, Morgan, Straight, Rockefeller, Brown, Harriman e dinastias da família Morgan que fizeram fortunas incalculáveis com o comércio do ópio com a China. Muitas das grandes companhias petrolíferas vieram deste contexto. A família Bush, a começar por Prescott Bush, sempre serviu de satrap para a cabala.

O "Comité dos 300", composto por imperialistas americanos e seus servos da cabala britânica e americana, decidiu pouco antes da Primeira Guerra Mundial que o petróleo seria o combustível da Marinha Britânica e da Marinha Mercante. Lord "Jacky" Fisher foi o primeiro a reconhecer que o combustível do bunker da Marinha Real deveria vir do petróleo bruto e não do carvão, como expliquei acima.

Quando Winston Churchill se tornou Primeiro Senhor do Almirantado, instruiu o MI6 para elaborar um plano para confiscar os vastos campos petrolíferos da Mesopotâmia, sob o pretexto transparente de "impedir que tais vastas reservas de petróleo caiam em mãos alemãs". Tendo a Primeira Guerra Mundial conseguido "assegurar o mundo para a democracia", no início de 1919 o império petrolífero, que não se envergonhava da responsabilidade perante países ou nações, sendo de facto um grupo de corporações privadas fascistas que governavam o mundo, queria o controlo total e inquestionável das vastas reservas de petróleo do Médio Oriente e da parte sul da União Soviética. Para este fim, os "300" financiaram os movimentos nacionalistas que se levantaram na Alemanha, Itália e Japão na esperança de que invadissem e controlassem a Rússia. Os executivos petrolíferos planearam derrotar os governos alemão, italiano e japonês e assumir o controlo das reservas petrolíferas da União Soviética. O círculo Rockefeller planeou assumir o controlo do petróleo do Golfo Pérsico do cartel British-Persian Oil e assumir o controlo do petróleo do sudeste asiático da Royal Dutch Shell. Em 1939 e 1940, os alemães e italianos não atacaram a Rússia como os "Três Grandes" (um rótulo criado por Tavistock) tinham planeado. Em vez disso, o brilhante general alemão Irwin Rommel lançou o seu exército do deserto através do Norte de África para tomar o Canal de Suez e controlar todos os carregamentos de petróleo através dele. Rommel não tinha intenção de parar em Suez, mas planeava continuar para a Pérsia e expulsar os britânicos dos campos petrolíferos persa-mesopotâmicos. Entretanto, após um ataque falhado à Rússia em 1939, os japoneses varreram o sudeste asiático e apreenderam todas as propriedades petrolíferas da Royal Dutch Shell. Mas com a derrota do Japão em 1945, a maioria destes campos holandeses reais ficaram sob o controlo da Rockefeller's Standard Oil.

O alto comando de Hitler tinha planeado confiscar os campos petrolíferos da Roménia e de Baku antes do final de 1939, assegurando assim as próprias fontes de petróleo da Alemanha. Foi feito. Depois, o brilhante General Irwin Rommel, comandando o exército no Norte de África, iria capturar os campos petrolíferos persas em 1941 e os campos petrolíferos russos em 1942. Só então Hitler teria combustível suficiente para assegurar o futuro da Alemanha. Mas menos de uma semana após o ataque a Pearl Harbor, os japoneses convenceram Hitler a declarar guerra aos EUA. Este foi um movimento estratégico, uma vez que Hitler não tinha os recursos e mão-de-obra para ir para a guerra com os Estados Unidos.

Foi também o pior erro que poderia ter cometido, pois deu a Roosevelt a desculpa para entrar na guerra do lado Aliado, como

Stimson, Knox e Roosevelt tinham planeado. Hitler só concordou se os japoneses atacassem a Rússia, pois as tropas alemãs estavam agora atoladas na Rússia e Hitler ganharia uma vantagem estratégica se os russos se defendessem do Japão no seu flanco oriental. Quando os japoneses não atacam a Rússia, o exército alemão é empurrado para trás com perdas muito pesadas e não dispõe de abastecimento de combustível suficiente.

Os campos petrolíferos romenos em Ploesti não foram suficientes para a Alemanha combater uma guerra de duas frentes, e o esforço de guerra alemão começou a desmoronar-se face ao terrível bombardeamento das habitações de trabalhadores alemães deliberadamente visados por Churchill e pelo 'Bomber Harris' da RAF. A última grande campanha alemã da Segunda Guerra Mundial foi a brilhantemente planeada e executada Batalha do Bulge, na qual o Marechal de Campo Gerd von Rundstedt deveria atacar os Aliados invasores com a sua armadura, atravessar o porto de Antuérpia e capturar os depósitos de combustível dos Aliados. Isto iria parar as forças americanas e britânicas e obter o combustível de que a Alemanha precisava para continuar o seu esforço de guerra. Mas o General Eisenhower mandou queimar os depósitos de combustível dos Aliados e a Alemanha foi derrotada por bombardeamentos aéreos maciços, os seus aviões de combate (incluindo o novo caça bimotor) incapazes de descolar porque não tinham combustível, e por um longo período de mau tempo.

De regresso à Rússia, no início dos anos 50, Armand Hammer of Occidental Petroleum, um sátira Rockefeller, intermediou um acordo com o líder russo Joseph Stalin para comprar petróleo russo, com efeito, roubando-o ao povo russo, tal como aconteceria com "Yukos" e o plano de 2000 da Escola Wharton de Chicago para "privatizar" propriedade nacional russa. O petróleo russo foi então vendido no mercado mundial a um preço muito superior ao que Estaline teria obtido com a sua própria comercialização, dado que poucos países estavam dispostos a comprar petróleo a Estaline.

A Occidental Petroleum e os russos construíram dois grandes

oleodutos desde os campos petrolíferos siberianos na Rússia até aos dois lados do Mar Cáspio até à antiga exploração petrolífera britânico-persa - agora Standard Oil - no Irão.

Durante os próximos 45 anos, a Rússia enviou secretamente o seu petróleo através destes oleodutos e a Standard Oil vendeu este petróleo no mercado mundial a preços de petróleo bruto do Texas Ocidental, fingindo que se tratava de petróleo iraniano. Durante quase cinquenta anos, a maioria dos americanos utilizou gás refinado da Rússia pelas refinarias da Standard Oil nos principais portos marítimos como São Francisco, Houston e Los Angeles, onde a maior parte do petróleo do Golfo Pérsico foi enviado.

Foram construídos mais oleodutos através do Iraque e da Turquia. O petróleo russo chamava-se agora petróleo árabe, iraquiano e do Médio Oriente da OPEP e começou a ser comercializado sob a forma de quotas da OPEP, ao preço ainda mais elevado do "mercado à vista". O enorme esquema iniciado por Kissinger com a "crise do petróleo" de 1972 foi agora plenamente reconhecido e aceite.

Assim, entre 1972 e 1979, dezenas de milhões de americanos e europeus enganados foram subitamente confrontados com a escassez de gasolina e enormes aumentos de preços que aceitaram mansamente sem vacilar. Foi um dos esquemas de grande escala mais bem sucedidos da história, e continua a sê-lo até hoje. Em 1979, os interesses petrolíferos russos tentaram assegurar outra rota curta e segura de oleodutos a partir da Rússia através do vizinho Afeganistão. Mas a CIA ficou a saber do projecto e criou uma organização a que chamou "Taliban" a partir do zero. Um dos seus líderes era um saudita chamado Osama bin Laden, cuja família tinha há muito tempo laços muito estreitos com a família Bush.

Armados pela CIA, financiados por Washington e treinados pelas forças especiais americanas, os talibãs foram contra os russos, a quem os jornalistas americanos chamavam "os invasores". Os Talibãs provaram ser guerrilheiros formidáveis e impediram a construção do oleoduto.

Mas havia um lado negativo em tudo isto: os Taliban, que são muçulmanos muito rigorosos, insistiram em parar o comércio de papoilas e heroína da Grã-Bretanha e das famílias liberais da costa leste dos Estados Unidos. Assim, desde o início, houve uma obsolescência planeada para os Talibãs, que, não enganados, se agarraram a todas as armas fornecidas pelos americanos - e ao grande arsenal de dólares americanos. Vários dos seus líderes visitaram os EUA e foram recebidos como convidados de honra no rancho de Bush no Texas.

Quando o novo regime Khomeini no Irão, controlado pelos britânicos, chegou ao poder, a indústria petrolífera norte-americana, que faz com que a política externa imperialista do governo norte-americano, ameaçou imediatamente apreender 7,9 mil milhões de dólares de activos iranianos em bancos e instituições financeiras norte-americanas. Em 27 de Janeiro de 1988, o *Wall Street Journal* noticiou que a Standard Oil se tinha fundido com a British Petroleum.

Na realidade, foi a venda da Standard Oil à British Petroleum, sendo o nome da nova empresa resultante da fusão BP-America. O *Wall Street Journal* não considerou oportuno mencionar as preocupações sobre as práticas de marketing global predatórias do nome enganador Standard Oil, nem mencionou as políticas imperialistas da Standard Oil. Nos últimos 13 anos, a BP-America fundiu-se com e controla agora todas as "mini-empresas" da antiga Standard Oil que existiam antes do desmembramento inicial pelo governo dos EUA em 1911.

Milhões de americanos não têm ideia de como foram enganados, enganados por mentiras, conivência, traição e traição. Continuam a agitar a bandeira americana e declaram o seu patriotismo como o maravilhoso bem, patriótico e confiante cidadão que eles são. Eles nunca saberão como foram enganados e roubados. É agora possível compreender como é que o Presidente George Bush pôde mais uma vez liderar uma nação que estava sempre pronta a seguir cegamente, para um pântano no Iraque.

A luta pela sobrevivência das pequenas nações não é apenas uma luta pela sobrevivência contra um inimigo impiedoso que bombardeará e destruirá as suas infra-estruturas civis, como os EUA e os seus procuradores, Israel e a Grã-Bretanha, têm demonstrado no Iraque, Sérvia e Líbano. Hoje, a luta desesperada das pequenas nações contra os EUA e a Grã-Bretanha é pelo domínio de toda a terra. Apenas a Rússia se situa entre os EUA imperialistas e a segurança do mundo. Isto não é uma luta entre nações individuais mas uma luta contra a Nova Ordem Mundial imposta pelos EUA - um governo mundial.

Bin Laden e Saddam Hussein tornaram-se os porta-vozes das novas guerras contra o imperialismo americano, na realidade uma nova e muito maior guerra pelo petróleo do Mar Cáspio, Iraque e Irão, a "guerra ilimitada" prometida pelo Sr. Bush sem um murmúrio do Congresso americano ou um protesto de que o que Bush estava a propor era inconstitucional. Com 600 chefes legislativos a acenar com a cabeça, Bush recebeu poderes aos quais não tinha direito ao abrigo da lei suprema da terra, a Constituição dos EUA.

Regresso às maquinações petrolíferas no Extremo Oriente:

No final da Segunda Guerra Mundial, o General Douglas MacArthur foi nomeado pelo Presidente Truman como governador militar do Japão. O papel de MacArthur era o de assistente de Laurence Rockefeller, um neto do antigo "John D.". Durante os últimos seis meses da guerra, estavam em curso os preparativos para uma invasão das ilhas japonesas. Okinawa foi transformado numa grande lixeira de munições. Alguns cronistas próximos de MacArthur acreditam que Truman instruiu Laurence Rockefeller a entregar o armamento a Ho Chi Minh do Vietname do Norte pela soma simbólica de um dólar americano em troca da "cooperação e boa vontade" de Ho. Se os 55.000 soldados, que iriam morrer no Vietname, só pudessem saber do acordo, teriam levantado o telhado. Mas como todas as grandes conspirações, o fedor foi cuidadosamente escondido sob toneladas de "desodorizante" sob a forma de "boas relações" com os comunistas em linguagem diplomática. Traduzido, significava "pôr as mãos dos Rockefellers nas consideráveis jazidas de petróleo da região".

E em França? Não foi um dos "Aliados"? A França não era uma potência colonial no Vietname? Não é engraçado como "o nosso lado" é sempre "os Aliados", enquanto que o bloco oposto é um "regime" negro, desagradável e maléfico.

Há poucas respostas para a questão de porque é que MacArthur ficou de lado e deixou Rockefeller trair os mortos da Segunda Guerra Mundial. Um homem que poderia ter tido a resposta a esta pergunta foi Herbert Hoover, que mais tarde se tornou Presidente dos Estados Unidos da América. Realizou um estudo que provou que alguns dos maiores vilayets do petróleo estavam fora do que era então a Indochina Francesa, no Mar do Sul da China. Parece que a Standard Oil estava ciente deste valioso estudo. Isto foi antes da concepção da perfuração offshore e, numa revisão dos acontecimentos dos anos 20, um homem chamado George Herbert Walker Bush tornar-se-ia o CEO de uma empresa global de perfuração offshore chamada Zapata Drilling Company.

No final da Segunda Guerra Mundial em 1945, o Vietname ainda estava ocupado pelos franceses. Não houve sinais de insurreição por parte dos vietnamitas que pareciam gostar dos franceses e tinham mesmo adoptado a sua língua e muitos dos seus costumes. Mas isso estava prestes a mudar. Lawrence Rockefeller foi ordenado a entregar a Ho Chi Minh, o líder vietnamita, um grande stock de armas do exército americano armazenadas em Okinawa. Assim, as armas americanas maciças, extensas e caras foram entregues a Ho Chi Minh na esperança de que o Vietname expulsasse os franceses da Indochina para que a Standard Oil pudesse ocupar os campos offshore inexplorados.

Em 1954, o General Vietnamita Giap derrotou os franceses em Dien Bien Phu com armamentos fornecidos pelo exército americano através de Lawrence Rockefeller. Os pedidos desesperados dos franceses pela ajuda americana ficaram sem resposta. A administração Truman estava consciente deste plano? Claro que sim! Será que o povo americano enganado sabe? Claro que não! Até agora, os acordos secretos feitos à porta fechada tornaram-se uma prática corrente para o governo imperial americano.

No entanto, a cabala imperialista às portas de Washington não tinha tido em conta a impenetrabilidade do Oriente. Assim que a cabala Rockefeller começou a felicitar-se por um trabalho bem feito, Ho Chi Min renegou o acordo.

Educado e bem informado, Ho Chi Minh estava de alguma forma ciente do Relatório Hoover, que provou a existência de uma vasta reserva de petróleo ao largo da costa vietnamita, e tinha usado habilmente os EUA para o ajudar a livrar-se dos franceses antes de dar a Rockefeller uma corrida pelo seu dinheiro. Nos anos 50, foi desenvolvido um método de exploração de petróleo subaquático utilizando pequenas explosões nas profundezas da água e depois registando os ecos sonoros que saltavam das diferentes camadas de rocha abaixo. Os agrimensores poderiam então determinar a localização exacta das cúpulas arqueadas de sal que continham o óleo por baixo delas.

Mas se este método fosse utilizado ao largo da costa vietnamita em propriedades que a Standard não possui nem tem direitos, os vietnamitas, chineses, japoneses e provavelmente até os franceses correriam para as Nações Unidas para se queixarem que a América estava a roubar o petróleo, e isso seria suficiente para parar a operação.

Não disposto a desistir dos seus interesses no petróleo offshore ao longo da costa vietnamita, Rockefeller e os seus capangas, incluindo Henry Kissinger, começaram a dividir o Vietname em Norte e Sul e persuadiram outras nações a seguir o exemplo. Após a divisão artificial do Vietname em Norte e Sul, a "situação artificial" formulada por Stimson e Knox, e utilizada para forçar os EUA a entrar na Segunda Guerra Mundial em Pearl Harbor, foi novamente posta a funcionar. O palco foi montado para os EUA expulsarem os norte-vietnamitas de toda a região. Por instigação do Presidente Johnson, os EUA encenaram um falso ataque aos destruidores da Marinha dos EUA no Golfo de Tonkin por barcos torpedeiros "fantasmas" que pretendiam pertencer à Marinha da Coreia do Norte. O Presidente Johnson interrompe as transmissões televisivas regulares para anunciar o ataque, dizendo ao seu público americano atordoado que "mesmo enquanto falo, os nossos marinheiros estão a lutar pelas suas vidas nas águas do Golfo de Tonkin.

Era um bom teatro, mas isso era tudo. Não houve uma réstia de verdade no anúncio dramático de Johnson. Foi tudo uma grande mentira. O incidente do Golfo de Tonkin não foi obviamente visto como uma mentira pelo povo americano e, sem mais delongas, os EUA mergulharam numa nova guerra petrolífera imperialista, com resultados desastrosos.

Os porta-aviões norte-americanos foram ancorados ao largo do Vietname nas águas acima das cúpulas petrolíferas e a luta dos interesses petrolíferos norte-americanos para expulsar os norte-vietnamitas dos vilayets ricos em petróleo debaixo da areia no fundo do mar começou. Claro que não foi chamado assim. Talvez não seja necessário mencionar que a guerra foi descrita nos termos patrióticos habituais. Foi lutado para "defender a liberdade", "pela democracia", para "impedir a propagação do comunismo", etc.

A intervalos regulares, os bombardeiros a jacto descolaram dos cargueiros e bombardearam locais no Vietname do Norte e do Sul. Depois, de acordo com o procedimento militar normal, no seu regresso, largaram as suas bombas não seguras ou não utilizadas no oceano antes de voltarem a aterrar nos porta-aviões. Foram designadas para este fim zonas seguras de depósito de munições, longe dos transportadores, directamente sobre as cúpulas salinas sob as quais o petróleo se encontra.

Mesmo observadores próximos não puderam deixar de notar as muitas pequenas explosões que ocorriam diariamente nas águas do Mar do Sul da China e pensavam que faziam parte da guerra. Os porta-aviões da Marinha dos EUA tinham lançado a Operação Linebacker One e a Standard Oil tinha começado o seu levantamento de dez anos do fundo do mar ao largo da costa do Vietname. E os vietnamitas, os chineses e todos os outros, incluindo os americanos, nada sabiam sobre o assunto. O levantamento petrolífero mal custou um cêntimo do Standard

Oil, uma vez que foi pago pelos contribuintes americanos.

Vinte anos depois e ao custo de 55.000 vidas americanas e meio milhão de mortos vietnamitas, Rockefeller e a cabala Standard Oil tinham recolhido dados suficientes para mostrar exactamente onde estavam os depósitos de petróleo, e a guerra no Vietname podia terminar. Os negociadores vietnamitas não estavam preparados para desistir sem concessões, pelo que Henry Kissinger, assistente pessoal de Nelson Rockefeller, foi enviado para Paris como "negociador americano" (leia-se agente de Rockefeller) nas conversações de paz em Paris e ganhou o Prémio Nobel da Paz no processo.

Tal hipocrisia, heresia e charlatanismo são impossíveis de igualar. Após os ecos melancólicos da longa guerra terem desaparecido, o Vietname dividiu as suas áreas costeiras offshore em numerosos lotes de petróleo e permitiu que empresas estrangeiras concorressem a esses lotes, desde que o Vietname recebesse uma realeza acordada. A norueguesa Statoil, British Petroleum, Royal Dutch Shell, Rússia, Alemanha e Austrália ganharam licitações e começaram a perfurar nas suas áreas.

Estranhamente, nenhum dos 'concorrentes' encontrou qualquer petróleo. No entanto, os lotes que o Standard Oil licitou e foram adjudicados acabaram por conter vastas reservas de petróleo. A sua extensa investigação sísmica subaquática por bombardeiros da Marinha dos EUA tinha dado os seus frutos.

Ter-se-ia pensado que, depois de todas as horríveis decepções que o povo americano suportou às mãos da cabala determinada a traí-los à escravatura de um governo mundial, teria aprendido até finais dos anos 70 a não ter uma onça de confiança no seu governo e a duvidar a 100% de tudo o que Washington fez e disse, independentemente do partido que estava na Casa Branca.

Já não era um conflito entre nações individuais, mas um conflito para estabelecer o domínio total de toda a raça humana através de uma Nova Ordem Mundial num Governo Mundial Único.

O senso comum teria ditado uma desconfiança total em relação ao governo, teria mesmo exigido isso. Mas não, a burrice e o abate deviam continuar a um ritmo e ferocidade crescentes e com um alcance mais vasto do que nunca, durante quarenta e cinco anos. É aqui que se encontra hoje o povo americano. Completamente perdido, sem qualquer recurso, com todas as esperanças aparentemente frustradas. Infelizmente, o apetite e a ganância da indústria petrolífera não mostram sinais de abrandamento. Os afiliados americanos e britânicos do Comité dos 300 tinham desenvolvido uma estratégia que previram dar-lhes o controlo total do aprovisionamento energético mundial e dos continentes eurasiáticos. Isto começou em 1905, quando os Rothschilds lançaram os japoneses contra a Rússia em Port Arthur. Colocar Mao no poder na China era parte da sua visão. A estratégia "virada para o futuro" que o imperialista Donald Rumsfeld postulou baseia-se na abordagem dialéctica.

Os EUA começam por vender armas a um governo "amigo", por exemplo no Panamá, Iraque, Jugoslávia/Kosovo, Afeganistão, Paquistão, os Mujahideen Talibã, Arábia Saudita, Chile e Argentina, entre outros. Depois, quando o maestro do coro levanta o seu bastão, a orquestra sinfónica dos media começa a abertura: o governo "amigável" tem um segredo obscuro; aterroriza o seu próprio povo, e temos agora de mudar a classificação dos seus laços para o estatuto de "sucata".[9]

A secção do tambor toca um rolo de tambor enquanto a secção de latão esbate a verdade: este é um "regime maléfico", que não é um regime agradável. É uma reviravolta completa, mas os americanos, com as suas notórias breves atenções, não notam que este é o mesmo governo a quem tão alegremente felicitámos e vendemos armas pouco tempo antes. O Sr. Cheney está a tocar um oboé a solo para deixar claro que este "regime" é agora um perigo muito real para os Estados Unidos. Temos de entrar e desenraizar esta nação agora mesmo e nem sequer nos preocupamos em obedecer à Constituição dos EUA; não declaramos guerra. Estranhamente, não obedecemos às nossas

---

[9] Termo depreciativo que significa "sem valor".

leis, mas quem se importa, a orquestra sinfónica dos media está a tocar uma Gotterdammerung completa! O Panamá foi invadido por ordem do Imperador G. W. Bush: Iraque, Afeganistão ressoa ao som da marcha dos Marines norte-americanos que estabeleceram bases no país que acaba de ser derrotado, com o objectivo declarado de trazer "democracia" às nações ocupadas.

Uma avaliação mais realista mostra em breve que toda a operação não passou de uma agressão imperialista e que os poderosos conquistadores estabeleceram uma ocupação militar permanente que nada tem a ver com "democracia", mas tudo tem a ver com o petróleo que se encontra debaixo das areias destes países.

Evidentemente, não nos é dito que as bases militares existem para controlar os recursos energéticos dessa nação e dos países vizinhos. A actual política externa dos EUA é governada pela doutrina do "domínio total"; os EUA devem controlar a evolução militar, económica e política em todo o lado como parte do seu papel imperialista.

Esta nova era de estratégia imperial começou com a invasão do Panamá, depois criou a chamada Guerra do Golfo, continuou com a guerra sancionada pela ONU nos Balcãs, e está agora a expandir-se com as novas guerras contra o terrorismo: Afeganistão, Iraque, e mais além para o Irão, cujo petróleo há muito cobiçava. A 20 de Janeiro de 2001, o então Secretário de Defesa Donald Rumsfeld disse estar preparado para destacar forças militares dos EUA para "15 outros países" se isso fosse necessário para "combater o terrorismo".

A guerra dos Balcãs sancionada pela ONU foi desencadeada pelo petróleo e pela servidão por oleodutos do Mar Cáspio aos mercados da Europa Ocidental, via Kosovo, até ao Mar Mediterrâneo. O conflito checheno é sobre a mesma questão: quem irá controlar o gasoduto? Quando a Jugoslávia se recusou a capitular e a curvar-se aos ditames do Fundo Monetário Internacional (FMI), os EUA e a Alemanha lançaram uma campanha sistemática de desestabilização, utilizando mesmo alguns dos veteranos do Afeganistão nesta "guerra".

A Jugoslávia foi dividida em mini-estados conformes, como planeado na conferência de Bellagio em 1972, e a ex-União Soviética foi contida, ou seja, o pensamento dos EUA. A ocupação de facto americana da Sérvia (onde a América construiu a sua maior base militar desde a Guerra do Vietname) estava em curso.

Voltamo-nos agora para áreas específicas onde o controlo é procurado pela indústria petrolífera do império imperialista.

A região do Mar Cáspio está na mira da América imperial, pois tem reservas petrolíferas comprovadas de quinze a vinte e oito mil milhões de barris, mais reservas estimadas de 40 a 178 mil milhões, para um total de 206 mil milhões de barris - 16% das reservas petrolíferas potenciais do mundo (em comparação com os 261 mil milhões de barris da Arábia Saudita e os 22 mil milhões de barris dos EUA). Isto poderia representar um total de 3.000 mil milhões de dólares de petróleo.

Até agora, ninguém está à vista e com uma nova fonte de petróleo e gás no Cáucaso, a Standard Oil está a procurar criar uma "democracia" na Arábia Saudita enquanto desenvolve um novo centro de operações no Sul da Ásia. As enormes reservas de petróleo e gás no Mar Cáspio devem ser transportadas quer para oeste para os mercados europeus, quer para sul para os mercados asiáticos. A rota ocidental é trazer petróleo da Chechénia para o Mediterrâneo através do Mar Negro e do Bósforo, mas o estreito Canal do Bósforo já está congestionado com petroleiros dos campos petrolíferos do Mar Negro.

Uma rota alternativa seria para os petroleiros do Mar Negro, contornando o Bósforo, passarem pelo Danúbio e depois por um oleoduto muito curto através do Kosovo até ao Mediterrâneo em Tirana, Albânia. No entanto, este processo foi interrompido pela China. Como relatado numa investigação de inteligência.

O outro problema com a rota ocidental é que a Europa Ocidental é um mercado difícil, caracterizado pelos preços elevados dos produtos petrolíferos, pelo envelhecimento da população e pela crescente concorrência do gás natural. Além disso, a região é muito competitiva, sendo agora servida por petróleo do Médio Oriente, do Mar do Norte, da Escandinávia e da Rússia.

Sabemos que a Rússia está prestes a embarcar num programa que iria remover o tubo através da Ucrânia, um recorde mundial de roubo de gás e petróleo russo, o que tornou a "senhora da revolução laranja", Julia Tymoshenko, uma multimilionária.

A única outra forma de levar petróleo e gás do Cáspio aos mercados asiáticos é através da China, cuja rota é demasiado longa, ou através do Irão, que é política e economicamente hostil aos objectivos petrolíferos padrão dos EUA.

Assim que os soviéticos descobriram vastos novos depósitos de petróleo no Mar Cáspio no final da década de 1970, tentaram negociar com o Afeganistão a construção de um gigantesco sistema de oleodutos norte-sul para levar o seu petróleo através do Afeganistão e Paquistão até ao Oceano Índico. Mas os EUA, com a ajuda da Arábia Saudita e do Paquistão, criaram então os "Talibãs", uma organização que não existia antes.

As estratégias imperialistas do petróleo dos EUA nasceram aí. Os EUA jogaram sobre a religião muçulmana, retratando a Rússia como maligna e oposta aos muçulmanos de todo o mundo.

Quando o exército russo entrou no Afeganistão, a CIA armou e treinou os seus "amigos" e enviou Osama bin Laden para Cabul para liderar a resistência talibã aos invasores. Os Talibãs tornaram-se uma força poderosa que via os EUA como o "Grande Satã". O resultado é uma guerra prolongada entre os Taliban e os invasores russos, na qual os Taliban são vitoriosos. A CIA, através do seu antigo chefe, George Bush o Ancião, pensou que podia confiar em Bin Laden, devido às suas muitas ligações comerciais com a família Bush, mas quando os EUA o abandonaram implacavelmente depois da partida dos russos, Bin Laden ficou amargurado e virou-se contra Washington e Riade, tornando-se o seu pior pesadelo.

Esta foi apenas uma das muitas "guerras secretas" imperiais em que a indústria petrolífera imperial definiu a política externa dos

EUA e utilizou os militares americanos para a fazer cumprir. Outras guerras deste tipo tiveram lugar no México, Iraque, Irão, Itália e Venezuela. Sabemos agora que a Standard Oil influenciou a CIA a chamar a atenção do governo dos EUA para o perigo de um oleoduto russo norte-sul através do Afeganistão, e a fornecer a autorização e o financiamento para a formação de grupos fundamentalistas muçulmanos armados, incluindo Osama Bin Laden.

O plano alternativo russo envolvia o controlo do fluxo de petróleo e gás para a Europa Ocidental através dos seus oleodutos através das repúblicas do Sul da Ásia da antiga União Soviética, nomeadamente Turquemenistão, Cazaquistão, Uzbequistão, Tajiquistão e Quirguizistão. Estas repúblicas tinham sido completamente negligenciadas pelos Estados Unidos antes, mas de repente receberam uma atenção considerável da CIA, que as cortejou com grandes pacotes de dólares e promessas de um futuro.

A CIA cortejou estas nações como um ardente pretendente e, através deste estratagema, convenceu os seus líderes de que a Rússia não os trataria como parceiros. Assim, os antigos Estados do Extremo Oriente da URSS começaram a consultar as companhias petrolíferas americanas e depressa descobriram que esta era a verdadeira fonte da política externa dos EUA. A indústria petrolífera imperial voltou agora toda a sua atenção para os antigos Estados do Extremo Oriente soviético, tal como tinha feito nos dias pioneiros com o Iraque e o Irão. Liderado pela Standard Oil, elaborou planos e cenários para o empurrão dos EUA para estas repúblicas do Sul da Ásia. Os militares norte-americanos já tinham estabelecido uma base operacional permanente no Uzbequistão, mais uma vez a pedido da indústria petrolífera. O Instituto Tavistock foi chamado para esconder a verdadeira intenção com uma "cerca de bluff" na qual o antigo chefe da maçonaria italiana P2 de Kissinger, Michael Ledeen, estava envolvido. Acredita-se que Ledeen (que agora apagou os seus vestígios trotskistas e bolcheviques e se transformou num "neoconservador") chamou ao estratagema "uma medida anti-terrorista".

Para que tal estratégia funcionasse, o Afeganistão teve de ser responsabilizado pelo 11 de Setembro, o que constituiu a cobertura perfeita para a "situação inventada". O Presidente Bush disse ao mundo que "os Taliban" foram os responsáveis pelo ataque às Torres Gémeas, acrescentando que a sede mundial dos Taliban se situava no Afeganistão.

Claro que "levar a democracia" aos afegãos, ignorando a falta de democracia ao lado, no Paquistão, com um ditador ao leme, foi um desafio, mas o "pensamento inovador" tratou do assunto. Agora os militares americanos estavam exactamente onde a indústria petrolífera precisava que estivesse.

CAPÍTULO 22

A NATO viola a sua própria carta

Antes de passarmos ao que estava por detrás do bombardeamento da Sérvia pela OTAN, acrescentemos que, por mais espertos que Ledeen e os seus companheiros neo-bolcheviques, Kristol, Feith, Perle, Wolfowitz e Cheney possam pensar que estão no seu melhor dia, não podem sequer comparar-se ao Presidente russo Vladimir Putin com uma dor de cabeça. O que se tornou evidente no ataque de 1999 da OTAN (leia-se EUA) à Sérvia foi que se levantaram vozes em forte suspeita de que os EUA e a Grã-Bretanha estavam a agir em nome do governo albanês que há muito procurava retirar à Sérvia o controlo do Kosovo. A Albânia tinha o trunfo no projecto do gasoduto que a Grã-Bretanha e os EUA planearam fazer a partir do Mar Cáspio através da Albânia.

O gasoduto deveria passar pela Bulgária, Macedónia e Albânia, desde o porto de Burgas no Mar Negro até Viore no Adriático. Em plena produção, o oleoduto transportaria 750.000 barris por dia. O projecto foi aprovado pelo governo britânico para e em nome da BP (British Petroleum) e dos seus parceiros americanos.

Quando Robin Cook, o então Ministro dos Negócios Estrangeiros britânico, foi questionado sobre isto, escarneceu da "ideia" e chamou absurda à investigação. "Não há petróleo no Kosovo", disse Cook. É claro que isto era verdade, e ao tornar a questão do petróleo no Kosovo uma noção muito simplista que é facilmente descartada, os investigadores foram colocados fora de jogo. O projecto do gasoduto trans-Balkan nunca viu a luz do dia em nenhum jornal americano ou britânico.

Em Maio de 2005, o Departamento de Comércio e Desenvolvimento dos EUA publicou um documento que, embora não confirmando a verdadeira razão da guerra contra a Jugoslávia, faz alguns comentários significativos.

Curiosamente, ... o petróleo do Mar Cáspio ultrapassará rapidamente a capacidade de segurança do Bósforo como via marítima ... o (projecto) fornecerá uma fonte estável de petróleo bruto às refinarias americanas e dará às empresas americanas um papel fundamental no desenvolvimento do vital corredor este-oeste, fará avançar a privatização do governo americano na região, e facilitará a rápida integração dos Balcãs com a Europa Ocidental.

O primeiro passo do plano planeado foi dado em Julho de 1993 com o envio de tropas dos EUA para a fronteira norte da Macedónia. Isto poderia ter sido considerado bastante estranho, para dizer o mínimo, mas o povo americano não pareceu notar que a força de "manutenção da paz" americana não foi enviada para áreas onde houve um conflito entre a Sérvia e os albaneses. O povo americano não estava ciente, quando todas as violações dos "direitos humanos" deveriam estar a acontecer na Sérvia, que o projecto de gasoduto trans-balcão deveria atravessar a Macedónia até Skopje, a apenas 15 milhas da fronteira sérvia.

Washington disse que queria impedir a expansão sérvia na Macedónia, o que nunca foi pretendido. Mas tal como as mentiras da administração Bush no período que antecedeu a Guerra do Golfo de 1991, quando Bush avisou os sauditas que Saddam Hussein não iria parar com a invasão do Kuwait, mas que uma vez que isso fosse feito, ele iria invadir a Arábia Saudita, a mentira funcionou.

Não foi dada qualquer palavra sobre o verdadeiro objectivo da presença do contingente militar dos EUA na fronteira macedónia, e especialmente não sobre o facto de fazer parte de um acordo de Maio de 1993 para a construção do gasoduto trans-balcânico. Embora o oleoduto não atravesse a Sérvia, o presidente albanês que participou na reunião que o lançou tinha uma mensagem para a Grã-Bretanha e os EUA que era clara e inequívoca nas suas implicações:

> Pessoalmente, acredito que nenhuma solução confinada dentro das fronteiras sérvias trará uma paz duradoura.

Os diplomatas na reunião foram unânimes em concluir que o que ele dizia era que se os EUA e a Grã-Bretanha queriam o consentimento da Albânia para o gasoduto trans-balcão, o Kosovo deveria ser colocado sob jurisdição albanesa. Com 600 milhões de dólares por mês em jogo, os EUA e a Grã-Bretanha lançaram o seu ataque cobarde à Sérvia sem petróleo sob o pretexto da OTAN, na falsa causa de pôr fim aos abusos sérvios contra cidadãos albaneses no Kosovo. As palavras de Robin Cook soam ainda mais ocas hoje do que quando lhe perguntaram porque é que a Grã-Bretanha estava a atacar a Sérvia:

> "Demonstrámos que estamos prontos para a acção militar, não para tomar território, não para expandir, não para os recursos minerais. Não há petróleo no Kosovo. O Partido Socialista dos Trabalhadores continua a dizer que estamos a fazer isto pelo petróleo, o que é profundamente perplexo, porque só há lenhite suja, e quanto mais cedo os encorajarmos a usar algo que não seja lenhite suja, melhor. Esta guerra é uma guerra travada não para a defesa do território mas para a defesa dos valores. Portanto, aqui posso dizer... a política externa tem sido guiada por estas preocupações."

Bukarian teria ficado orgulhoso de que Robin Cook pudesse mentir de forma tão convincente.

A energia do Cáspio, que representa as reservas do Mar do Norte (cerca de 3% do total mundial de petróleo e 1% do seu gás), é estrategicamente importante para a Grã-Bretanha e os Estados Unidos, tão importante que estes decidiram iniciar uma guerra contra a Jugoslávia para acomodar a Albânia. A verdadeira razão para se ver livre do líder sérvio Slobodan Milosevic foi a sua determinação em expulsar os albaneses da província do Kosovo. Isto teria significado uma agitação contínua nos próximos anos, e teria tornado os bancos mutuantes relutantes em se comprometerem a financiar em grande escala o gasoduto Trans-

Balkan.

Desde o início dos anos 90, empresas petrolíferas britânicas e americanas como a Chevron-Amoco Socar e a BP têm investido fortemente na bacia do Cáspio. O TRACEA (Transport Corridor Europe-Caucasus-Asia) foi criado em 1993. O IOGATE (Interstate Oil and Gas Transportation to Europe) foi estabelecido em 1995. A SYNERGY foi criada em 1997. A AMBO (Albanian Macedonian Macedonian Macedonian Oil Pipeline Corp) foi financiada pela OPIC (Overseas Private Investment Corporation). Não é surpreendente que as tropas dos EUA tenham sido enviadas para a fronteira macedónia para servirem de mercenários da indústria petrolífera.

Mas o Relatório sobre Energia da Europa de Leste 20, Junho de 1995 O segundo oleoduto do Mar Negro declarou que "os combates na Jugoslávia são como um enorme bloqueio em tudo", o que atirou uma chave inglesa a este desenvolvimento promissor para o qual a administração Clinton já tinha comprometido 30 milhões de dólares sob a sua Iniciativa de Desenvolvimento dos Balcãs do Sul (SBDI).

Um ano antes do início dos bombardeamentos da OTAN, o Conselho da União Europeia (UE) reuniu-se para debater uma "Declaração sobre o Gasoduto de Energia do Cáspio". Foi presidido por Robin Cook e foi efectivamente uma declaração de que os combates sérvios tinham de ser resolvidos. As conclusões a tirar não podem ser sobrestimadas.

A propaganda que precedeu o bombardeamento foi total e global. O mundo inteiro foi levado a acreditar, e de facto acreditou, que a guerra da OTAN (leia-se EUA) contra a Jugoslávia era para pôr fim à violência étnica que alegadamente ocorria na Sérvia e às violações dos direitos humanos dos albaneses que viviam no Kosovo. Willi Munzenberg tê-lo-ia aprovado na íntegra. No meu livro "The Committee of 300", e "the Tavistock Institute for Human Relation", a carreira do maior mestre de propaganda que alguma vez viveu, Willi Munzenberg, é abordada.

Ele tinha acompanhado Lenine ao exílio na Suíça, e depois de Lenine ter sido enviado de volta à Rússia no "comboio selado", Munzenberg tornou-se o seu director do Iluminismo do Povo. Foi responsável pela formação de muitos oficiais do GRU e espiões, incluindo o notório Leon Tepper, mestre espião líder da Rot Kappell ("Orquestra Vermelha") que enganou todas as agências de inteligência ocidentais, incluindo o MI6, durante três décadas.

John J. Maresca. O vice-presidente de Relações Internacionais da Unocal Corporation, tinha isto a dizer sobre o petróleo do Cáspio:

> "Senhor Presidente, a região do Cáspio contém enormes reservas inexploradas de hidrocarbonetos. Para lhe dar uma ideia da magnitude, as reservas comprovadas de gás natural são equivalentes a mais de 236 triliões de pés cúbicos. As reservas de petróleo da região podem atingir mais de 60 mil milhões de barris de petróleo. Algumas estimativas atingem os 200 mil milhões...

> Subsiste um grande problema: como levar os vastos recursos energéticos da região para os mercados onde eles são necessários. A Ásia Central está isolada... Cada um destes países enfrenta desafios políticos difíceis. Alguns têm guerras por resolver ou conflitos latentes... Além disso, a infra-estrutura de oleodutos existente na região constitui um importante obstáculo técnico que enfrentamos na indústria de transporte de petróleo. Como os oleodutos na região foram construídos durante o período soviético centrado em Moscovo, tendem a correr para o norte e oeste da Rússia, não há ligações para o sul e leste. Desde o início deixámos claro que a construção do nosso oleoduto proposto no Afeganistão não poderia começar até que um governo reconhecido estivesse em funções e tivesse a confiança dos governos, credores e da nossa empresa."

Agora sabemos porque é que os EUA estão empenhados numa guerra no Afeganistão. Tem pouco a ver com o 11 de Setembro e os Talibãs, mas tudo a ver com o estabelecimento de um governo fantoche dos EUA nesse país como parte da geopolítica imperial do petróleo. Também sabemos agora a verdadeira razão pela qual a OTAN atacou a Sérvia. A sua rixa com a Albânia estava a perturbar o governo envolvido no projecto do oleoduto da bacia do Cáspio, "os credores e a nossa sociedade".

A Rússia, jogando com a falsa afirmação de que os EUA são "a única superpotência", fingiu não se opor às incursões dos EUA no Afeganistão, pois a Rússia ficou muito feliz por ver a América atolada no Iraque e no Afeganistão ao mesmo tempo. O Presidente Putin é um mestre do "maskirovka" (engano) e enquanto a administração Bush em Washington se congratulava por ter derrotado a Rússia, Putin estava a negociar com a China e os antigos territórios asiáticos da URSS para formar um bloco de aliança para refrear os planos expansionistas imperialistas dos EUA. Sob a liderança de Putin, a China e a Rússia aderiram à Organização de Cooperação de Xangai (SCO), que inclui a China, Rússia, Cazaquistão, Quirguizistão, Tajiquistão e Uzbequistão. A China juntou-se à SCO para se alinhar com a Rússia, económica, militar e politicamente. O novo pacto SCO substitui o pacto da família Rockefeller-Li que durou quase quatro décadas.

A adesão da Rússia à SCO é uma tentativa de manter a sua hegemonia tradicional na Ásia Central. A lógica subjacente à SCO é o controlo das enormes reservas de petróleo e gás dos seus membros. Os receios da Rússia, China, Índia e outras nações SCO de que o Afeganistão e o Iraque estejam destinados a tornar-se a base de operações para desestabilizar, isolar e estabelecer o controlo sobre regimes no Sul da Ásia e no Médio Oriente provaram ser bem fundamentados, mas foram mais fáceis de dissipar desde que a SCO foi criada e estava a funcionar sob a liderança do Presidente Putin.

Um olhar sobre um mapa do Médio Oriente mostra que o Irão fica entre o Iraque e o Afeganistão, razão pela qual Bush incluiu o Irão no "Eixo do Mal". A estratégia imperialista dos EUA baseia-se no facto de que a Rússia deve permanecer fora do caminho enquanto os EUA completam a conquista desta região e os postos militares permanentes são instalados sem objecções por parte da Rússia ou da China. A fase seguinte é o início da construção de um oleoduto através do Turquemenistão, Afeganistão e Paquistão para levar petróleo aos mercados eurasiáticos.

O projecto do oleoduto é Unocal para os interesses da Standard Oil. Há décadas que a Unocal tenta construir um oleoduto norte-sul através do Afeganistão e Paquistão até ao Oceano Índico. O Presidente Karzai, presidente fantoche de Washington no Afeganistão, foi um ex-executivo sénior nas aventuras afegãs da Unocal. Karzai era de facto o executivo de topo da Unocal que negociou em nome da sua empresa. Ele é também o líder da tribo Pashtun Durrani.

Membro dos mujahideen que combateram os soviéticos na década de 1980, Karzai foi um contacto fundamental para a CIA, mantendo relações estreitas com o Director da CIA William Casey, o Vice-Presidente George Bush e o seu Serviço de Inteligência Paquistanês Inter Service Intelligence (ISI) no meio. Após a União Soviética ter deixado o Afeganistão, a CIA patrocinou a deslocalização de Karzai e de alguns dos seus irmãos para os Estados Unidos.

De acordo com um relatório do *New York Times* :

> Em 1998, a empresa californiana Unocal, que tinha uma participação de 46,5% na Central Asia Gas (Cent Gas), um consórcio que planeava um gasoduto muito longo através do Afeganistão, retirou-se após vários anos de tentativas infrutíferas. O gasoduto deveria percorrer 7277 km desde os campos Dauletabad no Turquemenistão até Multan no Paquistão, a uma distância de 1271 km. O seu custo foi estimado em 1,9 mil milhões de dólares.

O que a empresa não deixou claro de imediato foi que a forte oposição de Bin Laden e dos Talibãs tinha impedido o projecto do oleoduto. Um suplemento de 600 milhões de dólares poderia ter levado o gasoduto para a Índia ávida de energia.

É aqui que entra Haliburton, a empresa do vice-presidente Dick Cheney. Os serviços secretos militares russos tinham vindo a relatar desde 1998 que os americanos estavam a planear um grande empreendimento petrolífero no Azerbaijão e que Dick Cheney estava prestes a assinar um contrato com a companhia petrolífera nacional do Azerbaijão para construir uma base marítima de 6.000 metros quadrados para apoiar as plataformas petrolíferas offshore a serem construídas no Mar Cáspio.

A 15 de Maio de 2001, uma declaração do escritório de Cheney indicou que a nova base Haliburton seria utilizada para "assistir o navio-grua catamarã Haliburton, o Qurban Abbasov, nas próximas actividades de pipelay offshore e submarino". Como mencionado, o acordo anterior da Unocal com os Taliban em 1998 foi rescindido porque se tinha tornado claro que os Taliban poderiam virar todas as outras tribos afegãs contra a empresa, desestabilizando assim o ambiente político para um projecto de oleoduto norte-sul.

Embora não possa ter a certeza absoluta, há algumas provas que sugerem que foi nesta conjuntura crítica que um novo estratagema de "guerra ao terror" foi concebido por Unocal-Haliburton e Standard Oil. Dick Cheney forneceu "a solução" ao governo dos EUA. O 11 de Setembro forneceu o pretexto para o envio de tropas dos EUA para combater uma "guerra ao terror" no Afeganistão.

Os moinhos de propaganda espalharam uma ladainha de "razões" pelas quais as tropas americanas tiveram de se apressar a entrar no Afeganistão. Parece que os Talibãs liderados por Bin Laden planeavam "grandes ataques terroristas em todo o mundo e contra instalações dos EUA no estrangeiro". Não foi produzida uma réstia de provas reais para apoiar esta afirmação, mas o sempre cúmplice e iludido povo americano aceitou-a como "evangelho".

Em 2006, os motivos transparentes da guerra da indústria petrolífera contra o Afeganistão eram claros para todos verem. A 2 de Janeiro de 2002, o projecto de oleoduto deu mais um passo em frente quando a embaixadora dos EUA no Paquistão, Wendy Chamberlain, agindo em nome da Standard Oil, cumpriu um compromisso de longa data para se encontrar com o ministro do petróleo do Paquistão, Usman Aminuddin. O foco da sua reunião foi nos planos de avançar com o oleoduto Norte-Sul, e no financiamento americano para a construção dos terminais petrolíferos do Mar Arábico do Paquistão para o oleoduto.

O Presidente Bush declarou repetidamente que os militares norte-americanos permanecerão no Afeganistão. Porque deveria ser este o caso quando é suposto as forças da ONU assumirem o comando para que os militares americanos possam regressar a casa? A resposta é que as forças da ONU servirão como uma força policial paramilitar, de modo que os soldados americanos serão libertados para controlar a construção do gasoduto Norte-Sul. Há relatos de que também irão monitorizar os campos de papoilas opiáceas, mas não tenho visto confirmação desta missão. Esta tarefa foi atribuída a uma força britânica.

A recente nomeação pelo Presidente Bush de Zalmay Khalilzad, um afegão desconhecido, para a sua equipa de segurança nacional, levantou as sobrancelhas. Acreditamos poder explicar esta nomeação aparentemente invulgar. Khalilzad foi um antigo membro do projecto CentGas. Khalilzad foi recentemente nomeado como Enviado Especial do Presidente para o Afeganistão. Ele é um Pashtun, e filho de um antigo funcionário do governo sob o reinado do rei Mohammed Zahir Shah, e esteve presente para assegurar que o projecto de gasoduto avançasse atempadamente e para informar directamente o presidente sobre quaisquer atrasos ou acertos no progresso do plano.

A sua nomeação foi apoiada por Condoleezza Rice, que era membro do conselho de administração da Chevron, embora nunca tenha sido esclarecido qual era exactamente o seu papel na Chevron. Para além de consultor da Rand Corporation, Khalizad foi uma ligação especial entre a Unocol e o governo Talibã e também trabalhou em várias análises de risco para o projecto.

Agora que o sector afegão da "guerra ao terror" é considerado "estabelecido", embora, segundo o nosso entendimento, isto esteja longe de acontecer, e existem bases militares permanentes dos EUA no Uzbequistão e no Afeganistão - que país rico em petróleo podemos esperar que os batedores da Standard Oil se infiltrem na sua busca por mais petróleo. O governo dos EUA diz que tem de continuar a procurar petróleo, e idealmente (deste ponto de vista) a maioria destes lugares encontram-se em países que foram designados como portos de abrigo de terroristas: Iraque, Síria, Irão e América do Sul, especialmente Venezuela e Colômbia. Alguns poderiam dizer: "Que conveniente".

Mas os guerreiros do petróleo imperial também começaram a procurar no quintal da Rússia, na Sibéria. EXXON, Mobil, Royal Dutch Shell e France's Total SA ganharam contratos na década de 1990 da então URSS para procurar petróleo e gás natural na região do Árctico. A guerra não declarada, inconstitucional e portanto criminosa de Bush the Elder, a Guerra do Golfo de 1991, resultou em que o Kuwait roubasse ainda mais do enorme campo petrolífero de Rumaila, no sul do Iraque, do que da primeira vez.

Isto foi feito através do alargamento unilateral das fronteiras do Kuwait após a guerra. A apreensão ilegal de bens do Iraque levou a muitas represálias indesejáveis por parte do Iraque. A "nova fronteira" permitiu ao Kuwait, controlado pela BP e pela Standard Oil, duplicar a sua produção de petróleo antes da guerra. O relato histórico e verdadeiro da criação do 'Kuwait' pelo exército britânico em 1921 é traçar uma linha arbitrária através do meio dos campos petrolíferos de Rumaila e depois chamar à terra roubada 'Kuwait'.

O seguinte texto é retirado de um artigo publicado na revista Oil Analyst:

O Iraque, que recentemente descobriu um campo petrolífero no seu deserto ocidental, é amplamente considerado como tendo mais petróleo do que a Arábia Saudita, uma vez desenvolvidos os seus campos.

Antes da invasão ilegal do Iraque pelos EUA em 2003, o país produzia 3 milhões de barris por dia, a maioria dos quais era canalizada para os mercados mundiais através de um programa supervisionado pela ONU que gastava uma pequena parte das receitas em alimentos e medicamentos para o povo iraquiano ao abrigo do programa Oil for Food. O Iraque conseguiu ainda exportar parte do seu petróleo para a Síria, que vendeu como petróleo sírio.

Em Setembro de 2001, o regime Bush começou a ameaçar o Iraque, mas na realidade o plano de contingência para invadir o Iraque tinha sido preparado vários meses antes. A ameaça destinava-se a atingir a França e a Rússia. Ambos os países tinham começado a desenvolver um comércio significativo com o Iraque e Dick Cheney, o novo príncipe imperial do petróleo, não gostou nada disto. A realidade é que as empresas norte-americanas, especialmente a Cheney's Haliburton Oil Company e a General Electric (GE), estão a ganhar milhares de milhões no Iraque a vender bens e serviços. Nenhuma interferência seria permitida. Antes da guerra de 2003, o Iraque procurou obter favores com os membros do Conselho de Cooperação do Golfo Árabe (CCG): Bahrain, Kuwait, Omã, Qatar, Arábia Saudita e Emirados Árabes Unidos (EAU), a fim de obter apoio para o levantamento das sanções da ONU contra este país.

Alarmados por este desenvolvimento inesperado, os responsáveis da política externa da Standard Oil pediram ao Big Brother America para ameaçar os membros do CCG de não permitir que o Iraque se juntasse ou enfrentasse as consequências. A Rússia começou a exigir uma "solução global" da questão das sanções, incluindo medidas conducentes ao levantamento do embargo militar contra o Iraque. Em 24 de Janeiro de 2002, o Ministro dos Negócios Estrangeiros russo Igor Ivanov opôs-se veementemente a qualquer intervenção militar dos EUA no Iraque. A companhia petrolífera russa Lukoil e duas agências governamentais russas tinham assinado um contrato de 23 anos para a exploração do campo petrolífero de Qurna Ocidental no Iraque.

Nos termos do contrato, Lukoil receberia metade, o Iraque um quarto e as agências governamentais russas um quarto dos 667 milhões de toneladas de crude do campo petrolífero, um mercado potencial de 20 mil milhões de dólares. O Iraque ainda deve à Rússia pelo menos 8 mil milhões de dólares da era da Guerra

Fria, quando a Rússia armou o Iraque como um Estado cliente. Mas a Rússia opôs-se ao "imperialismo americano" por outras razões. Enfraquecidos pela brutalidade dos bombardeamentos nocturnos e de 76 dias na Sérvia por instigação da Secretária de Estado norte-americana Madeline Albright, os militares russos estavam determinados a não deixar os EUA escapar com um segundo ataque a uma pequena nação.

As forças especiais russas tinham corrido para Pristina, na Sérvia, para proteger o aeroporto contra a chegada das forças dos EUA, na esperança de que fossem atacadas e pudessem então entrar em guerra com a Sérvia. Apenas a contenção do comandante britânico no terreno impediu a eclosão da Terceira Guerra Mundial. A Rússia, ainda a reboque do despedimento e da violação da Sérvia, procurou vingança.

Uma Washington ansiosa vaivém com Moscovo para tentar apaziguar a Rússia, e depois de negociações ainda secretas, a situação foi desanuviada. Em 2001, a Rússia ganhou 1,3 mil milhões de dólares em contratos petrolíferos ao abrigo do programa "petróleo por alimentos" da ONU, o que permitiu ao Iraque vender petróleo para comprar fornecimentos para ajudar os civis iraquianos.

Em Setembro de 2001, o Ministério iraquiano do Petróleo anunciou que tencionava adjudicar contratos a empresas russas no valor de 40 mil milhões de dólares adicionais, assim que as sanções da ONU fossem levantadas.

Em Fevereiro de 2002, o Ministro dos Negócios Estrangeiros russo Igor S. Ivanov declarou que a Rússia e o Iraque chegaram a acordo sobre as questões do extremismo e do terrorismo e que as sanções apoiadas pelos EUA contra o Iraque eram contraproducentes e deveriam ser levantadas. Prosseguiu salientando que a Rússia se opôs fortemente "à extensão ou aplicação da operação internacional antiterrorista a qualquer Estado arbitrariamente escolhido, incluindo o Iraque". A retórica está a aquecer à medida que a Rússia procura usar o seu poder de veto no Conselho de Segurança da ONU para acabar com todas as sanções contra o Iraque.

Depois, em 2003, o partido de guerra imperial Republicano Standard Oil-Bush, apoiado pelos seus aliados neo-Bolshevik, violou grosseiramente a Constituição dos EUA, o direito internacional e as quatro Convenções de Genebra, ao precipitar-se para um bombardeamento em Bagdade. A guerra ilegal contra o Iraque pôs fim a todos os acordos permanentes do Iraque com a Rússia, Alemanha e França. Sem que o cartel petrolífero Seven Sisters tivesse conhecimento, só três anos mais tarde se seguiriam sérias retaliações. O clamor das nações europeias contra Bush e o ataque neo-Bolshevique ao Iraque foi imediato.

A desculpa infantil dada ao mundo era que o Iraque tinha "armas de destruição maciça" que se preparava para utilizar contra a Grã-Bretanha. A Sra. Rice, inexperiente, tola e politicamente desinformada, acrescentou os seus avisos ameaçadores de que, se não parassem, os americanos veriam "nuvens de cogumelos" sobre as suas principais cidades. Seis anos mais tarde, ainda estamos à espera que estas "nuvens" apareçam. A grande mentira gerada pelo Tavistock foi aceite por cerca de 75% do povo americano. Embora dezenas de peritos se tenham apresentado para ridicularizar e negar as afirmações de Bush e Blair sobre as ADM, os dois homens persistiram na sua mentira até que esta literalmente se desmoronou sob os seus pés de barro. Mas isso não importava. A diplomacia imperial do Standard Oil tinha prevalecido, a agressão americana tinha-lhes assegurado o petróleo iraquiano, e a guerra não ia durar de qualquer forma, pelo que foi dito ao mundo. As tropas americanas estavam a atravessar rapidamente o deserto a partir do Kuwait, e em breve invadiriam Bagdad.

A mudança na lealdade da China não foi tida em conta pelos planificadores de Bush. Bush viu a China como ainda vinculada pelo pacto familiar Rockefeller-Li de 1964. Mas os planos para expandir o imperialismo do Standard Oil/Bush confrontaram-se com o crescente interesse da China em apoiar as nações do Médio Oriente na sua luta contra os EUA. Durante a visita do rei jordano Abdullah II à China em Janeiro de 2002, o presidente chinês Jiang Zemin afirmou que a China queria laços mais fortes com os países árabes para ajudar a promover a paz entre Israel e os palestinianos. Esta declaração chocou o Departamento de Estado dos EUA. Para consternação do Presidente Bush e da Secretária de Estado Rice, a China estava preparada para intervir se os neo-bolcheviques avançassem com o seu plano insano de atacar o Irão, independentemente do facto de faltar totalmente a autoridade constitucional para comprometer as forças armadas dos EUA com qualquer país.

A China deixou clara a sua posição ao fornecer ao Irão a sua versão do míssil de cruzeiro "Exocet", que tem o potencial de causar grandes danos à Marinha dos EUA. Os imperialistas do petróleo continuam a expandir o seu império no Médio Oriente, nomeadamente através do Iraque. Bolton foi instalado na ONU, cortesia da Casa Branca, por abuso de poder, numa nomeação por ordem executiva, apesar da sua aptidão para o cargo ter sido rejeitada pelo Senado norte-americano (alguns anos mais tarde foi sumariamente afastado). O presidente está longe de estar constitucionalmente autorizado a fazer nomeações por ordem executiva, excepto quando é "necessário e adequado" e se trata de uma questão de emergência. No caso de Bolton, não foi definitivamente "necessário" ou "apropriado", porque o Senado já se tinha recusado a confirmar Bolton e a nomeação do recesso foi, portanto, um abuso do poder e procedimento constitucional. Mas os imperialistas do Standard Oil/Bush recusaram-se a deixar que tal preocupação acabasse com os seus planos para lidar com a ameaça da China no Médio Oriente. Só suspenderam temporariamente os seus esforços até que o Bolton pudesse ser instalado na ONU. Bolton foi necessário na ONU para assediar e intimidar as nações a fazer fila para apoiar as acções dos EUA no Iraque e também no Irão. Mais do que isso, é o agente especial da firma de advogados Baker and Botts, responsável pela assunção das garantias de todos os maus empréstimos que James Baker III transmitiu.

O cartel imperialista do petróleo dos EUA assumiu o controlo do petróleo iraquiano e tem agora os olhos postos na Síria e no petróleo iraniano. Estamos agora na segunda fase da guerra contra o terrorismo: países invasores que, segundo Bush, abrigam terroristas, com a intenção real de assumir as fontes de energia destes países. A fase três virá quando os EUA entrarem em conflito com a Rússia por causa do petróleo do Cáspio e esforços para o levar para o mercado europeu. Esse dia memorável pode não estar tão distante.

Agora os russos aceleraram o ritmo. A 28 de Agosto de 2006, o Presidente Putin visitou Atenas, Grécia, para fazer avançar o projecto de gasoduto do Cáspio, que está paralisado há vários anos. Em Atenas, o Presidente Putin encontrou-se com o Primeiro Ministro grego Costas Karamantis e o Presidente búlgaro Gregory Parvanov. As conversações tripartidas centraram-se na rápida conclusão de um gasoduto desde o Mar Cáspio até ao porto búlgaro de Burgas e daí até ao porto grego de Alexandroupolis na costa do Mar Egeu. Quando estiver concluído, o oleoduto poderá transportar 35 milhões de toneladas de petróleo por ano e poupar pelo menos 8 dólares por barril em custos de transporte. O oleoduto permitirá à Rússia manter um estrangulamento no petróleo do Mar Cáspio para o mercado europeu, ao pôr de lado o grande oleoduto Baku-Tblisi-Ceyhan, apoiado pelos EUA. Os EUA decidiram, portanto, concentrar-se por enquanto no gasoduto Norte-Sul do Afeganistão, que está a ser construído e guardado por soldados americanos que enfrentam uma forte resistência por parte dos Talibãs ressurgentes, que são mais fortes e melhor equipados do que antes de serem expulsos pela chamada Aliança do Norte. A liderança talibã está determinada a impedir que o gasoduto avance. Os combates renovados, que começaram em Julho de 2006, atingiram um pico de febre em Agosto, com as batalhas descritas nos meios de comunicação social patrocinados pelos EUA como esforços americanos para esmagar as receitas do comércio do ópio que iriam para os Talibãs. Não é este o caso, mas com a enorme máquina de propaganda à disposição da administração Bush, é provável que seja percebida como tal por um público americano burro.

CAPÍTULO 23

A Rússia assume as Sete Irmãs

Neste momento, a Rússia, sob a liderança de Vladimir Putin, o estratega geopolítico mais astuto do mundo de hoje, decidiu tirar o tapete de debaixo das Sete Irmãs. O Ministro dos Negócios Estrangeiros russo anunciou que o seu governo está prestes a travar grandes projectos de investimento de petróleo e gás ocidentais na Sibéria, questionando se os acordos feitos com a ex-URSS em 1991 estão a ser honrados.

O Departamento de Estado norte-americano reagiu imediatamente, com o porta-voz Tom Casey a dizer que a administração Bush estava

> "muito preocupado com a decisão do governo russo de cancelar licenças ambientais para projectos de gás natural liquefeito de 20 milhões de dólares desenvolvidos pela Royal Dutch Shell e dois grupos japoneses na ilha de Sakhalin".

A resposta do governo russo foi anunciar que estava a considerar o cancelamento de um projecto Exxon-Mobil em Sakhalin. Os EUA afirmaram ter direitos ao abrigo de um acordo com a ex-URSS em 1991 e 1994. A Europa Ocidental e os Estados Unidos da América estão preocupados com o facto de a Rússia do Presidente Putin estar a fazer um esforço concertado para afirmar o controlo sobre os vastos recursos energéticos do país.

O Presidente Putin fez uma visita de Estado a França para assegurar ao Presidente Chirac que a Total SA não estava incluída nas mudanças. Os observadores observaram que durante a visita a Paris, os dois líderes se tornaram mais próximos.

Sem dúvida que Putin estava a dizer aos EUA que a França estava a ser recompensada por se opor à guerra no Iraque e recusar-se a aderir ao boicote da ONU ao Irão. O Presidente Chirac presenteou Putin com uma medalha - a Grande Cruz da Legião de Honra - numa cerimónia muito pública no Palácio do Eliseu. Durante a visita, o Presidente Putin expressou as sérias preocupações da Rússia sobre a situação no Kosovo. Chegou-se a um acordo para uma empresa francesa construir uma auto-estrada entre Moscovo e São Petersburgo, bem como um acordo que obrigava a Rússia a comprar 22 aviões Airbus A350. A 24 de Setembro de 2006, verificou-se que a Shell estava em risco de ter a sua licença de exploração do projecto de petróleo e gás Sakhalin-2, no valor de 20 mil milhões de dólares, suspensa quando as suas licenças ambientais foram retiradas pelo Ministério dos Recursos Naturais. O projecto Sakhalin-2 está cerca de 80% concluído. Entretanto, a Gazprom, o gigante estatal do gás, está a negociar a compra do Sakhalin-1. Parece que se esta oferta não for aceite, o Sakhalin-2 pode ser impedido. A Gazprom procura possuir até 25% do Sakhalin-2, o que significa que a principal empresa do cartel das Sete Irmãs se tornaria um accionista minoritário. Sakhalin-2 tem reservas de 4,5 mil milhões de barris. Portanto, este é um prémio rico que a Rússia certamente irá reclamar. É apenas uma questão de tempo.

Em nome da Royal Dutch Shell, o Primeiro-Ministro Blair expressou profunda preocupação de que a Shell fosse excluída dos ricos bónus de Sakhalin-1 e Sakhalin-2. O Departamento de Estado dos EUA continua a fazer lobby pela Shell e Exxon, mas a Rússia pode ter outros planos. Fontes da Gazprom disseram que está a negociar secretamente com uma empresa indiana, The Indian National Oil and Natural Gas Corporation (ONGG), para comprar a sua quota de 20% no Sakhalin-1. Se for feito um acordo, a Gazprom ganhará enormes participações nos projectos de petróleo e gás mais produtivos do mundo, deixando os membros do cartel das Sete Irmãs numa posição muito fraca.

Entretanto, a hipocrisia da "guerra ao terror" de Bush é evidente para todos na Colômbia, onde as propostas de Bush incluem gastar $98 milhões para proteger o oleoduto de 480 milhas do

Occidental Petroleum desde o segundo maior campo petrolífero da Colômbia até à costa das Caraíbas.

Estes 98 milhões de dólares somam-se aos 1,3 mil milhões que os EUA já deram ao governo colombiano, ostensivamente para combater os "terroristas da droga" das FARC. Em 2001, o oleoduto Cano Limon foi encerrado durante 266 dias porque os guerrilheiros das Forças Armadas Revolucionárias da Colômbia (FARC) continuaram a rebentá-lo para aumentar a quantidade de subornos. Os rebeldes das FARC encerraram a conduta a intervalos regulares nos últimos 15 anos para sublinhar que as suas ameaças não estão vazias e para ganhar cada vez mais dinheiro para a sua "protecção". Entretanto, os 2,5 milhões de barris de petróleo derramados nos rios e riachos da Colômbia excedem largamente o volume do derrame de petróleo do Exxon Valdez no Alasca em 1989.

Apesar das distracções nos Balcãs, no Mar Cáspio e no Afeganistão, o cartel petrolífero não desistiu da sua intenção de confiscar petróleo iraniano. Segundo fontes do BDN alemão (serviço secreto): a administração Bush elaborou planos para atingir reactores nucleares iranianos, locais de destruição maciça e locais militares através de bombardeamentos intensivos de saturação utilizando bunker busters e armas nucleares tácticas. O ataque será coordenado com sabotagem de infra-estruturas críticas urbanas e rurais por elementos do Mojahedin-e Khalq (MEK), unidades de operações especiais do Pentágono e outros grupos dissidentes iranianos.

Os pormenores das informações dos serviços secretos alemães que exprimem preocupação provêm de briefings classificados fornecidos por elementos da CIA. Aparentemente, o receio é que os neo-bolcheviques da administração Bush, ao atacarem o Irão, desencadearão uma cadeia de acontecimentos que conduzirão a uma guerra mundial.

Os agentes da CIA também transmitiram informações sobre os planos dos EUA para atacar o Irão aos seus homólogos em França, Grã-Bretanha, Canadá e Austrália. Os planos de guerra imperialista dos EUA contra o Irão incluem também a rápida apreensão da província Khūzestān no sudoeste do Irão, onde se encontra a maioria das reservas petrolíferas e refinarias do Irão.

Khūzestān tem uma população maioritariamente xiita árabe com laços estreitos com os seus irmãos étnicos e religiosos no Iraque. Os planos de Bush apelam a um ataque militar dos EUA através da fronteira iraquiana e das forças navais no Golfo Pérsico em resposta a um pedido de ajuda das forças rebeldes da Frente Democrática Popular e da Organização de Libertação Al Ahwaz em Khūzestān, que irá declarar um estado árabe independente da República Democrática de Ahwaz e receber reconhecimento diplomático dos EUA, da Grã-Bretanha e de Israel, bem como de alguns outros aliados próximos dos EUA.

Após a Primeira Guerra Mundial, Khūzestān foi anexado pelo Irão e foi depois chamado pelo seu antigo nome histórico, Pérsia. É mencionado muitas vezes na Bíblia sob o seu antigo nome. Existem também planos para provocar rebeliões entre as outras minorias do Irão, incluindo os Azeris e Turquemenhos na região rica em petróleo do Mar Cáspio.

Alguns analistas acreditam que a Guerra do Golfo de 1991 foi iniciada pelos EUA como um "criador de cortinas" antes do grande evento, nomeadamente a invasão americana do Irão, apoiada por Israel, França e Alemanha, razão pela qual os EUA deram luz verde a Hussein para ir para a guerra com o Irão. O objectivo de pressionar o Iraque a atacar o Irão deve ser claro para todos: o Iraque e o Irão estariam a travar uma guerra que os deixaria ambos desesperadamente enfraquecidos. No mínimo, os EUA assinalaram a Hussein que alguma agressão era aceitável - que os EUA não se oporia a uma invasão iraquiana para retomar o campo petrolífero de al-Rumaila, a disputada faixa fronteiriça e as ilhas do Golfo, incluindo os territórios dos campos petrolíferos de Bubiyan reivindicados pelo Iraque como sempre tendo sido parte do Iraque e não do Kuwait ou do Irão. Mais tarde, uma reclusa April Glaspie foi encurralada por jornalistas britânicos que a bombardearam com perguntas sobre o seu papel no início da guerra com o Iraque em 1991, mas sem uma palavra, Glaspie entrou numa limusina, fechou a porta atrás dela e foi-se embora.

Dois anos mais tarde, durante a terceira volta dos debates presidenciais sobre o programa "Decisão 92" da NBC News, o candidato presidencial Ross Perot foi citado como tendo dito:

> ... Dissemos (Saddam) que ele podia tomar a parte nordeste do Kuwait; quando ele tomou tudo, ficámos loucos. E se não lhe disséssemos isso, porque não deixamos o Comité de Relações Externas do Senado e o Comité de Informações do Senado ver as instruções escritas para o Embaixador Glaspie?

Nesta altura, (Perot) foi interrompido pelo então Presidente George Bush Senior, que exclamou:

> Tenho de responder a isso. Esta é uma questão de honra nacional. É absolutamente absurdo.

Absurdo ou não, o facto é que April Glaspie deixou Bagdade no final de Agosto de 1990 e regressou a Washington onde foi mantida incomunicável durante oito meses, não foi autorizada a falar aos meios de comunicação social e não ressurgiu até ao final da Guerra do Golfo (11 de Abril de 1991) quando foi chamada a depor informalmente (não sob juramento) perante a Comissão de Relações Externas do Senado sobre a sua reunião com o Presidente Hussein. Glaspie alegou ter sido vítima de "engano deliberado em grande escala" e denunciou a transcrição da sua reunião como "uma fabricação" que deturpou a sua posição, embora tenha admitido que continha "muito" material preciso.

Glaspie foi então enviada para a Cidade do Cabo, África do Sul, como Cônsul Geral dos EUA. Não tem tido notícias desde a sua aposentação do serviço diplomático em 2002. É quase como se a Glaspie se tivesse tornado uma não-pessoa. Porque é que o Senado não se apresentou e não fez o seu trabalho? Porque é que o Departamento de Estado escapou à retenção e retenção de informação a que o povo americano tinha e tem pleno direito?

Após o engano de Glaspie, o Presidente George Bush começou a cultivar um clima de guerra, enquanto bombardeava o Iraque nas chamadas "zonas no-fly" que, para além de violarem a soberania do Iraque, eram ilegais ao abrigo da Constituição dos EUA. Na ONU, Bush trabalhou a delegação árabe com as suas equipas de "guerra a qualquer custo", afirmando que se a invasão do Kuwait não fosse resolvida, eles seriam os próximos na lista de Hussein, uma inverdade completa e palpável sem fundamento.

Bush conseguiu obter um embargo imposto ao Iraque. A 29 de Janeiro de 1991, Bush utilizou o seu discurso sobre o Estado da União como um veículo para inflamar os sentimentos contra o Iraque. Surpreendentemente, ele acrescentou as seguintes observações:

> "O mundo pode, portanto, aproveitar a oportunidade da crise actual no Golfo Pérsico para concretizar a promessa de longa data de uma nova ordem mundial".

O facto de Bush ter revelado a verdadeira razão da chamada "crise do Golfo Pérsico" era agora do conhecimento geral, mas os chacais dos meios de comunicação social dos EUA não relataram o que o presidente estava a falar. O conceito de uma Nova Ordem Mundial não é novo, remontando ao Rei Jorge III, cujos planos foram interrompidos pela Revolução Americana. Os planos de Bush de apressar a nação para a guerra no Iraque foram bastante flagrantes, de tal forma que um número de pessoas importantes em Washington começou a ter sérias dúvidas e a opor-se aos tambores de guerra. Um deles, o antigo Secretário da Marinha James H. Webb, exprimiu publicamente as suas preocupações num debate televisivo a 12 de Novembro de 1990:

> O objectivo da nossa presença no Golfo Pérsico é promover a Nova Ordem Mundial da administração Bush, não me agrada.

Outra figura de Washington que foi altamente crítica em relação à corrida à guerra da administração Bush foi James Atkins, um antigo embaixador na Arábia Saudita e um dos principais peritos em assuntos do Médio Oriente. Num artigo assinado publicado pelo *Los Angeles Times* a 17 de Setembro de 1990, acusou o

Secretário de Defesa Richard Cheney de enganar deliberadamente o Rei Fahd, fazendo-o crer que um ataque à Arábia Saudita por parte do Iraque era iminente. Atkins também relatou as suas experiências com Henry Kissinger, que lutou contra Atkins sempre que ele atacava os planos de guerra contra o Iraque.

Na cena internacional, alguns países, nomeadamente a França, estão preocupados com o bombardeamento sistemático e diário do Iraque. O antigo Ministro da Agricultura de Charles De Gaulle expressou a sua preocupação a um jornalista alemão:

Quem me dera que não fosse assim (o bombardeamento). Estou profundamente chocado com o facto de uma nação ser poderosa apenas porque tem armas. Os Estados Unidos, que se encontram em extrema dificuldade económica, conseguiram silenciar o Japão e a Europa por serem militarmente fracos. Durante quanto tempo é que o mundo aceitará que vários países tenham de pagar a um polícia para fazer cumprir a sua própria ordem mundial?

O que é perturbador para os observadores é o silêncio da Rússia, que, se tivesse resistido à intimidação dos EUA, poderia provavelmente ter impedido a guerra contra o Iraque. No mínimo, a Rússia poderia ter fornecido ao exército iraquiano o seu sistema de defesa aérea "Tamara" de última geração, que teria derrubado aviões britânicos e americanos e posto um fim abrupto ao reinado do terror aéreo que se tinha tornado um fenómeno diário no Iraque. Nenhum membro da oposição no Senado e na Câmara dos Representantes conseguiu impedir a corrida à guerra de Bush, que causou danos muito além da invasão efectiva do Iraque e cujas ondas de choque ainda se fazem sentir em 2008. Numa perspectiva adequada, a invasão do Iraque, por ordem do Comité de 300, tinha por objectivo impor uma Nova Ordem Mundial ao mundo e, em particular, à Europa.

O caos desencadeado pelos "300" através da vontade de Tony Blair, George Bush sénior e o seu filho G.W. Bush de atacar o Iraque, está ainda por medir. No seu pleno efeito, que não se tornará claro durante pelo menos dez anos, assistiremos a grandes mudanças, todas elas atribuíveis às políticas petrolíferas imperiais dos EUA e da Grã-Bretanha, que começaram com o envio sério do Presidente Wilson dos EUA para Tampico e Vera Cruz, a fim de arrancar o petróleo bruto do México aos seus legítimos proprietários.

Esta prossecução das políticas petrolíferas imperiais era evidente no que muitos milhares de americanos acreditam ser uma situação artificial, o desastre do 11 de Setembro. Se o 11 de Setembro foi de facto uma situação artificial à maneira de Pearl Harbor, então foi essencialmente a fase seguinte da mesma apresentação, uma estratégia para os EUA assumirem o controlo dos campos petrolíferos do mundo, especialmente os do Médio Oriente, Ásia Central, América do Sul, Malásia, Bornéu e Afeganistão, enquanto transformavam os EUA de uma república confederada para uma ditadura da Nova Ordem Mundial sob o pretexto de "combater o terrorismo".

Os Estados Unidos atingiram o "ponto de viragem" na sua transformação de uma república confederada para uma ditadura mundial com o ataque ao World Trade Center em Nova Iorque, e o facto de o terem feito com pouca ou nenhuma oposição só vem sublinhar a importância do papel desempenhado por este evento. Uma vez que, na opinião de muitos observadores astutos, foi demasiado fácil ser aleatório, este evento reforça a crença de muitos de que o 11 de Setembro foi uma situação induzida artificialmente.

CAPÍTULO 24

A entrada da Venezuela na equação

Quais são as perspectivas se a produção de petróleo atingir picos dentro de cinquenta anos? Haverá um torneio ainda pior com guerras regionais em todo o mundo, ou as forças contrárias compreenderão que a salvação do mundo industrializado reside na cooperação absoluta no domínio das matérias-primas essenciais, especialmente do petróleo bruto. Se quisermos julgar com base no comportamento dos Estados Unidos e da Grã-Bretanha nos últimos 50 anos, somos forçados a concluir que, com o fim das reservas mundiais de petróleo em jogo, a política externa dos EUA será a de se empenhar no militarismo à escala do Império Romano, suprimindo ao mesmo tempo a dissidência em casa. Isto é o que já estamos a ver. De facto, o grande número de leis que foram aprovadas desde o início da invasão do Iraque é uma prova da direcção tomada para reduzir a oposição às guerras petrolíferas e, ao mesmo tempo, minimizar a lei suprema da terra ao retirar o direito do povo a protestar.

É certamente verdade que as medidas restritivas introduzidas pela administração Bush tiveram um efeito arrepiante sobre os direitos constitucionais do povo americano. Em meados de 2008, tornou-se claro que as leis repressivas aprovadas desde o advento das Guerras do Golfo estavam a ter o seu efeito pretendido. Talvez tenha sido isto que amorteceu qualquer sinal de protesto contra a política da administração Bush em relação à Venezuela e ao seu intransigente líder, Hugo Chavez.

Dada a marcada hostilidade de Washington para com a Venezuela, não é impossível que este país seja o próximo alvo na luta imperialista pelo petróleo. Com isto em mente, vamos dar uma vista de olhos à Venezuela em 2008. Houve algumas mudanças. Não me parece que sejam espectaculares. Esta é provavelmente a primeira vez na história da Venezuela que há um governo que está a fazer mais do que gesticular para utilizar os seus enormes recursos para ajudar as camadas mais pobres da população. Esta ajuda é principalmente para a saúde, educação, cooperativas, etc. É difícil dizer quão grande é o impacto. Mas sabemos certamente como a população reage a eles, o que é afinal a questão mais importante. O importante não é o que nós pensamos, mas o que os venezuelanos pensam. E nós sabemos isso muito bem.

Existem alguns bons pesquisadores de opinião na América Latina, sendo o principal deles o barometro latino, que está no Chile. Monitorizam as atitudes em toda a América Latina sobre todos os tipos de questões cruciais. A mais recente, realizada no Chile, constatou que o apoio à democracia e ao governo tem aumentado muito acentuadamente na Venezuela desde 1998. A Venezuela está agora quase empatada com o Uruguai como o principal país a apoiar o governo e a democracia.

Está bem à frente de outros países latino-americanos em termos de apoio às políticas económicas do governo e também em termos da crença de que estas políticas ajudam os pobres, a grande maioria, e não as elites. E há julgamentos semelhantes sobre outras questões, e tem aumentado bastante fortemente. Apesar dos obstáculos, tem havido algum grau de progresso que tem sido visto pelo público como muito significativo, e essa é a melhor medida. Com o anúncio da criação do Partido Socialista Unificado da Venezuela (PSUV) e a aceleração da sua tentativa de assumir vários serviços e empresas, haverá um amadurecimento desta revolução? Não é fácil de dizer. Há tendências contraditórias, e a questão para a Venezuela é qual prevalecerá. Há tendências para a democratização, descentralização do poder, assembleias populares, comunidades que assumem o controlo dos seus próprios orçamentos, cooperativas de trabalhadores, etc. Tudo isto está a caminhar no sentido de uma sociedade mais democrática. Tudo isto está a avançar na direcção da democracia.

Há também tendências autoritárias: centralização, figura carismática, etc. Estas políticas em si mesmas não permitem realmente julgar em que direcção irão seguir. É certamente perfeitamente razoável que um país controle os seus próprios recursos. Portanto, se a Venezuela assumir um maior controlo dos seus próprios recursos, isso poderá ser uma evolução muito positiva. Por outro lado, pode não o ser. Assim, por exemplo, quando a Arábia Saudita nacionalizou o seu petróleo nos anos 70, não significava que controlasse o seu próprio petróleo em vez de empresas estrangeiras - principalmente a ARAMCO. Por outro lado, a Arábia Saudita está nas mãos de uma tirania severa. O maior e mais valioso aliado de Washington na região é uma tirania brutal e o estado fundamentalista islâmico mais extremista do mundo. A história depende, portanto, da forma como os recursos são utilizados. Mercosur, o Mercado Comum do Cone Sul, é um grupo com as maiores economias da América do Sul. Baseia-se em acordos de mercado livre, como o NAFTA, e não parece estar a avançar para uma alternativa à doutrina neo-liberal dominante.

De momento, o Mercosul é mais uma esperança do que uma realidade. O Mercosul faz parte dele, as reuniões de Cochabamba são outro passo, e há outros passos. A integração é um passo poderoso para manter a soberania e a independência. Quando os países estão separados uns dos outros, podem ser extirpados, quer pela força, quer por estrangulamento económico. Se forem integrados e cooperarem, são muito mais livres do controlo externo, ou seja, do controlo dos Estados Unidos durante a última metade do século - mas isso remonta a muito mais longe do que isso.

Portanto, este é um passo importante, mas existem obstáculos. Uma delas é que a América Latina também tem uma necessidade desesperada de integração interna. Cada um destes países tem uma divisão acentuada entre uma elite pequena, rica e europeizada, principalmente branca, e uma enorme massa de pessoas profundamente empobrecidas, geralmente de raça indiana, negra e mestiça. A correlação entre as raças não é perfeita, mas é uma correlação. A América Latina tem algumas das piores desigualdades do mundo, e estes problemas começam também a ser ultrapassados. Há ainda um longo caminho a percorrer, mas foram dados passos na direcção certa na Venezuela, Bolívia, em certa medida no Brasil, Argentina e não muito mais noutros lugares neste momento. Mas a integração interna e a integração externa entre países são passos bastante importantes, e esta é a primeira vez desde a colonização espanhola há 500 anos atrás, o que não deixa de ser importante.

Voltemos a algumas das críticas ao autoritarismo que se seguiram à extensão dos mandatos e à recente chamada legislação de habilitação. Estas leis foram aprovadas pelo parlamento. O parlamento é quase inteiramente dominado por Chávez, mas a razão para tal é que a oposição se recusa a participar, muito provavelmente sob pressão dos EUA. Pode não se gostar destas leis. O seu resultado depende da pressão popular. Podem ser passos em direcção ao autoritarismo. Poderiam ser passos para a implementação de programas construtivos. Não nos cabe a nós dizer, cabe ao povo venezuelano dizer, e nós conhecemos muito bem a sua opinião.

A riqueza petrolífera da Venezuela deu ao país a oportunidade de estender a ajuda às comunidades pobres do Ocidente, incluindo Nova Iorque e Londres, e permitiu-lhe comprar a dívida da Argentina, Bolívia e Equador.

Comecemos com a sua ajuda ao Ocidente, o que é um pouco irónico. Mas há um contexto para isto. Começou com um programa em Boston. Um grupo de senadores contactou as oito principais empresas energéticas e perguntou-lhes se podiam prestar assistência a curto prazo aos pobres nos Estados Unidos para os fazer passar o Inverno difícil, quando não conseguiam pagar as suas contas de petróleo devido aos preços elevados do petróleo. Receberam apenas uma resposta, da CITGO, a empresa venezuelana, e essa empresa forneceu petróleo temporário de baixo custo em Boston e depois no Bronx, em Nova Iorque e noutros locais. Isso é ajuda ocidental. Agora é apenas Chávez a dar ajuda aos pobres na América.

Quanto ao resto, sim, Chávez comprou um quarto, ou um terço da dívida da Argentina. Foi um esforço para ajudar a Argentina a livrar-se do FMI, como disse o presidente argentino. O FMI, que é uma espécie de ramo do Departamento do Tesouro dos EUA, tem tido um efeito devastador na América Latina. Os seus programas têm sido seguidos com mais rigor na América Latina do que em qualquer outra parte do mundo.

A Bolívia seguiu as políticas do FMI durante 25 anos e o resultado final foi um rendimento per capita mais baixo do que quando começou. A Argentina era a criança do cartaz para o FMI. Fez tudo bem e exortou todos os outros a seguir as políticas estabelecidas pelo Banco Mundial e o Departamento do Tesouro dos EUA. Bem, o que aconteceu foi que levou a uma catástrofe económica total. A Argentina conseguiu escapar à catástrofe violando radicalmente as regras do FMI, e decidiram livrar-se do FMI, como disse Kirchner, e a Venezuela ajudou-os. O Brasil fez a mesma coisa à sua maneira e agora a Bolívia está a fazê-lo com a ajuda da Venezuela. O FMI está de facto em dificuldades porque muito do seu financiamento provém da cobrança de dívidas e se os países se recusarem a aceitar os seus empréstimos porque as suas políticas são demasiado más, não é claro o que irá fazer.

Existe também a Petrocaribe, um programa para fornecer petróleo em condições favoráveis, com pagamento diferido, a muitos países das Caraíbas e outros. Outro programa é chamado Operação Milagre. Utiliza fundos venezuelanos para enviar médicos cubanos - os médicos cubanos são muito bem treinados e têm um sistema médico muito avançado, comparável aos sistemas do primeiro mundo - para lugares como a Jamaica e outros países da região. O projecto começou por encontrar pessoas cegas, que perderam completamente a visão, mas que poderiam ser tratadas cirurgicamente para recuperar a visão. Estas pessoas são identificadas por médicos cubanos, trazidas de volta a Cuba, tratadas nas suas instalações médicas de alto nível, e regressadas ao seu país com capacidade para ver. Deixa uma impressão.

Os EUA e o México aparentemente tentaram fazer algo semelhante, mas nunca chegou a nada. De facto, o impacto dos programas de Chávez pode ser visto muito claramente na última viagem de George Bush. A imprensa falou da sua nova reorientação dos programas para a América Latina, mas o que realmente aconteceu, se olharmos com atenção, é que Bush apanhou alguma da retórica de Chávez. Estes são os novos programas maravilhosos, tirando um pouco da retórica de Chávez, mas não a aplicando, ou dificilmente a aplicando.

Qualquer conto antigo - desde que avance uma causa de guerra - está em voga. Com a excepção de Hugo Chavez e do islamista iraniano Mahmoud Ahmadinejad, nenhum outro líder mundial aperfeiçoou melhor o papel de "antagonista dos Estados Unidos" do que aquele que deixa uma impressão marcante. Juntamente com um grupo próximo de amigos que inclui alguns dos antagonistas mais notórios dos EUA, como o velho ditador cubano Fidel Castro e o presidente nacionalista boliviano Evo Morales, Chávez tornou-se rapidamente num dos principais porta-vozes do movimento global pró-nacionalista e anti-americano. Nos seus poucos anos no poder, Chavez fez da sua atitude para com a administração Bush uma questão de registo público.

> "A América é o império mais perverso, assassino, genocida e imoral a que este planeta assistiu em 100 séculos", disse Chavez a uma audiência no Fórum Social Mundial em Caracas.

Em resposta, Washington descreveu as explosões anti-americanas de Chávez e as repetidas ameaças de espalhar uma "revolução bolivariana" pela América Latina como os delírios de um líder desesperado que tenta desviar a atenção pública das suas políticas sociais e económicas falhadas.

É claro que as políticas da Venezuela não falharam, e não parece haver qualquer probabilidade de uma invasão americana do país. Mas os recentes esforços de Chavez para reforçar as relações energéticas, de defesa, nucleares e políticas com o Irão podem forçar Washington a repensar o seu pensamento. Num discurso apaixonado aos seus apoiantes em Caracas, Chávez disse:

> Tive laços estreitos com Mohammad Khatami, Presidente do Irão de 1997 a 2005, que considero um irmão, e agora tenho laços estreitos com o seu sucessor, o Presidente Mahmoud Ahmadinejad, que também considero um irmão.

Embora esta declaração não seja invulgar para o entusiasmo e candura de Chávez, mostra a direcção em que as relações estão a evoluir. Afinal de contas, cada nação soberana independente tem o direito de escolher os seus amigos e fazer alianças.

Na 141ª reunião ministerial da Organização dos Países Exportadores de Petróleo (OPEP), realizada em Caracas no final de Maio, altos funcionários iranianos e venezuelanos discutiram uma série de acordos bilaterais, incluindo a participação da companhia petrolífera estatal iraniana Petropars em projectos petrolíferos no subdesenvolvido Cinturão do Orinoco e em projectos de gás no Golfo da Venezuela. Espera-se que os dois países comecem a exploração numa das áreas da cintura do Orinoco com o objectivo final de permitir à Petropars exportar combustível acabado para o Irão. Espera-se que peritos iranianos cheguem em breve à Venezuela para apoiar os projectos de engenharia patrocinados pelo governo. Permitam-me apressar-me a acrescentar que o Irão e a Venezuela, como nações soberanas e independentes, têm o direito de perseguir os seus próprios interesses, mesmo que isso seja inconveniente para outras nações. Esta é a premissa do direito internacional. Enquanto as relações energéticas da Venezuela com o Irão floresceram, as suas relações energéticas com o Ocidente avançaram na direcção oposta. Chavez anunciou recentemente que os impostos sobre as companhias petrolíferas estrangeiras que operam na Venezuela aumentariam de 16,7% para 33%, o que ele chamou um "imposto de extracção". Chavez acusou empresas estrangeiras de explorar os recursos petrolíferos do seu país sem compensar devidamente o povo venezuelano. Esta acusação é bem fundamentada.

Apesar do aumento dos impostos e da posição de Chávez, a

Venezuela continua a ser um parceiro energético importante para os EUA. De acordo com estatísticas publicadas pela Energy Information Administration (EIA), a Venezuela ocupa o quarto lugar no total das exportações de crude (1,2 milhões de barris por dia) e o terceiro no total das exportações de produtos petrolíferos (1,5 milhões de barris por dia) para os Estados Unidos (o Canadá é o primeiro, mas não discutimos com ele). Dada a contínua dependência americana do petróleo venezuelano para a sobrevivência diária e as dificuldades de obter recursos energéticos de outras partes do mundo, qualquer envolvimento de Teerão no sector energético venezuelano deve ser visto como uma ameaça à segurança nacional dos EUA, ou pelo menos assim diz Washington. Em primeiro lugar, o que a Venezuela faz não é da conta da administração Bush. A Venezuela não é o 51° Estado da União.

Para além da cooperação energética, as relações militares e de inteligência entre Caracas e Teerão têm-se intensificado. Em Maio, o Departamento de Estado norte-americano acusou a Venezuela de ter uma relação de partilha de informações com o Irão e Cuba, dois países que os EUA identificaram como patrocinadores do terrorismo. Isto é apenas uma opinião, não necessariamente um facto. No seu relatório anual sobre terrorismo internacional, o Departamento de Estado norte-americano citou Chavez por partilhar uma "afinidade ideológica" com dois grupos guerrilheiros de esquerda que operam na Colômbia - as FARC e o Exército de Libertação Nacional - ambos considerados organizações terroristas por Washington. Se for este o caso, levanta-se a questão: Porque é que Washington trabalhou frequentemente com estes dois grupos colombianos que são, sem dúvida, grupos terroristas? Como resultado, todas as vendas de armas e peças sobressalentes a Caracas, que ascenderam a 33,9 milhões de dólares em 2005, foram interrompidas. Porquê este acto de guerra? Que provas existem para apoiar a afirmação de que a Venezuela tem "afinidades ideológicas" com grupos terroristas? Em resposta, o General venezuelano Alberto Muller Rojas, conselheiro principal de Chávez, recomendou que o seu país vendesse os seus 21 aviões de caça F-16 ao Irão. Embora estes jactos de caça de 20 anos estejam obsoletos pelos padrões actuais, a proposta piorou as relações já tensas entre os dois países. Que negócio é da América se outros países decidirem quem serão os seus clientes e amigos? Relatos de que o Irão e a Venezuela aumentaram a sua cooperação em tecnologia nuclear suscitaram alarmes em Washington. Sugerimos que toda a administração Bush seja forçada a ler o discurso de despedida de George Washington, e o mais depressa possível!

O jornal argentino *Clarin* noticiou que o governo de Chavez tinha pedido a Buenos Aires que lhe vendesse um reactor nuclear. Tal como o governo iraniano, os funcionários de Caracas disseram que as discussões tinham tido lugar, mas acrescentaram que se tratava apenas de explorar "usos científicos pacíficos do átomo". E porque não? Porquê Índia, Paquistão, Coreia do Norte, Israel, e não Venezuela?

Em finais de 2005, foi noticiado que os depósitos de urânio venezuelano se destinavam a Teerão como parte de um acordo assinado entre os dois países no valor de 200 milhões de dólares. Pessoas, supostamente missionários, enviaram para casa informações de que uma pequena instalação militar e uma pista de aterragem tinham sido construídas perto do local onde se encontravam os depósitos de urânio. Quem quer que sejam, não se parecem realmente com missionários.

O Irão e a Venezuela partilham uma intensa antipatia pela América, o que é natural dada a enorme quantidade de interferência nos seus assuntos internos ao longo das décadas. Não é surpreendente que procurem formas de retaliar apoiando alianças anti-americanas no Médio Oriente e na América Latina.

Durante uma viagem de oito dias pela América Latina, o Presidente iraniano Majiis Gholam-Ali Haddad Adel disse que a unidade estratégica forjada entre os dois países está enraizada numa resposta a "ameaças de potências intimidadoras como os Estados Unidos". O Irão e a Venezuela concluíram que a melhor maneira de alcançar o seu objectivo comum de desestabilização global pelos EUA é unir forças, tornando qualquer resposta direccionada de Washington muito mais complexa e dispendiosa.

Os esforços da administração Bush seriam mais bem empregues na restauração de Nova Orleães e na redução do fosso entre os pobres e os extremamente ricos na América, um Estado que surgiu como resultado da NAFTA, do GATT e da Organização Mundial do Comércio.

Com um Irão entusiasta como parceiro, Chávez, o antigo pára-quedista revolucionário, despertou o fantasma de Simon Bolívar, com as suas posições anti-americanas. A administração Bush terá de se conformar com isto ou arriscar-se-á a reinar uma guerra com 330 anos na América Latina. Talvez seja essa a ideia.

Em 2007, começou a chegar o primeiro lote de um total de 100.000 espingardas Kalashnikov que o Presidente venezuelano Hugo Chavez encomendou a Moscovo.

O exército venezuelano está a sofrer uma profunda transformação, com uma grande campanha de recrutamento e novas tecnologias. Esta decisão é susceptível de preocupar os EUA, que vêem Chávez como uma influência desestabilizadora na região.

A maioria dos peritos em defesa concorda que o Presidente Chavez precisa de reformular o seu equipamento militar ultrapassado. Mas os Estados Unidos e o vizinho da Venezuela Colômbia vêem a chegada de 33.000 espingardas Kalashnikov como mais uma prova de que Chávez está a tentar dar um murro acima do seu peso na região. As espingardas AK103 de fabrico russo vêm com mais de meio milhão de munições, óculos de visão nocturna avançados e baionetas. Mas o que mais preocupa Washington são os planos da Venezuela de construir aqui uma fábrica para montar e exportar estas espingardas e balas Kalashnikov.

A administração Chavez está actualmente em conversações com o fabricante russo que detém a licença para fabricar as armas. Os EUA, que recentemente ordenaram uma proibição total da venda de armas à Venezuela, acusaram o Presidente Chávez de tentar desestabilizar a América Latina. Mas a Venezuela insiste que tem o direito de comprar armas para fins defensivos. O Presidente Chavez tem alertado repetidamente que a administração Bush está a planear invadir a Venezuela para deitar as mãos aos recursos petrolíferos do país.

Sir Maurice Hankey, Primeiro Secretário do Gabinete Britânico de Guerra, disse em 1918:

> "O petróleo na próxima guerra ocupará o lugar do carvão na guerra actual, ou pelo menos um lugar paralelo ao carvão. O único abastecimento potencial significativo que podemos obter sob controlo britânico é da Pérsia (agora Irão) e da Mesopotâmia (agora Iraque)... O controlo destas reservas de petróleo torna-se um dos principais objectivos britânicos em tempo de guerra. "

Alan Greenspan, Presidente da Reserva Federal, 1987-2006:

> "Seja qual for a sua angústia publicitada sobre as armas de destruição maciça de Saddam Hussein, as autoridades americanas e britânicas estavam também preocupadas com a violência numa região que alberga um recurso vital para o funcionamento da economia global. "

Não podemos deixar o Iraque porque os extremistas podem ser capazes de utilizar o petróleo como instrumento para chantagear o Ocidente... e o farão, a menos que abandonemos Israel.

George W. Bush, 1 de Novembro de 2006:

> Quando há uma mudança de regime no Iraque, poderia acrescentar 3 a 5 milhões de barris de produção ao abastecimento mundial.

Lawrence Lindsey, antigo conselheiro económico principal de George W. Bush, 2002:

> A segurança do aprovisionamento energético é essencial para a nossa prosperidade e segurança. A concentração de 65% das reservas mundiais conhecidas de petróleo no Golfo Pérsico significa que temos de continuar a assegurar um acesso fiável a petróleo a preços competitivos e responder

rápida e adequadamente a qualquer perturbação importante no fornecimento de petróleo.

CAPÍTULO 25

A América não pode continuar a travar guerras petrolíferas indefinidamente

Quando a administração Bush-Cheney tomou posse em Janeiro de 2001, o preço internacional do petróleo era de cerca de 22 dólares por barril. Agora, quase oito anos mais tarde, o preço do petróleo flutua em torno dos 150 dólares por barril, um aumento de mais de quinhentos por cento. Assim, no que diz respeito ao petróleo, as coisas não correram como planeado e esperado pelos neo-bolcheviques da administração Bush-Cheney no Iraque. Primeiro, pensaram que o jorrante petróleo iraquiano iria pagar a invasão e ocupação do país. Em vez disso, espera-se que as despesas para esta aventura atinjam um trilião de dólares, e que o custo total para a economia dos EUA ultrapasse os três triliões de dólares.

Em segundo lugar, os preços do petróleo estão a níveis recorde sem nenhum pico à vista, ameaçando empurrar os EUA e as economias globais para uma recessão económica prolongada. Isto deve-se em parte ao facto de a produção petrolífera iraquiana não ter aumentado como se esperava e ser bastante inferior ao que era quando os EUA invadiram e ocuparam o Iraque em 2003. De uma perspectiva macroeconómica, esta guerra ilegal e mal conduzida tem sido um desastre.

No entanto, apesar de declarações piedosas e esporádicas sobre a saída do Iraque quando questionada, a administração Bush-Cheney planeia uma ocupação militar norte-americana de 50 anos no Iraque. Não querem fixar uma data para o fim da ocupação do Iraque, pois consideram-na uma ocupação militar sem fim. Isto é de esperar, uma vez que as verdadeiras razões para invadir o Iraque eram a prossecução do objectivo a longo prazo de controlar o petróleo do Médio Oriente e de proteger o Estado de Israel dos seus vizinhos muçulmanos. De facto, todos sabem que a invasão militar do Iraque pelas forças dos EUA nada teve a ver com "democracia" ou com os desejos do povo. Tinha tudo a ver com a segurança das reservas petrolíferas do Iraque e com a eliminação de um dos inimigos de Israel em Saddam Hussein.

A 31 de Maio de 2007, o Secretário da Defesa Robert Gates confirmou estes planos a longo prazo afirmando que os Estados Unidos queriam uma "presença longa e sustentada" no Iraque. É por isso que os EUA construíram a maior embaixada do mundo, em Bagdade, com 21 edifícios num terreno de 100 acres nas margens do rio Tigre, que acolherá cerca de 1.000 funcionários. É também por isso que está a consolidar mais de 100 bases militares nesse país muçulmano em 14 bases super-militares permanentes - todas concebidas para controlar militarmente essa parte do mundo durante muito tempo.

Esta é também a razão pela qual a administração Bush-Cheney está a pressionar fortemente o parlamento iraquiano a aprovar uma lei que iria privatizar a indústria petrolífera iraquiana. Se o actual regime fantoche no Iraque se recusar a aprovar tal lei, a chamada "lei dos hidrocarbonetos", perderia mais de mil milhões de dólares em fundos de reconstrução que seriam bloqueados pela administração Bush-Cheney. Esta aquisição militar aberta dos recursos petrolíferos de uma nação do Médio Oriente é uma receita segura para alimentar o terrorismo permanente no mundo e a guerra permanente no Médio Oriente por muito tempo.

E se os americanos elegerem um presidente republicano para um terceiro mandato em Novembro de 2008, votando no presumível candidato presidencial republicano, o Senador John McCain, é o que vai acontecer, uma vez que este político já está envolvido numa guerra de 100 anos naquela parte do mundo. Segundo as sondagens, uma grande maioria dos iraquianos opõe-se à privatização da sua indústria petrolífera. No entanto, a privatização do petróleo iraquiano é um dos principais "critérios" que a administração Bush-Cheney está a impor ao governo iraquiano.

Instalaram um governo fantoche no Iraque ocupado que está a entregar os bens, mesmo que tenha sido necessária alguma pressão. A 3 de Julho de 2007, por exemplo, o gabinete Al-Maliki controlado pelos EUA, na ausência de ministros sunitas, aprovou uma lei petrolífera apoiada pelos EUA que distribuirá a riqueza petrolífera do Iraque entre os três principais grupos iraquianos, mas, mais importante ainda, permitirá às empresas petrolíferas americanas e estrangeiras entrar no sector petrolífero iraquiano e decretar a privatização ao abrigo dos chamados acordos de partilha de produção. Este é um objectivo político fundamental e mesmo uma "referência" estabelecida pela Casa Branca Bush-Cheney, mas até agora o Parlamento iraquiano tem estado relutante em aprovar a legislação controversa necessária, devido a protestos generalizados, uma vez que muitos iraquianos estão muito relutantes em adoptar uma política de partilha da produção e receitas petrolíferas com companhias petrolíferas estrangeiras, especialmente quando estas lhes foram retiradas "à mão armada".

A indústria petrolífera iraquiana tem sido nacionalizada desde 1975, há cerca de trinta e três anos. De facto, antes da invasão e ocupação militar americana do Iraque, os campos petrolíferos iraquianos eram controlados pelo governo iraquiano através de uma empresa estatal. Esta foi a base para um nível de vida relativamente elevado no Iraque, que tinha um dos melhores sistemas de saúde da região e produzia mais doutoramentos per capita do que os EUA. Sob a sua ocupação militar do Iraque e os acordos petrolíferos propostos, grande parte da produção e das receitas petrolíferas do Iraque ficariam sob o controlo de empresas petrolíferas estrangeiras, principalmente dos EUA e britânicos EXXON/Mobil, Chevron/Texaco, BP/AMOCO e Royal Dutch/Shell.

Uma das duas principais razões para o lançamento da invasão ilegal do Iraque teria sido manter o petróleo a fluir, sob o olhar atento das tropas norte-americanas, sendo a outra a destruição de um dos inimigos estratégicos de Israel. Muitos observadores conhecedores, como o Ministro da Defesa australiano Brendan Nelson, declararam que a manutenção da "segurança dos recursos" no Médio Oriente era uma prioridade para a invasão e ocupação do Iraque. É por isso que, quando os exércitos americanos chegaram a Bagdade no início de Abril de 2003, foi-lhes ordenado que assegurassem apenas um tipo de edifício governamental, os do ministério iraquiano do petróleo. Tudo o resto era irrelevante.

Finalmente, deve recordar-se que a 11 de Outubro de 2002, o Senado norte-americano votou 77-23 para dar a George W. Bush e Dick Cheney a autoridade para lançar uma guerra de agressão contra o Iraque. O actual candidato presidencial John McCain e a antiga candidata presidencial Hillary Clinton votaram a favor desta resolução. Deve também recordar-se que dez dias antes, a Central Intelligence Agency (CIA) tinha divulgado uma versão confidencial de 90 páginas do National Intelligence Estimate, que continha uma longa lista de consequências terríveis caso os EUA invadissem o Iraque. O relatório foi disponibilizado a todos os 100 senadores, mas apenas seis se deram ao trabalho de o ler. Com este conhecimento, as pessoas têm agora uma visão de como as decisões eram tomadas em Washington D.C. antes do início desta guerra. Mesmo em questões de vida ou morte, a improvisação prevaleceu em grande escala. E agora as sementes foram lançadas para ocupações militares permanentes, guerras permanentes e terrorismo permanente no Médio Oriente e em todo o mundo. Na verdade, estamos a lutar pelo petróleo.

O preço de uma política tão mal orientada será elevado e persistirá durante anos. De facto, muitos americanos começam a ver uma ligação entre a despesa e o défice relacionados com a guerra no Iraque e a actual recessão e a aceleração da inflação. Este desperdício e as despesas de guerra reduzem a quantidade de recursos financeiros disponíveis para financiar outros programas essenciais do governo nacional, desde a educação até às infra-estruturas. Aumentam o défice da balança de pagamentos e forçam os EUA a contrair empréstimos no estrangeiro. E quando a Reserva Federal baixa as taxas de juro para aliviar a crise bancária, o dólar entra em colapso, alimentando ainda mais a inflação quando os preços do petróleo e todos os outros preços relacionados com o transporte e mercadorias comercializadas globalmente sobem. A actual estagflação é uma consequência directa da despesa militar excessiva dos EUA no estrangeiro. Quanto mais cedo a maioria dos americanos se aperceber disto, melhor.

Mas em 2008, com os preços da gasolina a níveis recorde, há uma saída para esta confusão, que é estabilizar os preços da gasolina e estabilizar a economia dos EUA. Fazer o governo abrir todas as reservas estratégicas de petróleo e criar a sua própria refinaria para produzir gasolina a um custo ligeiramente superior ao custo, utilizando uma organização sem fins lucrativos estabelecida por um acto do Congresso. Eliminar o imposto sobre a perfuração de gatos selvagens, o que permitiria que cada vez mais pequenos perfuradores voltassem ao negócio da exploração petrolífera nos EUA. Isto reduziria a ganância das companhias petrolíferas e ajudaria a parar o seu apetite insaciável por lucros cada vez maiores.

Os Estados Unidos não podem continuar indefinidamente a travar guerras pelo petróleo, mesmo sob o pretexto de "combater o terrorismo". Por muito poderosa que seja, a América não pode continuar a esgotar os seus recursos indefinidamente em guerras intermináveis, razão pela qual a Constituição foi escrita para impedir que tal coisa acontecesse. Mas ao espezinhar a Constituição e ao ignorar a lei mais alta da terra, a administração Bush-Cheney pôs os Estados Unidos num rumo tão desastroso. O fim é previsível.

Entretanto, a guerra no Iraque continua, apesar do facto de 87% dos americanos se lhe oporem, e os Democratas na Câmara e no Senado parecem impotentes para a travar imediatamente, de acordo com o mandato que lhes foi conferido nas eleições de Novembro de 2007.

Então o que é que o futuro reserva para o Iraque? Irá a guerra arrastar-se em violação da Constituição, ou será que a nova administração que deverá tomar posse em 2009 conseguirá pôr fim a este desastre total? Isso ainda está para ser visto.

Já publicado

OMNIA VERITAS LTD APRESENTA:

A DITADURA da ORDEM MUNDIAL SOCIALISTA

Todos estes anos, enquanto a nossa atenção estava centrada nos males do comunismo em Moscovo, os socialistas em Washington estavam ocupados a roubar da América...

POR JOHN COLEMAN

"O inimigo em Washington é mais a temer do que o inimigo em Moscovo"

OMNIA VERITAS LTD APRESENTA:

A GUERRA das DROGAS contra a AMÉRICA

O tráfico de droga não pode ser erradicado porque os seus gestores não permitirão que lhes seja retirado o mercado mais lucrativo do mundo...

POR JOHN COLEMAN

Os verdadeiros promotores deste maldito comércio são as "elites" deste mundo

OMNIA VERITAS LTD APRESENTA:

A DINASTIA ROTHSCHILD

por John Coleman

Os acontecimentos históricos são frequentemente causados por uma "mão escondida"

OMNIA VERITAS
OMNIA VERITAS LTD APRESENTA:
POR
JOHN COLEMAN
DIPLOMACIA POR ENGANO
UM RELATO DA CONDUTA DE TRAIÇÃO DOS
GOVERNOS DA GRÃ-BRETANHA
E DOS ESTADOS UNIDOS
A história da criação das Nações Unidas é um caso clássico da diplomacia do engano

OMNIA VERITAS
OMNIA VERITAS LTD APRESENTA:
por John Coleman
A HIERARQUIA DOS CONSPIRADORES
HISTÓRIA DO COMITÉ DE 300
Esta conspiração aberta contra Deus e o homem inclui a escravidão da maioria dos humanos...

OMNIA VERITAS
OMNIA VERITAS LTD APRESENTA:
INSTITUTO TAVISTOCK
de RELAÇÕES HUMANAS
Moldando o declínio moral,
espiritual, cultural, político e económico
dos Estados Unidos da América
por John Coleman
Sem o Tavistock, não
teria havido as Guerras
Mundiais I e II.
Os segredos do Instituto Tavistock para as Relações Humanas

OMNIA VERITAS LTD APRESENTA:

JOHN COLEMAN

MAÇONARIA DE A A Z

MAÇONARIA de A a Z

por John Coleman

No século XXI, a Maçonaria tornou-se menos uma sociedade secreta do que uma "sociedade de segredos"

Este livro explica o que é a Maçonaria

OMNIA VERITAS LTD APRESENTA:

JOHN COLEMAN

O CLUBE DE ROMA

O CLUBE DE ROMA
O GRUPO DE REFLEXÃO DA NOVA ORDEM MUNDIAL

POR JOHN COLEMAN

Os muitos acontecimentos trágicos e explosivos do século XX não aconteceram por si só, mas foram planeados de acordo com um padrão bem estabelecido...

Quem foram os planificadores e criadores destes grandes eventos?

OMNIA VERITAS LTD APRESENTA:

JOHN COLEMAN

PARA ALÉM da CONSPIRAÇÃO

PARA ALÉM da CONSPIRAÇÃO
DESMASCARAR O GOVERNO MUNDIAL INVISÍVEL

por John Coleman

Todos os grandes acontecimentos históricos são planeados em segredo por homens que se rodeiam de total discrição

Os grupos altamente organizados têm sempre uma vantagem sobre os cidadãos

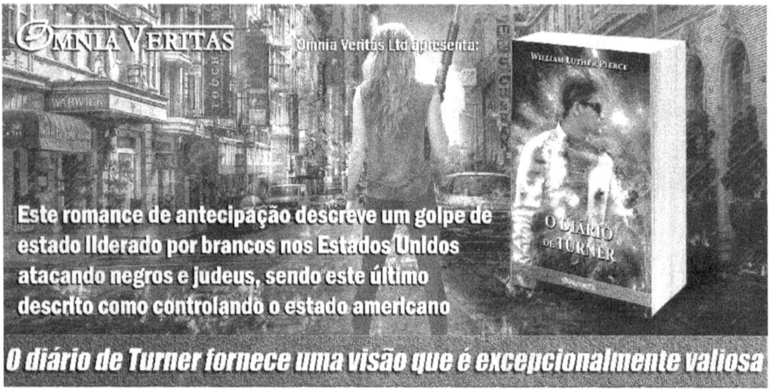

OMNIA VERITAS®
www.omnia-veritas.com

www.ingramcontent.com/pod-product-compliance
Lightning Source LLC
Chambersburg PA
CBHW061721270326
41928CB00011B/2065